2015 年版

电网技术改造工程预算定额

第一册　建筑修缮工程（下册）

国家能源局　发布

图书在版编目（CIP）数据

电网技术改造工程预算定额：2015 年版．第 1 册，建筑修缮工程：全 2 册/国家能源局发布．—北京：中国电力出版社，2015.10（2016.7 重印）
ISBN 978-7-5123-8424-8

Ⅰ. ①电… Ⅱ. ①国… Ⅲ. ①电力系统－技术改造－预算定额－中国②建筑工程－技术改造－预算定额－中国 Ⅳ. ①F426.61

中国版本图书馆 CIP 数据核字（2015）第 237425 号

电网技术改造工程预算定额（2015 年版）　第一册　建筑修缮工程（下册）

中国电力出版社出版、发行　　航远印刷有限公司印刷　　各地新华书店经售
（北京市东城区北京站西街 19 号　100005　http://www.cepp.sgcc.com.cn）
2015 年 10 月第一版　　2016 年 7 月北京第三次印刷　　印数 10001—12000 册
850 毫米×1168 毫米　横 32 开本　31 印张　　809 千字　　定价 **220.00** 元（上、下册）

国家能源局关于颁布《电网技术改造工程定额及费用计算规定》（2015 年版）和《电网检修工程定额及费用计算规定》（2015 年版）的通知

国能电力〔2015〕270 号

各有关单位：

为适应电网检修、技改工程快速发展的需要，科学反映其物料消耗及其市场价格变化情况，合理确定和有效控制电网检修、技改工程造价水平，规范电网检修、技改工程投资行为，维护各参与方合法权益，我局委托中国电力企业联合会组织编制完成《电网技术改造工程定额及费用计算规定》（2015 年版）和《电网检修工程定额及费用计算规定》（2015 年版）。现印发你们，请遵照执行。

附件：1．电网技术改造工程预算编制与计算规定

2．电网技术改造工程概算定额（建筑修缮工程、电气工程、通信工程共 3 册）

3．电网技术改造工程预算定额（建筑修缮工程、电气工程、输电线路工程、通信工程、调试工程共 5 册）

4．电网拆除工程预算定额（电气工程、输电线路工程、通信工程共 3 册）

5．电网检修工程预算编制与计算规定

6．电网检修工程预算定额（电气工程、输电线路工程、调试工程、通信工程共 4 册）

国家能源局（印）

2015 年 7 月 15 日

总　说　明

一、《电网技术改造工程预算定额》(2015 年版)共 5 册，包括:

第一册　建筑修缮工程(上、下册)　　第二册　电气工程

第三册　输电线路工程　　第四册　调试工程

第五册　通信工程

二、本册为第一册《建筑修缮工程　(下册)》(以下简称本定额)，本定额适用于 1000kV 及以下电网、±800kV 及以下换流站、通信站、串补站的检修、技术改造、拆除工程。上述工程以外的项目可以参照执行。本定额不适用于新建、扩建工程。

三、本定额是编制工程概算的依据，也是编制最高投标限价、投标报价和工程结算的基础依据。

四、本定额是根据国家和有关主管部门颁发的技术规定、规范，施工质量检验及评定标准编制的。

(一)所依据的主要规程、规范

1. GB 50013—2006　室外给水设计规范
2. GB 50014—2011　室外排水设计规范
3. GB 50019—2003　采暖通风与空气调节设计规范
4. GB 50034—2004　建筑照明设计标准
5. GB 50084—2001　自动喷水灭火系统设计规范
6. GB 50151—2010　泡沫灭火系统设计规范

7. GB 50163—2008　卤代烷 1301 灭火系统设计规范

8. GB 50193—2008　二氧化碳灭火系统设计规范

9. GBJ 110—1987　卤代烷 1211 灭火系统设计规范

（二）所依据的主要施工及验收规范

1. GB 50185—2010　工业设备及管道绝热工程施工质量验收规范

2. GB 50242—2002　建筑给水排水及采暖工程施工质量验收规范

3. GB 50243—2002　通风与空调工程施工质量验收规范

4. GB 50254—2008　电气装置工程低压电器施工及验收规范

5. GB 50261—2005　自动喷水灭火系统施工及验收规范

6. GB 50263—2007　气体灭火系统施工及验收规范

7. GB 50281—2006　泡沫灭火系统施工及验收规范

8. GB 50303—2002　建筑电气工程施工质量验收规范

9. DL 5009.3—2013　电力建设安全工作规程 第 3 部分：变电站

五、本定额除各章节已说明的工序外，还包括临时移动水源、移动电源工序。

六、本定额除各章另有说明外，均包括施工准备、场内运输、施工操作、完工清理等工作内容。

七、本定额是按照电网检修或技改工程合理的施工组织设计、合理的施工机械配备、建筑与安装合理的交叉作业等条件考虑。定额中的人工、材料、施工机械消耗量反映了现阶段电力建设行业建筑安装技术水平和组织水平。执行定额时，除规定可以调整或换算外，不得因具体工程实际机械规格、施工组织、操作方法等不同而调整。

八、定额包括建筑设备单体调试和配合系统调试所需的人工费、材料费、机械费。

九、消耗量的确定和价格的取定。

（一）人工

1. 本定额人工工日是以全国统一劳动定额为基础，按照八小时工作制计算。人工等级分普通工和技术工，人工消耗量包括基本用工、超运距用工、人工幅度差、辅助用工，不分工种以工日表示。

2. 本定额人工工日消耗量包括定额内直接生产用工消耗量、定额外直接生产用工消耗量、工序施工准备与收尾用工消耗量、使用工具用具人工消耗量、操作机械人工消耗量。

3. 本定额人工单价，建筑安装普通工 37 元/工日，建筑安装技术工 52 元/工日。

（二）材料、半成品、成品

1. 本定额中材料分为计价材料和未计价材料，未计价材料费用未包含在定额基价中，其价格可依据电力工程造价主管部门发布的材料价格信息，未计价材料消耗量除定额另有说明外，不作调整。

2. 本定额中的材料、半成品、成品是按照国家质量标准和相应的设计要求，且具有质量合格证书和试验合格记录的产品编制。

3. 材料的消耗量包括施工中消耗的主要材料、辅助材料、零星材料，并包括了合理的施工损耗量、现场堆放损耗量、场内运输损耗量。有关施工措施使用的周转性材料在定额中按照摊销量计列。

4. 对于材料用量较少、材料费低的零星材料，合并为其他材料费，以“元”表示。

5. 本定额包括材料、半成品、成品的场内运输费用。厂内运输包括材料、半成品、成品从现场存放仓库或堆放地点运至施工操作地点的水平与垂直运输，包括地坪面上的水平运输、施工操作标高面上的水平运输、地坪面堆放集合点至施工操作面高程的垂直运输。定额已经综合考虑了从垂直运输地坪面堆放集合点至施工操作标高点的不同方式水平运输所发生的费用。

6. 本定额包括施工现场加工、配制、制作的材料、半成品、成品的场内运输费用。场内运输包括加工、配制、制作的材料、半成品、成品从存放仓库或堆放地点运至加工操作地点的水平与垂直运输。水平运输距离为1km以内，运距大于1km时另行增加费用。

7. 定额中的材料与设备的划分执行《电网检修工程预算编制与计算规定》（2015 年版）、《电网技术改造工程预算编制与计算规定》（2015 年版）中的建设预算费用性质划分规定。凡在定额材料栏内、章节说明、定额注释中明确的设备外，均为材料。

8. 本定额的材料价格包括材料、半成品、成品供应价（原价）、运杂费、采购保管费。不包括材料、半成品、成品的检验试验费。

9. 本定额中计价材料单价按照电力行业2015年第一季度材料预算价格综合取定。

（三）施工机械台班

1. 本定额施工机械台班消耗量是按照正常合理的机械配备、机械效率确定的，包括基本消耗量、超运距消耗量、超高度消耗量、必要间歇时间消耗量、机械幅度差等。

2. 不构成固定资产的小型机械或仪表的购置、摊销和维护，未列其施工机械台班消耗量，包括在《电网检修工程预算编制与计算规定》（2015 年版）、《电网技术改造工程预算编制与计算规定》（2015 年版）的施工工具用具使用费用。

3. 本定额施工机械台班单价中包括行走机械、吊装机械的操作司机人工费。加工机械、泵类机械、焊接机械、动力机械等操作人工均含在相应定额子目的人工消耗量中。

4. 本定额中施工机械台班费按电力行业2015年施工机械台班库综合取定。

十、有关费用的规定

（一）材料或设备安装高度距离楼面或地面 5m 以上的工程，计算超高安装增加费。超过安装增加费按照相应定额人工费的 15%计算，其中人工费 65%，材料费 30%，机械费 5%。

（二）本册定额脚手架搭拆费按照单位工程人工费 5%计算，其中人工费 40%，材料费 50%，机械费 10%。

（三）在建筑高度大于 20m 的建筑物内进行材料或设备安装时，应计算建筑超高安装增加费。建筑超高安装增加费按照表 0-1 计算，其中人工费 65%，材料费 20%，机械费 15%。

表 0-1　　建筑超高安装增加费计算表

计算标准（m）	30	40	50
按照人工费（%）	2	3	4

（四）单位工程安装与生产同时进行时，定额人工费增加 10%。

十一、本定额中凡注明“××以内”或“××以下”均包括“××”本身，凡注明“××以上”或“××以外”均不包括“××”本身。

十二、本说明内未尽事宜，按各章说明执行。

目　　录

下　　册

第 16 章　照明与接地工程

第17章 消防工程

第 18 章 通风与空调工程

第 19 章 采 暖 工 程

第 20 章 防腐与绝热工程

第21章 拆除工程

第15章 给水与排水工程

说　明

本章适用于建筑物室内外管道、管道支架、法兰、套管、伸缩器、阀门、水表及卫生洁具等安装工程。

1．室内外管道、管道支架、法兰、伸缩器安装

（1）本部分定额适用于室内外生活给水、生活排水、雨水、采暖管道以及配套的法兰、套管、伸缩器等安装工程。

（2）界线划分

1）给水管道

——室内外管道以建筑物外墙外 1m 分界，管道进建筑物入口处设有阀门者以阀门分界。

——与外接工业水源管道以水表井分界。无水表井者，以与外接工业水源管道接头点分界。

2）排水管道

——室内外管道以出户第一个排水检查井分界。

——室外管道与外接工业管道以污水流量计分界。无污水流量计者，以与外接工业管道接头点分界。

3）采暖管道

——室内外管道以管道进建筑物入口阀门分界。无入口阀门者，以建筑物外墙外 1m 分界。

——与工业管道以锅炉房或换热泵站外墙外 1m 分界。

——车间内采暖管道以采暖系统与供热管道接头点分界。

（3）管道安装定额包括以下工作内容：

1）管道及管件制作或购置、安装。

2）水压试验。

3）室内 DN32 以内钢管管卡及托钩制作与安装。

4）塑料排水管的管卡、检查口、托吊支架、臭气帽、雨水漏斗制作或购置与安装。

5）镀锌铁皮套管安装。

（4）管道安装定额不包括以下内容：

1）室内外管沟土方挖填及管道基础。

2）法兰、阀门及伸缩器的制作或购置与安装。

3）DN32 以上钢管支架的制作或购置与安装。

4）镀锌铁皮套管的制作或购置。

2．阀门安装

（1）螺纹阀门安装定额适用于各种内外螺纹连接的阀门安装工程。

（2）法兰阀门安装定额适用于各种法兰连接的阀门安装工程。工程为一侧法兰连接时，定额中的法兰、带帽螺栓及垫圈用量减半，其余不变。

（3）连接法兰的垫片按照石棉橡胶板考虑。工程采用其他材料时，定额不做调整。

（4）自动排气阀安装定额，包括支架制作与安装工作内容。

3．卫生器具

（1）卫生器具安装定额参照《全国通用给水排水标准图集》中有关标准编制，执行定额时，除另有说明外，均不做调整。

（2）成组安装的卫生器具定额中，包括了给水、排水管道连接的人工和材料费用。

（3）洗脸盆、洗手盆、洗涤盆安装定额适用于各种不同型号与规格的盆类安装工程。

4．其他

（1）安装管道间、管廊内的管道、阀门、法兰、支架时，按照相应定额的人工工日数乘以1.3系数。

（2）执行定额时，主体结构为全框架的工程，人工工日数乘以1.05系数；主体结构为内框架的工程，人工工日数乘以1.03系数。

（3）给水、排水工程不计算调试费。

工程量计算规则

1．各种管道均按照设计图示尺寸中心线长度以米为单位计算工程量，不扣除阀门、管件、减压器、疏水器、水表、伸缩器等所占长度。

2．镀锌铁皮套管制作以个为单位计算工程量。

3．伸缩器制作与安装以个为单位计算工程量。方形伸缩器的两臂，按照臂长的两倍计算工程量，合并在管道长度内。

4．阀门、法兰、水表、减压器、疏水器按照设计图示个数计算工程量，不计算随设备、卫生器具成套供货安装的阀门、法兰、水表、减压器、疏水器数量。

5．管道消毒、冲洗、水压试验按照管道长度以米为单位计算工程量，不扣除阀门、管件、减压器、疏水器、水表、伸缩器等所占长度。

6．支架制作与安装按照设计成品重量以千克为单位计算工程量，计算支架生根部分、连接件、螺栓重量。

7．卫生器具安装以组为单位计算工程量。

8．电热水器、电开水炉、太阳能热水器、烘手机、饮水机安装按照台计算工程量。

9．凿墙洞以只为单位计算，凿墙槽以延长米为单位计算。

15.1 室外管道安装

15.1.1 镀锌钢管——螺纹连接

工作内容：切管、套丝、安装零件、调直、管道安装、水压试验。

定额编号			YJ15-1	YJ15-2	YJ15-3	YJ15-4	YJ15-5	YJ15-6	YJ15-7	YJ15-8
项目			镀锌钢管							
			DN20	DN25	DN32	DN40	DN50	DN65	DN80	DN100
单位			m	m	m	m	m	m	m	m
基价（元）			**4.42**	**3.25**	**3.72**	**4.19**	**5.15**	**6.25**	**7.64**	**10.27**
其中	人工费（元）		2.65	2.56	2.65	2.90	3.38	3.62	3.92	4.69
	材料费（元）		0.52	0.53	0.95	1.17	1.54	2.47	3.53	5.39
	机械费（元）		1.25	0.16	0.12	0.12	0.23	0.16	0.19	0.19
名称		单位	数量							
人工	普通工	工日	0.0231	0.0222	0.0231	0.0252	0.0294	0.0315	0.0340	0.0408
	建筑技术工	工日	0.0346	0.0334	0.0346	0.0378	0.0441	0.0472	0.0511	0.0611
计价材料	镀锌铁丝 8号	kg	0.0050		0.0070	0.0080	0.0090	0.0100	0.0120	0.0130
	镀锌钢管接头零件 DN20 以下	个	0.1920	0.1920						
	镀锌钢管接头零件 DN32	个			0.1920					
	镀锌钢管接头零件 DN40	个				0.1860				
	镀锌钢管接头零件 DN50	个					0.1850			
	镀锌钢管接头零件 DN65	个						0.1760		

续表

定额编号			YJ15－1	YJ15－2	YJ15－3	YJ15－4	YJ15－5	YJ15－6	YJ15－7	YJ15－8
项目			镀锌钢管							
			DN20	DN25	DN32	DN40	DN50	DN65	DN80	DN100
计价材料	镀锌钢管接头零件 DN80	个							0.1720	
	镀锌钢管接头零件 DN100	个								0.1630
	其他材料费	元	0.2500	0.2900	0.3700	0.4900	0.5300	0.6300	0.7600	0.9700
机械	管子切断机　150mm	台班		0.0020	0.0010	0.0010	0.0030	0.0020	0.0020	0.0020
	管子切断套丝机　159mm	台班	0.0550	0.0030	0.0030	0.0030	0.0040	0.0030	0.0040	0.0040
未计价材料	镀锌钢管 DN20 以下	kg	1.7210							
	镀锌钢管 DN25	kg		2.5580						
	镀锌钢管 DN32	kg			3.3040					
	镀锌钢管 DN40	kg				4.0540				
	镀锌钢管 DN50	kg					5.2010			
	镀锌钢管 DN65	kg						7.0750		
	镀锌钢管 DN80	kg							8.8880	
	镀锌钢管 DN100	kg								11.5610

15.1.2 焊接钢管——螺纹连接

工作内容：切管、套丝、安装零件、调直、管道安装、水压试验。

定额编号			YJ15－9	YJ15－10	YJ15－11	YJ15－12	YJ15－13	YJ15－14	YJ15－15	YJ15－16
项目			焊接钢管							
			DN20	DN25	DN32	DN40	DN50	DN65	DN80	DN100
单位			m	m	m	m	m	m	m	m
基价（元）			**3.06**	**3.29**	**3.53**	**4.02**	**4.84**	**6.02**	**7.15**	**9.50**
其中	人工费（元）		2.65	2.65	2.65	2.90	3.38	3.62	3.92	4.69
	材料费（元）		0.41	0.55	0.76	1.00	1.32	2.24	3.04	4.71
	机械费（元）			0.09	0.12	0.12	0.14	0.16	0.19	0.10
名称		单位	数量							
人工	普通工	工日	0.0231	0.0231	0.0231	0.0252	0.0294	0.0315	0.0340	0.0408
	建筑技术工	工日	0.0346	0.0346	0.0346	0.0378	0.0441	0.0472	0.0511	0.0611
计价材料	镀锌铁丝 8号	kg	0.0050	0.0060	0.0070	0.0080	0.0090			
	焊接钢管接头零件 DN20以下	个	0.1920							
	焊接钢管接头零件 DN25	个		0.1920						
	焊接钢管接头零件 DN32	个			0.1920					
	焊接钢管接头零件 DN40	个				0.1860				
	焊接钢管接头零件 DN50	个					0.1850			
	焊接钢管接头零件 DN65	个						0.1760		
	焊接钢管接头零件 DN80	个							0.1720	
	焊接钢管接头零件 DN100	个								0.1630

续表

定额编号			YJ15－9	YJ15－10	YJ15－11	YJ15－12	YJ15－13	YJ15－14	YJ15－15	YJ15－16
项目			焊接钢管							
			DN20	DN25	DN32	DN40	DN50	DN65	DN80	DN100
计价材料	水	t	0.0060	0.0080	0.0100	0.0130	0.0160	0.0220	0.0250	0.0310
	其他材料费	元	0.2000	0.2300	0.2800	0.3900	0.4000	0.4400	0.5400	0.6900
机械	管子切断机 150mm	台班		0.0010	0.0010	0.0010	0.0010	0.0020	0.0020	0.0020
	管子切断套丝机 159mm	台班		0.0020	0.0030	0.0030	0.0040	0.0030	0.0040	
未计价材料	焊接钢管 DN20 以下	kg	1.6550							
	焊接钢管 DN25	kg		2.4560						
	焊接钢管 DN32	kg			3.1770					
	焊接钢管 DN40	kg				3.8980				
	焊接钢管 DN50	kg					4.9530			
	焊接钢管 DN65	kg						6.7400		
	焊接钢管 DN80	kg							8.4650	
	焊接钢管 DN100	kg								11.0130

15.1.3 焊接钢管——焊接

工作内容： 切管、坡口、调直、煨弯、对口、焊接、管道及管件安装、水压试验。

定额编号			YJ15-17	YJ15-18	YJ15-19	YJ15-20	YJ15-21	YJ15-22
项目			焊接钢管					
			DN32	DN40	DN50	DN65	DN80	DN100
单位			m	m	m	m	m	m
基价（元）			**3.80**	**3.81**	**4.85**	**9.46**	**10.00**	**11.44**
其中	人工费（元）		3.09	3.04	3.52	3.96	4.59	4.93
	材料费（元）		0.44	0.50	1.06	2.26	2.17	3.09
	机械费（元）		0.27	0.27	0.27	3.24	3.24	3.42
名称		单位	数量					
人工	普通工	工日	0.0269	0.0264	0.0306	0.0345	0.0399	0.0429
	建筑技术工	工日	0.0403	0.0397	0.0460	0.0516	0.0598	0.0642
计价材料	压制弯头 PN2.5 DN65	只				0.0390		
	压制弯头 PN2.5 DN80	只					0.0220	
	压制弯头 PN2.5 DN100	只						0.0260
	电焊条 J507 综合	kg				0.0390	0.0430	0.0480
	碳钢气焊丝 综合	kg	0.0010	0.0010	0.0020			
	氧气	m^3	0.0070	0.0100	0.0510	0.0550	0.0500	0.0630
	乙炔气	m^3	0.0030	0.0030	0.0170	0.0190	0.0170	0.0210
	水	t	0.0040	0.0040	0.0060	0.0090	0.0090	0.0150
	电	kW·h			0.0250	0.0590	0.0590	0.0680

续表

定额编号			YJ15-17	YJ15-18	YJ15-19	YJ15-20	YJ15-21	YJ15-22
项目			焊接钢管					
			DN32	DN40	DN50	DN65	DN80	DN100
计价材料	尼龙砂轮片 ϕ100	片	0.0070	0.0110	0.0140	0.0320	0.0300	0.0400
	砂轮切割片 ϕ400	片				0.0030	0.0030	0.0030
	其他材料费	元	0.3300	0.3600	0.4500	0.5600	0.6500	0.9200
机械	弯管机（WC27～108）	台班	0.0030	0.0030	0.0030	0.0030	0.0030	0.0050
	管子切断机 150mm	台班				0.0010	0.0010	0.0010
	逆变多功能焊机（D7-500）	台班				0.0180	0.0180	0.0180
未计价材料	薄钢板 4以下	kg	0.0090	0.0090	0.0090	0.0100	0.0100	0.0100
	焊接钢管 DN32	kg	3.1770					
	焊接钢管 DN40	kg		3.8980				
	焊接钢管 DN50	kg			4.9530			
	焊接钢管 DN65	kg				6.7400		
	焊接钢管 DN80	kg					8.4650	
	焊接钢管 DN100	kg						11.0130

定额编号			YJ15－23	YJ15－24
项目			焊接钢管	
			DN125	DN150
单位			m	m
基价（元）			**16.02**	**21.32**
其中	人工费（元）		6.08	6.95
	材料费（元）		6.64	9.81
	机械费（元）		3.30	4.56
名称		单位	数量	
人工	普通工	工日	0.0538	0.0605
	建筑技术工	工日	0.0787	0.0907
计价材料	压制弯头 PN2.5 DN125	只	0.0550	
	压制弯头 PN2.5 DN150	只		0.0570
	电焊条 J507 综合	kg	0.0810	0.1010
	氧气	m^3	0.0760	0.0970
	乙炔气	m^3	0.0250	0.0330
	水	t	0.0200	0.0250
	电	kW·h	0.0850	0.1100
	尼龙砂轮片 ϕ100	片	0.0330	0.0420
	砂轮切割片 ϕ400	片	0.0040	
	其他材料费	元	1.1900	1.4300

续表

定额编号			YJ15－23	YJ15－24
项目			焊接钢管	
			DN125	DN150
机械	管子切断机　150mm	台班	0.0010	
	逆变多功能焊机（D7－500）	台班	0.0200	0.0280
未计价材料	薄钢板　4以下	kg	0.0140	0.0140
	焊接钢管 DN125	kg	15.2660	
	焊接钢管 DN150	kg		18.0770

15.1.4 UPVC 塑料管——粘接连接

工作内容：切管、调直、对口粘接、管道及管件安装、水压试验。

定额编号			YJ15－25	YJ15－26	YJ15－27	YJ15－28
项目			UPVC 塑料管			
			DN20	DN25	DN32	DN40
单位			m	m	m	m
基价（元）			**1.60**	**1.72**	**1.84**	**2.19**
其中	人工费（元）		1.37	1.37	1.37	1.46
	材料费（元）		0.23	0.35	0.47	0.73
	机械费（元）					
名称		单位	数量			
人工	普通工	工日	0.0119	0.0119	0.0119	0.0127
	建筑技术工	工日	0.0178	0.0178	0.0178	0.0190
计价材料	塑料管接头 DN20	个	0.2800			
	塑料管接头 DN25	个		0.2800		
	塑料管接头 DN32	个			0.2800	
	塑料管接头 DN40	个				0.2500
	水	t	0.0060	0.0080	0.0100	0.0130
	其他材料费	元	0.0700	0.0900	0.1500	0.2300

续表

定额编号			YJ15－25	YJ15－26	YJ15－27	YJ15－28
项目			UPVC 塑料管			
			DN20	DN25	DN32	DN40
未计价材料	塑料给水管 DN20	m	1.0200			
	塑料给水管 DN25	m		1.0200		
	塑料给水管 DN32	m			1.0200	
	塑料给水管 DN40	m				1.0200

定额编号			YJ15－29	YJ15－30	YJ15－31	YJ15－32	YJ15－33
项目			UPVC 塑料管				
			DN50	DN65	DN80	DN100	DN150
单位			m	m	m	m	m
基价（元）			**2.46**	**4.10**	**5.32**	**7.15**	**18.97**
其中	人工费（元）		1.46	1.92	2.24	2.47	4.19
	材料费（元）		1.00	2.18	3.08	4.68	14.78
	机械费（元）						
名称		单位	数量				
人工	普通工	工日	0.0127	0.0167	0.0195	0.0214	0.0365
	建筑技术工	工日	0.0190	0.0250	0.0292	0.0322	0.0547
计价材料	塑料管接头 DN50	个	0.2400				
	塑料管接头 DN70	个		0.2200			
	塑料管接头 DN80	个			0.2200		
	塑料管接头 DN100	个				0.2200	
	塑料管接头 DN150	个					0.2200
	水	t	0.0160	0.0220	0.0250	0.0310	0.0470
	其他材料费	元	0.3500	0.8000	0.9700	1.1900	1.6500

续表

定额编号			YJ15－29	YJ15－30	YJ15－31	YJ15－32	YJ15－33
项目			UPVC 塑料管				
			DN50	DN65	DN80	DN100	DN150
未计价材料	塑料给水管 DN50	m	1.0200				
	塑料给水管 DN70	m		1.0200			
	塑料给水管 DN80	m			1.0200		
	塑料给水管 DN100	m				1.0200	
	塑料给水管 DN150	m					1.0200

15.1.5 UPVC 塑料管——承插连接

工作内容：切管、管道及管件安装、调制接口材料、接口养护、水压试验。

定额编号			YJ15-34	YJ15-35	YJ15-36	YJ15-37	YJ15-38
项目			UPVC 塑料管				
			DN100	DN150	DN200	DN250	DN300
单位			m	m	m	m	m
基价（元）			**5.79**	**7.08**	**7.96**	**9.73**	**10.56**
其中	人工费（元）		3.25	3.97	3.97	4.75	4.75
	材料费（元）		2.54	3.11	3.99	4.98	5.81
	机械费（元）						
名称		单位	数量				
人工	普通工	工日	0.0453	0.0554	0.0554	0.0663	0.0663
	建筑技术工	工日	0.0303	0.0369	0.0370	0.0442	0.0442
计价材料	橡胶密封圈 ϕ300 以下	个	0.3000	0.3000	0.3000	0.3000	0.3000
	水	t	0.0310	0.0470	0.0600	0.0750	0.0960
	其他材料费	元	0.7700	1.2800	2.1300	3.0800	3.8400
未计价材料	硬聚氯乙烯塑料管 DN100	m	1.0200				
	硬聚氯乙烯塑料管 DN150	m		1.0200			
	硬聚氯乙烯塑料管 DN200	m			1.0200		
	硬聚氯乙烯塑料管 DN250	m				1.0200	
	硬聚氯乙烯塑料管 DN300	m					1.0200

15.2 室内管道安装

15.2.1 镀锌钢管——螺纹连接

工作内容：配合土建预留孔洞、打孔、堵眼；测量划线、切管、套丝、安装零件、调直；安装钩卡、安装管道、安装管件；水压试验。

定额编号			YJ15－39	YJ15－40	YJ15－41	YJ15－42
项目			镀锌钢管			
			DN15	DN20	DN25	DN32
单位			m	m	m	m
基价（元）			**9.46**	**10.19**	**12.17**	**12.55**
其中	人工费（元）		7.00	7.54	9.03	9.03
	材料费（元）		2.46	2.65	2.98	3.36
	机械费（元）				0.16	0.16
名称		单位	数量			
人工	普通工	工日	0.0609	0.0655	0.0786	0.0786
	建筑技术工	工日	0.0913	0.0983	0.1178	0.1178
计价材料	钢管卡子 DN20	个	0.1290	0.1290		
	钢管卡子 DN25	个			0.2060	
	钢管卡子 DN32	个				0.2060
	镀锌钢管接头零件 DN20 以下	个	1.1520	1.1520		
	镀锌钢管接头零件 DN25	个			0.9780	

续表

定额编号			YJ15－39	YJ15－40	YJ15－41	YJ15－42
项目			镀锌钢管			
			DN15	DN20	DN25	DN32
计价材料	镀锌钢管接头零件 DN32	个				0.8030
	水	t	0.0060	0.0060	0.0080	0.0090
	其他材料费	元	0.8900	1.0700	0.9900	0.8500
机械	管子切断机 150mm	台班			0.0020	0.0020
	管子切断套丝机 159mm	台班			0.0030	0.0030
未计价材料	镀锌钢管 DN20 以下	kg	1.0200	1.7290		
	镀锌钢管 DN25	kg			2.5700	
	镀锌钢管 DN32	kg				3.3200
	普通硅酸盐水泥 32.5	t	0.0040	0.0040	0.0040	0.0050
	中砂	m^3	0.0010	0.0010	0.0010	0.0010

定额编号			YJ15－43	YJ15－44	YJ15－45	YJ15－46	YJ15－47
项目			镀锌钢管				
			DN40	DN50	DN65	DN80	DN100
单位			m	m	m	m	m
基价（元）			**14.23**	**15.62**	**16.70**	**19.34**	**21.86**
其中	人工费（元）		10.77	11.01	11.25	11.93	13.52
	材料费（元）		3.30	4.14	5.01	6.94	8.20
	机械费（元）		0.16	0.47	0.44	0.47	0.14
名称		单位	数量				
人工	普通工	工日	0.0936	0.0957	0.0978	0.1038	0.1176
	建筑技术工	工日	0.1405	0.1437	0.1468	0.1556	0.1764
计价材料	镀锌钢管接头零件 DN40	个	0.7160				
	镀锌钢管接头零件 DN50	个		0.6510			
	镀锌钢管接头零件 DN65	个			0.4250		
	镀锌钢管接头零件 DN80	个				0.3910	
	镀锌钢管接头零件 DN100	个					0.2680
	水	t	0.0130	0.0160	0.0180	0.0200	0.0310
	其他材料费	元	0.8300	0.7100	0.6500	0.7500	0.9600
机械	管子切断机　150mm	台班	0.0020	0.0060	0.0050	0.0050	0.0030
	管子切断套丝机　159mm	台班	0.0030	0.0080	0.0090	0.0100	

续表

定额编号			YJ15-43	YJ15-44	YJ15-45	YJ15-46	YJ15-47
项目			镀锌钢管				
			DN40	DN50	DN65	DN80	DN100
未计价材料	镀锌钢管 DN40	kg	4.0740				
	镀锌钢管 DN50	kg		5.2270			
	镀锌钢管 DN65	kg			7.1090		
	镀锌钢管 DN80	kg				8.9320	
	镀锌钢管 DN100	kg					11.6180
	普通硅酸盐水泥 32.5	t	0.0010		0.0010	0.0020	0.0010

15.2.2 焊接钢管——螺纹连接

工作内容： 配合土建预留孔洞、打孔、堵眼；测量划线、切管、套丝、安装零件、调直；安装钩卡、安装管道、安装管件；水压试验。

定额编号			YJ15－48	YJ15－49	YJ15－50	YJ15－51	YJ15－52	YJ15－53	YJ15－54	YJ15－55
项目			焊接钢管							
			DN20	DN25	DN32	DN40	DN50	DN65	DN80	DN100
单位			m	m	m	m	m	m	m	m
基价（元）			**9.90**	**12.61**	**13.01**	**14.53**	**15.27**	**16.73**	**18.08**	**23.23**
其中	人工费（元）		7.54	9.03	9.03	10.77	11.01	11.25	11.93	13.52
	材料费（元）		2.36	3.42	3.82	3.50	3.72	5.18	5.97	9.71
	机械费（元）			0.16	0.16	0.26	0.54	0.30	0.18	
名称		单位	数量							
人工	普通工	工日	0.0655	0.0786	0.0786	0.0936	0.0957	0.0978	0.1038	0.1176
	建筑技术工	工日	0.0983	0.1178	0.1178	0.1405	0.1437	0.1468	0.1556	0.1764
计价材料	钢管卡子 DN20	个	0.2190							
	钢管卡子 DN25	个		0.1930						
	钢管卡子 DN32	个			0.1930					
	焊接钢管接头零件 DN20 以下	个	1.6190							
	焊接钢管接头零件 DN25	个		1.5140						
	焊接钢管接头零件 DN32	个			1.0880					
	焊接钢管接头零件 DN40	个				0.7840				

续表

定额编号			YJ15－48	YJ15－49	YJ15－50	YJ15－51	YJ15－52	YJ15－53	YJ15－54	YJ15－55
项目			焊接钢管							
			DN20	DN25	DN32	DN40	DN50	DN65	DN80	DN100
计价材料	焊接钢管接头零件 DN50	个					0.6210			
	焊接钢管接头零件 DN65	个						0.4350		
	焊接钢管接头零件 DN80	个							0.3540	
	焊接钢管接头零件 DN100	个								0.3500
	氧气	m^3		0.0260	0.0360	0.0270	0.0250	0.0260	0.0240	0.0310
	乙炔气	m^3		0.0100	0.0120	0.0100	0.0090	0.0100	0.0090	0.0120
	水	t	0.0060	0.0080	0.0100	0.0130	0.0160	0.0220	0.0250	0.0310
	其他材料费	元	0.8000	0.8400	0.9200	0.9200	0.6400	0.5300	0.6400	0.8400
机械	管子切断机 150mm	台班		0.0020	0.0020	0.0040	0.0070			
	管子切断套丝机 159mm	台班		0.0030	0.0030	0.0030	0.0090	0.0130	0.0080	
未计价材料	焊接钢管 DN20 以下	kg	1.6630							
	焊接钢管 DN25	kg		2.4680						
	焊接钢管 DN32	kg			3.1930					
	焊接钢管 DN40	kg				3.9170				
	焊接钢管 DN50	kg					4.9780			
	焊接钢管 DN65	kg						6.7730		
	焊接钢管 DN80	kg							8.5070	
	焊接钢管 DN100	kg								11.0670

续表

定额编号			YJ15－48	YJ15－49	YJ15－50	YJ15－51	YJ15－52	YJ15－53	YJ15－54	YJ15－55
项目			焊接钢管							
			DN20	DN25	DN32	DN40	DN50	DN65	DN80	DN100
未计价材料	普通硅酸盐水泥　32. 5	t	0. 0005	0. 0004	0. 0004	0. 0004	0. 0004	0. 0004	0. 0004	0. 0004
	中砂	m^3	0. 0010	0. 0010	0. 0010	0. 0010	0. 0010	0. 0010	0. 0010	0. 0010

15.2.3 焊接钢管——焊接

工作内容：配合土建预留孔洞、打孔、堵眼；测量划线、切管、坡口、调直、煨弯、对口、焊接；安装钩卡、安装管道、安装管件；水压试验。

定额编号			YJ15-56	YJ15-57	YJ15-58	YJ15-59	YJ15-60
项目			焊接钢管				
			DN32	DN40	DN50	DN65	DN80
单位			m	m	m	m	m
基价（元）			**8.58**	**9.57**	**11.30**	**21.48**	**24.75**
其中	人工费（元）		6.81	7.44	8.16	9.18	10.43
	材料费（元）		0.75	0.95	1.79	4.06	4.94
	机械费（元）		1.02	1.18	1.35	8.24	9.38
名称		单位	数量				
人工	普通工	工日	0.0592	0.0647	0.0710	0.0798	0.0907
	建筑技术工	工日	0.0889	0.0970	0.1064	0.1197	0.1361
计价材料	压制弯头 PN2.5 DN65	只				0.0700	
	压制弯头 PN2.5 DN80	只					0.0740
	电焊条 J507 综合	kg	0.0010	0.0010	0.0010	0.0810	0.0920
	碳钢气焊丝 综合	kg	0.0020	0.0020	0.0020	0.0020	
	氧气	m^3	0.0240	0.0340	0.1010	0.1320	0.1410
	乙炔气	m^3	0.0080	0.0120	0.0340	0.0450	0.0470
	水	t	0.0040	0.0040	0.0060	0.0090	0.0100

续表

定额编号			YJ15－56	YJ15－57	YJ15－58	YJ15－59	YJ15－60
项目			焊接钢管				
			DN32	DN40	DN50	DN65	DN80
计价材料	电	kW·h	0.0250	0.0420	0.0510	0.1270	0.1270
	尼龙砂轮片 φ100	片	0.0150	0.0180	0.0220	0.0410	0.0760
	砂轮切割片 φ400	片				0.0100	0.0110
	其他材料费	元	0.4200	0.4900	0.6000	0.5400	0.6400
机械	弯管机（WC27～108）	台班	0.0060	0.0060	0.0060	0.0050	0.0060
	管子切断机 150mm	台班				0.0030	0.0080
	逆变多功能焊机（D7－500）	台班	0.0030	0.0040	0.0050	0.0470	0.0520
未计价材料	薄钢板 4以下	kg	0.0090	0.0090	0.0090	0.0100	0.0100
	焊接钢管 DN32	kg	3.1930				
	焊接钢管 DN40	kg		3.9170			
	焊接钢管 DN50	kg			4.9780		
	焊接钢管 DN65	kg				6.7730	
	焊接钢管 DN80	kg					8.5070

<table>
<tr><td colspan="3">定　额　编　号</td><td>YJ15 －61</td></tr>
<tr><td colspan="3" rowspan="2">项　　目</td><td>焊接钢管</td></tr>
<tr><td>DN100</td></tr>
<tr><td colspan="3">单　　位</td><td>m</td></tr>
<tr><td colspan="3">基　　价（元）</td><td>33. 36</td></tr>
<tr><td rowspan="3">其中</td><td colspan="2">人　工　费（元）</td><td>12. 90</td></tr>
<tr><td colspan="2">材　料　费（元）</td><td>7. 79</td></tr>
<tr><td colspan="2">机　械　费（元）</td><td>12. 67</td></tr>
<tr><td colspan="2">名　　称</td><td>单位</td><td>数　　量</td></tr>
<tr><td rowspan="2">人工</td><td>普通工</td><td>工日</td><td>0. 1122</td></tr>
<tr><td>建筑技术工</td><td>工日</td><td>0. 1682</td></tr>
<tr><td rowspan="9">计价材料</td><td>压制弯头　PN2. 5　DN100</td><td>只</td><td>0. 0990</td></tr>
<tr><td>电焊条 J507　综合</td><td>kg</td><td>0. 1240</td></tr>
<tr><td>氧气</td><td>m^3</td><td>0. 1740</td></tr>
<tr><td>乙炔气</td><td>m^3</td><td>0. 0590</td></tr>
<tr><td>水</td><td>t</td><td>0. 0150</td></tr>
<tr><td>电</td><td>kW · h</td><td>0. 1690</td></tr>
<tr><td>尼龙砂轮片　φ100</td><td>片</td><td>0. 1010</td></tr>
<tr><td>砂轮切割片 φ400</td><td>片</td><td>0. 0150</td></tr>
<tr><td>其他材料费</td><td>元</td><td>0. 8100</td></tr>
<tr><td rowspan="2">机械</td><td>弯管机（WC27 ~108）</td><td>台班</td><td>0. 0130</td></tr>
<tr><td>管子切断机　150mm</td><td>台班</td><td>0. 0060</td></tr>
</table>

续表

定额编号			YJ15－61
项目			焊接钢管
			DN100
机械	逆变多功能焊机（D7－500）	台班	0.0690
未计价材料	薄钢板　4 以下	kg	0.0100
	焊接钢管　DN100	kg	11.0670

15.2.4 UPVC 塑料管——粘结连接

工作内容： 配合土建预留孔洞、打孔、堵眼；测量划线、切管、管口清理、粘接；安装钩卡、安装管道、安装管件；水压试验。

定额编号			YJ15－62	YJ15－63	YJ15－64	YJ15－65
项目			UPVC 塑料管			
			DN20	DN25	DN32	DN40
单位			m	m	m	m
基价（元）			**5.71**	**6.24**	**6.52**	**8.15**
其中	人工费（元）		5.11	5.31	5.93	6.54
	材料费（元）		0.60	0.93	0.59	1.61
	机械费（元）					
名称		单位	数量			
人工	普通工	工日	0.0445	0.0462	0.0515	0.0620
	建筑技术工	工日	0.0667	0.0692	0.0774	0.0817
计价材料	塑料管接头 DN20	个	0.9860			
	塑料管接头 DN25	个		0.9780		
	塑料管接头 DN32	个			0.4030	
	塑料管接头 DN40	个				0.7160
	水	t	0.0060	0.0080	0.0100	0.0130
	其他材料费	元	0.0700	0.1000	0.1500	0.2400

续表

定额编号			YJ15－62	YJ15－63	YJ15－64	YJ15－65
项目			UPVC 塑料管			
			DN20	DN25	DN32	DN40
未计价材料	塑料给水管 DN20	m	1.0200			
	塑料给水管 DN25	m		1.0200		
	塑料给水管 DN32	m			1.0200	
	塑料给水管 DN40	m				1.0200

定额编号			YJ15－66	YJ15－67	YJ15－68	YJ15－69
项目			UPVC 塑料管			
			DN50	DN65	DN80	DN100
单位			m	m	m	m
基价（元）			**8.71**	**10.35**	**11.90**	**13.66**
其中	人工费（元）		6.69	6.93	7.22	8.23
	材料费（元）		2.02	3.42	4.68	5.43
	机械费（元）					
名称		单位	数量			
人工	普通工	工日	0.0581	0.0602	0.0628	0.0715
	建筑技术工	工日	0.0873	0.0904	0.0942	0.1073
计价材料	塑料管接头 DN50	个	0.6510			
	塑料管接头 DN70	个		0.4250		
	塑料管接头 DN80	个			0.3910	
	塑料管接头 DN100	个				0.2680
	水	t	0.0160	0.0220	0.0250	0.0310
	其他材料费	元	0.3600	0.8100	0.9800	1.2000
未计价材料	塑料给水管 DN50	m	1.0200			
	塑料给水管 DN70	m		1.0200		
	塑料给水管 DN80	m			1.0200	
	塑料给水管 DN100	m				1.0200

15.2.5 UPVC 塑料管——热熔连接

工作内容： 配合土建预留孔洞、打孔、堵眼；测量划线、切管、管口清理、管件管道热熔连接；安装钩卡、安装管道、安装管件；水压试验。

定额编号			YJ15－70	YJ15－71	YJ15－72	YJ15－73
项目			UPVC 塑料管			
			DN20	DN25	DN32	DN40
单位			m	m	m	m
基价（元）			**7.43**	**8.36**	**9.18**	**10.66**
其中	人工费（元）		6.42	7.05	7.73	8.60
	材料费（元）		0.94	1.24	1.38	1.94
	机械费（元）		0.07	0.07	0.07	0.12
名称		单位	数量			
人工	普通工	工日	0.0558	0.0613	0.0672	0.0747
	建筑技术工	工日	0.0838	0.0920	0.1008	0.1122
计价材料	塑料管接头 DN20	个	0.1420			
	塑料管接头 DN25	个		0.1410		
	塑料管接头 DN32	个			0.1540	
	塑料管接头 DN40	个				0.1610
	塑料三通 DN20	个	0.3870			
	塑料三通 DN25	个		0.3040		
	塑料三通 DN32	个			0.2210	

续表

定额编号			YJ15－70	YJ15－71	YJ15－72	YJ15－73
项目			UPVC 塑料管			
			DN20	DN25	DN32	DN40
计价材料	塑料三通 DN40	个				0.1380
	塑料弯头 DN20	个	0.3460			
	塑料弯头 DN25	个		0.3820		
	塑料弯头 DN32	个			0.3000	
	塑料弯头 DN40	个				0.2770
	其他材料费	元	0.2200	0.1900	0.2800	0.4700
机械	热熔焊接机　SH－63	台班	0.0040	0.0040	0.0040	0.0070
未计价材料	塑料给水管 DN20	m	1.0200			
	塑料给水管 DN25	m		1.0200		
	塑料给水管 DN32	m			1.0200	
	塑料给水管 DN40	m				1.0200

定额编号			YJ15－74	YJ15－75	YJ15－76	YJ15－77
项目			UPVC 塑料管			
			DN50	DN65	DN80	DN100
单位			m	m	m	m
基价（元）			**14.74**	**17.56**	**19.01**	**23.20**
其中	人工费（元）		8.98	9.18	9.71	11.20
	材料费（元）		3.35	5.97	6.89	9.29
	机械费（元）		2.41	2.41	2.41	2.71
名称		单位	数量			
人工	普通工	工日	0.0781	0.0798	0.0844	0.0975
	建筑技术工	工日	0.1172	0.1197	0.1267	0.1461
计价材料	塑料管接头 DN50	个	0.1000			
	塑料管接头 DN70	个		0.0590		
	塑料管接头 DN80	个			0.1540	
	塑料管接头 DN100	个				0.0810
	塑料三通 DN50	个	0.1850			
	塑料三通 DN70	个		0.1620		
	塑料三通 DN80	个			0.0710	
	塑料三通 DN100	个				0.1010
	塑料弯头 DN50	个	0.3060			
	塑料弯头 DN70	个		0.1670		
	塑料弯头 DN80	个			0.1500	

续表

定额编号			YJ15－74	YJ15－75	YJ15－76	YJ15－77
项目			UPVC 塑料管			
			DN50	DN65	DN80	DN100
计价材料	塑料弯头 DN100	个				0. 0660
	其他材料费	元	0. 5000	1. 0100	1. 1400	1. 4900
机械	热熔焊接机　SHD－160C	台班	0. 0080	0. 0080	0. 0080	0. 0090
未计价材料	塑料给水管 DN50	m	1. 0200			
	塑料给水管 DN70	m		1. 0200		
	塑料给水管 DN80	m			1. 0200	
	塑料给水管 DN100	m				1. 0100

15.2.6 铝塑复合管——暗装连接

工作内容：配合土建预留孔洞、打孔、堵眼；测量划线、切管、管口清理、安装钩卡、管件管道安装、水压试验。

定额编号			YJ15-78	YJ15-79	YJ15-80	YJ15-81
项目			铝塑复合管			
			DN15	DN20	DN25	DN32
单位			m	m	m	m
基价（元）			**7.03**	**7.71**	**8.87**	**9.75**
其中	人工费（元）		6.52	7.22	8.23	9.09
	材料费（元）		0.51	0.49	0.64	0.66
	机械费（元）					
名称		单位	数量			
人工	普通工	工日	0.0567	0.0628	0.0715	0.0790
	建筑技术工	工日	0.0850	0.0942	0.1073	0.1185
计价材料	塑料管接头 DN20	个	0.7800	0.6500		
	塑料管接头 DN25	个			0.5200	
	塑料管接头 DN32	个				0.4000
	水	t	0.0050	0.0060	0.0080	0.0100
	其他材料费	元	0.1000	0.1400	0.1800	0.2100

续表

定额编号			YJ15－78	YJ15－79	YJ15－80	YJ15－81
项目			铝塑复合管			
			DN15	DN20	DN25	DN32
未计价材料	铝塑复合管 DN15	m	1.0200			
	铝塑复合管 DN20	m		1.0200		
	铝塑复合管 DN25	m			1.0200	
	铝塑复合管 DN32	m				1.0200

15.2.7 不锈钢给水管——螺纹连接

工作内容：配合土建预留孔洞、打孔、堵眼；测量划线、切管、调直、套丝；管件连接、管道安装；水压试验。

定额编号			YJ15－82	YJ15－83	YJ15－84	YJ15－85	YJ15－86	YJ15－87
项目			不锈钢给水管					
			DN15	DN20	DN25	DN32	DN40	DN50
单位			m	m	m	m	m	m
基价（元）			**10.41**	**10.10**	**11.68**	**12.72**	**14.86**	**16.32**
其中	人工费（元）		7.42	7.42	8.42	8.42	9.99	9.99
	材料费（元）		2.78	2.47	3.03	3.99	4.56	5.98
	机械费（元）		0.21	0.21	0.23	0.31	0.31	0.35
名称		单位	数量					
人工	普通工	工日	0.0646	0.0646	0.0732	0.0732	0.0869	0.0869
	建筑技术工	工日	0.0968	0.0968	0.1098	0.1098	0.1302	0.1302
计价材料	钢管卡子 DN20	个	0.1400	0.1400				
	钢管卡子 DN25	个			0.1640			
	钢管卡子 DN32	个				0.1690		
	钢管卡子 DN40	个					0.2060	
	钢管卡子 DN50	个						0.2060
	镀锌钢管接头零件 DN20 以下	个	1.6370	1.1520				
	镀锌钢管接头零件 DN25	个			0.9780			

续表

定额编号			YJ15－82	YJ15－83	YJ15－84	YJ15－85	YJ15－86	YJ15－87
项目			不锈钢给水管					
			DN15	DN20	DN25	DN32	DN40	DN50
计价材料	镀锌钢管接头零件 DN32	个				0.8030		
	镀锌钢管接头零件 DN40	个					0.7160	
	镀锌钢管接头零件 DN50	个						0.6510
	水	t	0.0050	0.0060	0.0080	0.0100	0.0130	0.0160
	砂轮片 ϕ400	片	0.0040	0.0040	0.0040	0.0060	0.0090	0.0200
	其他材料费	元	0.5200	0.8200	1.0200	1.4200	1.7100	1.9600
机械	管子切断机 150mm	台班	0.0009	0.0009	0.0009	0.0009	0.0009	0.0009
	管子切断套丝机 159mm	台班	0.0072	0.0072	0.0081	0.0117	0.0117	0.0135
未计价材料	不锈钢给水管 DN15	m	1.0200					
	不锈钢给水管 DN20	m		1.0200				
	不锈钢给水管 DN25	m			1.0200			
	不锈钢给水管 DN32	m				1.0200		
	不锈钢给水管 DN40	m					1.0200	
	不锈钢给水管 DN50	m						1.0200

15.2.8 不锈钢给水管——电弧焊连接

工作内容：配合土建预留孔洞、打孔、堵眼；测量划线、切管、坡口磨平、管口组对、焊前预热、焊接；管件连接、管道安装；水压实验。

定额编号			YJ15－88	YJ15－89	YJ15－90	YJ15－91	YJ15－92
项目			不锈钢给水管				
			DN20	DN25	DN32	DN40	DN50
单位			m	m	m	m	m
基价（元）			**9.75**	**10.90**	**11.77**	**13.95**	**18.49**
其中	人工费（元）		8.53	9.08	9.68	11.74	14.23
	材料费（元）		1.11	1.68	1.86	1.98	3.76
	机械费（元）		0.11	0.14	0.23	0.23	0.50
名称		单位	数量				
人工	普通工	工日	0.0742	0.0789	0.0842	0.1021	0.1235
	建筑技术工	工日	0.1113	0.1185	0.1263	0.1532	0.1858
计价材料	钢管卡子 DN25	个	0.1690	0.2060			
	钢管卡子 DN32	个			0.2060		
	不锈钢电焊条 综合	kg	0.0020	0.0026	0.0038	0.0047	0.0071
	镀锌弯头 DN20 以下	个	0.3400				
	镀锌弯头 DN25	个		0.3400			
	镀锌弯头 DN32	个			0.3400		
	镀锌弯头 DN40	个				0.3200	

续表

定额编号			YJ15－88	YJ15－89	YJ15－90	YJ15－91	YJ15－92
项目			不锈钢给水管				
			DN20	DN25	DN32	DN40	DN50
计价材料	镀锌弯头 DN50	个					0.3200
	水	t	0.0060	0.0080	0.0100	0.0130	0.0160
	尼龙砂轮片 φ100	片	0.0024	0.0030	0.0039	0.0040	0.0040
	其他材料费	元	0.3200	0.3600	0.3600	0.5600	1.1000
机械	管子切断机 150mm	台班	0.0001	0.0001	0.0003	0.0003	0.0003
	交流电焊机 30kVA	台班	0.0013	0.0016	0.0027	0.0027	0.0059
未计价材料	不锈钢管 φ20×1.5	m	1.0200				
	不锈钢管 φ25×1.5	m		1.0200			
	不锈钢管 φ32×1.5	m			1.0200		
	不锈钢管 φ45×2.5	kg				2.6200	
	不锈钢管 DN50	m					1.0200

15.2.9 镀锌铁皮套管制作

工作内容：测量划线、下料、卷制、咬口。

定额编号			YJ15－93	YJ15－94	YJ15－95
项目			镀锌铁皮套管制作		
			DN50 及以下	DN100 及以下	DN150 及以下
单位			个	个	个
基价（元）			**2.48**	**3.69**	**4.57**
其中	人工费（元）		2.47	3.67	4.54
	材料费（元）		0.01	0.02	0.03
	机械费（元）				
名称		单位	数量		
人工	普通工	工日	0.0214	0.0319	0.0395
	建筑技术工	工日	0.0322	0.0479	0.0592
计价材料	其他材料费	元	0.0100	0.0200	0.0300
未计价材料	镀锌钢板 0.5 以下	kg	0.2360	0.3540	0.4320

15.2.10 管道支架制作安装

工作内容：测量划线、切断、调直、煨制、钻孔、组对、焊接；打孔、安装、堵眼。

定额编号			YJ15－96
项目			管道支架制作安装
单位			kg
基价（元）			**11.59**
其中	人工费（元）		4.15
	材料费（元）		1.75
	机械费（元）		5.69
名称		单位	数量
人工	普通工	工日	0.0361
	建筑技术工	工日	0.0542
计价材料	电焊条 J507 综合	kg	0.0540
	精制六角螺栓 综合	kg	0.0480
	氧气	m^3	0.0260
	乙炔气	m^3	0.0090
	水	t	0.1000
	尼龙砂轮片 ϕ100	片	0.0010
	砂轮切割片 ϕ400	片	0.0140
	棉纱头	kg	0.0240
	其他材料费	元	0.1100

续表

定　额　编　号			YJ15－96
项　　　目			管道支架制作安装
机械	管子切断机　150mm	台班	0.0100
	逆变多功能焊机（D7－500）	台班	0.0320
未计价材料	角钢　综合	kg	1.0600
	中砂	m^3	0.0010
	碎石　20	m^3	0.0010

15.3 法 兰 安 装

工作内容：切口、坡口、焊接；加垫、安装组对、紧螺栓；水压试验。

定额编号			YJ15－97	YJ15－98	YJ15－99	YJ15－100	YJ15－101	YJ15－102
项目			碳钢法兰					
			DN32	DN40	DN50	DN65	DN80	DN100
单位			副	副	副	副	副	副
基价（元）			**38.35**	**44.02**	**46.61**	**69.80**	**79.50**	**87.88**
其中	人工费（元）		11.49	11.49	11.88	18.45	18.45	20.53
	材料费（元）		5.70	11.37	11.95	13.92	23.62	23.41
	机械费（元）		21.16	21.16	22.78	37.43	37.43	43.94
名称		单位	数量					
人工	普通工	工日	0.1000	0.1000	0.1033	0.1604	0.1604	0.1785
	建筑技术工	工日	0.1499	0.1499	0.1550	0.2407	0.2407	0.2678
计价材料	电焊条 J507 综合	kg	0.1400	0.1700	0.2100	0.4200	0.4900	0.5900
	精制六角螺栓 综合	kg	0.4500	1.0840	1.0840	1.0840	2.1670	1.9600
	氧气	m^3	0.0200	0.0300	0.0400	0.0600	0.0600	0.0700
	乙炔气	m^3	0.0100	0.0100	0.0100	0.0200	0.0200	0.0200
	其他材料费	元	0.9400	1.3200	1.5600	1.8700	2.5100	3.2100
机械	逆变多功能焊机（D7－500）	台班	0.1300	0.1300	0.1400	0.2300	0.2300	0.2700

续表

定额编号			YJ15－97	YJ15－98	YJ15－99	YJ15－100	YJ15－101	YJ15－102
项目			碳钢法兰					
			DN32	DN40	DN50	DN65	DN80	DN100
未计价材料	平焊法兰 PN1.6 DN32	片	2.0000					
	平焊法兰 PN1.6 DN40	片		2.0000				
	平焊法兰 PN1.6 DN50	片			2.0000			
	平焊法兰 PN1.6 DN65	片				2.0000		
	平焊法兰 PN1.6 DN80	片					2.0000	
	平焊法兰 PN1.6 DN100	片						2.0000

15.4 伸缩器制作安装

15.4.1 螺纹连接套筒伸缩器安装

工作内容：切管、套丝、检修盘根；加垫、安装；水压试验。

定额编号			YJ15－103	YJ15－104	YJ15－105	YJ15－106
项目			螺纹连接法套筒伸缩器安装			
			DN25	DN32	DN40	DN50
单位			个	个	个	个
基价（元）			**13.04**	**13.18**	**17.72**	**24.15**
其中	人工费（元）		12.31	12.31	16.80	21.35
	材料费（元）		0.73	0.87	0.92	2.80
	机械费（元）					
名称		单位	数量			
人工	普通工	工日	0.1071	0.1071	0.1461	0.1857
	建筑技术工	工日	0.1606	0.1606	0.2192	0.2784
计价材料	石棉松绳	kg	0.0100	0.0100	0.0100	0.0200
	石棉橡胶板 低压6以下	kg				0.1400
	钢锯条各种规格	根	0.0800	0.1400	0.1400	
	砂纸	张				0.4000
	聚四氟乙烯生料带	卷	0.0100	0.0100	0.0100	0.0200
	棉纱头	kg				0.0400

续表

定 额 编 号			YJ15－103	YJ15－104	YJ15－105	YJ15－106
项 目			螺纹连接法套筒伸缩器安装			
			DN25	DN32	DN40	DN50
计价材料	其他材料费	元	0.4800	0.5200	0.5700	0.8100
未计价材料	法兰式伸缩器 DN25	个	1.0100			
	法兰式伸缩器 DN32	个		1.0100		
	法兰式伸缩器 DN40	个			1.0100	
	法兰式伸缩器 DN50	个				1.0100

15.4.2 焊接法兰式套筒伸缩器安装

工作内容： 切管、检修盘根、对口、焊接法兰；加垫、安装；水压试验。

定额编号			YJ15－107	YJ15－108	YJ15－109	YJ15－110	YJ15－111	YJ15－112
项目			焊接法兰式套筒伸缩器安装					
			DN50	DN65	DN80	DN100	DN125	DN150
单位			个	个	个	个	个	个
基价（元）			**64.81**	**86.60**	**109.29**	**125.95**	**138.82**	**178.99**
其中	人工费（元）		19.70	24.63	27.91	39.41	51.20	58.30
	材料费（元）		22.33	24.54	43.95	42.60	43.68	71.87
	机械费（元）		22.78	37.43	37.43	43.94	43.94	48.82
名称		单位	数量					
人工	普通工	工日	0.1713	0.2142	0.2427	0.3427	0.4452	0.5069
	建筑技术工	工日	0.2570	0.3213	0.3641	0.5141	0.6678	0.7604
计价材料	电焊条 J507　综合	kg	0.2100	0.4200	0.4900	0.5900	0.7200	0.8800
	精制六角螺栓　综合	kg	2.1670	2.1670	4.3340	3.9370	3.9370	6.7580
	石棉橡胶板　低压 6 以下	kg	0.1400	0.1800	0.2600	0.3500	0.3500	0.5500
	氧气	m^3	0.0400	0.0600	0.0600	0.0700	0.0700	0.1200
	乙炔气	m^3	0.0100	0.0200	0.0200	0.0200	0.0200	0.0400
	清油　综合	kg	0.0400	0.0400	0.0600	0.0600	0.0600	0.0800
	其他材料费	元	1.7500	1.9500	2.8200	3.1100	3.3100	5.5800
机械	逆变多功能焊机（D7－500）	台班	0.1400	0.2300	0.2300	0.2700	0.2700	0.3000

续表

定额编号			YJ15－107	YJ15－108	YJ15－109	YJ15－110	YJ15－111	YJ15－112
项目			焊接法兰式套筒伸缩器安装					
			DN50	DN65	DN80	DN100	DN125	DN150
未计价材料	平焊法兰 PN1.6　DN50	片	2.0000					
	平焊法兰 PN1.6　DN65	片		2.0000				
	平焊法兰 PN1.6　DN80	片			2.0000			
	平焊法兰 PN1.6　DN100	片				2.0000		
	平焊法兰 PN1.6　DN125	片					2.0000	
	平焊法兰 PN1.6　DN150	片						2.0000
	伸缩器 DN50	个	1.0100					
	伸缩器 DN65	个		1.0100				
	伸缩器 DN80	个			1.0100			
	伸缩器 DN100	个				1.0100		
	伸缩器 DN125	个					1.0100	
	伸缩器 DN150	个						1.0100

15.5 管道消毒、冲洗

工作内容：溶解漂白粉、装水、消毒、冲洗。

定额编号			YJ15－113	YJ15－114	YJ15－115
项目			管道消毒、冲洗 公称直径		
			DN50及以下	DN100	DN200
单位			m	m	m
基价（元）			**0.34**	**0.53**	**1.01**
其中	人工费（元）		0.19	0.29	0.34
	材料费（元）		0.15	0.24	0.67
	机械费（元）				
名称		单位	数量		
人工	普通工	工日	0.0017	0.0025	0.0030
	建筑技术工	工日	0.0025	0.0038	0.0044
计价材料	漂白粉32%	kg	0.0010	0.0010	0.0040
	水	t	0.0500	0.0800	0.2200
	其他材料费	元			0.0100

15.6 阀门安装

15.6.1 螺纹阀

工作内容：切管、套丝、制垫、加垫、安装　阀门、水压试验。

定额编号			YJ15－116	YJ15－117	YJ15－118	YJ15－119
项目			螺纹阀			
			DN15	DN20	DN25	DN32
单位			个	个	个	个
基价（元）			**8.62**	**8.66**	**10.09**	**15.22**
其中	人工费（元）		4.10	4.10	4.93	6.18
	材料费（元）		4.52	4.56	5.16	9.04
	机械费（元）					
名称		单位	数量			
人工	普通工	工日	0.0357	0.0357	0.0429	0.0537
	建筑技术工	工日	0.0535	0.0535	0.0642	0.0807
计价材料	镀锌活接头 DN20 以下	个	1.0100	1.0100		
	镀锌活接头 DN25	个			1.0100	
	镀锌活接头 DN32	个				1.0100
	橡胶板　3mm 以下	kg	0.0030	0.0030	0.0040	0.0060
	其他材料费	元	0.6400	0.6900	0.9200	1.2500

续表

定额编号			YJ15－116	YJ15－117	YJ15－118	YJ15－119
项目			螺纹阀			
			DN15	DN20	DN25	DN32
未计价材料	截止阀 J11W－10TDN15	只	1.0100			
	截止阀 J11T－16DN20	只		1.0100		
	截止阀 J11T－16DN25	只			1.0100	
	截止阀 J11T－16DN32	只				1.0100

定额编号			YJ15－120	YJ15－121	YJ15－122	YJ15－123	YJ15－124
项目			螺纹阀				
			DN40	DN50	DN65	DN80	DN100
单位			个	个	个	个	个
基价（元）			**19.88**	**23.87**	**30.27**	**62.02**	**98.96**
其中	人工费（元）		10.24	10.24	16.08	21.74	42.16
	材料费（元）		9.64	13.63	14.19	40.28	56.80
	机械费（元）						
名称		单位	数量				
人工	普通工	工日	0.0891	0.0891	0.1398	0.1890	0.3666
	建筑技术工	工日	0.1335	0.1335	0.2098	0.2835	0.5500
计价材料	镀锌活接头 DN40	个	1.0100				
	镀锌活接头 DN50	个		1.0100			
	镀锌活接头 DN65	个			1.0100		
	镀锌活接头 DN80	个				1.0100	
	镀锌活接头 DN100	个					1.0100
	橡胶板 3mm 以下	kg	0.0080	0.0100	0.0120	0.0150	0.0180
	其他材料费	元	1.5000	2.2200	2.7700	3.6000	4.6000

续表

定额编号			YJ15－120	YJ15－121	YJ15－122	YJ15－123	YJ15－124
项目			螺纹阀				
			DN40	DN50	DN65	DN80	DN100
未计价材料	截止阀 J11T－16　DN40	只	1.0100				
	截止阀 J11T－16　DN50	只		1.0100			
	截止阀 J11T－16　DN65	只			1.0100		
	截止阀 J11T－16　DN80	只				1.0100	
	截止阀 J11T－16　DN100	只					1.0100

15.6.2 螺纹法兰阀

工作内容：切管、套丝、安装 法兰、制垫、加垫、紧螺栓、水压试验。

定 额 编 号			YJ15－125	YJ15－126	YJ15－127	YJ15－128	YJ15－129	YJ15－130
项 目			螺纹法兰阀					
			DN15	DN20	DN25	DN32	DN40	DN50
单 位			个	个	个	个	个	个
基 价（元）			**15.73**	**16.63**	**19.76**	**33.75**	**42.80**	**42.20**
其中	人 工 费（元）		7.73	8.21	10.24	11.88	20.09	20.09
	材 料 费（元）		8.00	8.42	9.52	21.87	22.71	22.11
	机 械 费（元）							
名 称		单位	数 量					
人工	普通工	工日	0.0672	0.0714	0.0891	0.1033	0.1747	0.1747
	建筑技术工	工日	0.1008	0.1071	0.1335	0.1550	0.2621	0.2621
计价材料	精制六角螺栓 综合	kg	0.6320	0.6720	0.6720	2.1670	2.1670	2.1670
	石棉橡胶板 低压 6 以下	kg	0.0300	0.0400	0.0700	0.0800	0.1100	0.1400
	其他材料费	元	2.7400	2.7500	3.6000	4.0000	4.5900	3.7400
未计价材料	螺纹法兰 PN0.6 DN20	副	1.0000	1.0000				
	螺纹法兰 PN0.6 DN25	副			1.0000			
	螺纹法兰 PN0.6 DN32	副				1.0000		
	螺纹法兰 PN0.6 DN40	副					1.0000	
	螺纹法兰 PN0.6 DN50	副						1.0000
	法兰阀门 DN20	个	1.0200	1.0200				

续表

定额编号			YJ15 - 125	YJ15 - 126	YJ15 - 127	YJ15 - 128	YJ15 - 129	YJ15 - 130
项目			螺纹法兰阀					
			DN15	DN20	DN25	DN32	DN40	DN50
未计价材料	法兰阀门 DN25	个			1.0200			
	法兰阀门 DN32	个				1.0200		
	法兰阀门 DN40	个					1.0200	
	法兰阀门 DN50	个						1.0200

15.6.3 焊接法兰阀

工作内容：切管、套丝、安装 法兰、制垫、加垫、紧螺栓、水压试验。

定额编号			YJ15－131	YJ15－132	YJ15－133	YJ15－134
项目			焊接法兰阀			
			DN32	DN40	DN50	DN65
单位			个	个	个	个
基价（元）			**57.22**	**58.87**	**63.49**	**89.45**
其中	人工费（元）		15.60	16.42	20.09	27.10
	材料费（元）		20.46	21.29	22.24	24.92
	机械费（元）		21.16	21.16	21.16	37.43
名称		单位	数量			
人工	普通工	工日	0.1356	0.1428	0.1747	0.2356
	建筑技术工	工日	0.2035	0.2142	0.2621	0.3535
计价材料	电焊条 J507 综合	kg	0.1400	0.1700	0.2100	0.4200
	精制六角螺栓 综合	kg	2.1670	2.1670	2.1670	2.1670
	石棉橡胶板 低压6以下	kg	0.0800	0.1100	0.1400	0.1800
	氧气	m^3				0.0400
	乙炔气	m^3				0.0140
	其他材料费	元	1.6600	2.0200	2.4600	2.9600
机械	逆变多功能焊机（D7－500）	台班	0.1300	0.1300	0.1300	0.2300

续表

定额编号			YJ15－131	YJ15－132	YJ15－133	YJ15－134
项目			焊接法兰阀			
			DN32	DN40	DN50	DN65
未计价材料	闸阀 Z41H－16　DN32	只	1.0000			
	闸阀 Z41H－16　DN40	只		1.0000		
	闸阀 Z41H－16　DN50	只			1.0000	
	闸阀 Z41H－16　DN65	只				1.0000
	平焊法兰 PN1.6　DN32	片	2.0000			
	平焊法兰 PN1.6　DN40	片		2.0000		
	平焊法兰 PN1.6　DN50	片			2.0000	
	平焊法兰 PN1.6　DN65	片				2.0000

<table>
<tr><td colspan="3">定　额　编　号</td><td>YJ15－135</td><td>YJ15－136</td><td>YJ15－137</td><td>YJ15－138</td></tr>
<tr><td colspan="3" rowspan="2">项　　目</td><td colspan="4">焊接法兰阀</td></tr>
<tr><td>DN80</td><td>DN100</td><td>DN125</td><td>DN150</td></tr>
<tr><td colspan="3">单　　位</td><td>个</td><td>个</td><td>个</td><td>个</td></tr>
<tr><td colspan="3">基　　价（元）</td><td>112.79</td><td>129.18</td><td>145.23</td><td>181.55</td></tr>
<tr><td rowspan="3">其中</td><td colspan="2">人　工　费（元）</td><td>30.81</td><td>38.16</td><td>48.88</td><td>57.86</td></tr>
<tr><td colspan="2">材　料　费（元）</td><td>44.55</td><td>47.08</td><td>50.78</td><td>74.87</td></tr>
<tr><td colspan="2">机　械　费（元）</td><td>37.43</td><td>43.94</td><td>45.57</td><td>48.82</td></tr>
<tr><td colspan="2">名　　称</td><td>单位</td><td colspan="4">数　　量</td></tr>
<tr><td rowspan="2">人工</td><td>普通工</td><td>工日</td><td>0.2679</td><td>0.3318</td><td>0.4250</td><td>0.5031</td></tr>
<tr><td>建筑技术工</td><td>工日</td><td>0.4019</td><td>0.4977</td><td>0.6375</td><td>0.7547</td></tr>
<tr><td rowspan="6">计价材料</td><td>电焊条 J507　综合</td><td>kg</td><td>0.4900</td><td>0.5900</td><td>0.7200</td><td>0.8800</td></tr>
<tr><td>精制六角螺栓　综合</td><td>kg</td><td>4.3340</td><td>4.3340</td><td>4.3340</td><td>6.7580</td></tr>
<tr><td>石棉橡胶板　低压 6 以下</td><td>kg</td><td>0.2600</td><td>0.3500</td><td>0.4600</td><td>0.5500</td></tr>
<tr><td>氧气</td><td>m^3</td><td>0.0600</td><td>0.0700</td><td>0.0900</td><td>0.1100</td></tr>
<tr><td>乙炔气</td><td>m^3</td><td>0.0200</td><td>0.0240</td><td>0.0300</td><td>0.0370</td></tr>
<tr><td>其他材料费</td><td>元</td><td>4.0500</td><td>5.0200</td><td>6.7100</td><td>9.5200</td></tr>
<tr><td>机械</td><td>逆变多功能焊机（D7－500）</td><td>台班</td><td>0.2300</td><td>0.2700</td><td>0.2800</td><td>0.3000</td></tr>
<tr><td rowspan="4">未计价材料</td><td>闸阀　Z41H－16　DN80</td><td>只</td><td>1.0000</td><td></td><td></td><td></td></tr>
<tr><td>闸阀　Z41H－16　DN100</td><td>只</td><td></td><td>1.0000</td><td></td><td></td></tr>
<tr><td>闸阀　Z41H－16　DN125</td><td>只</td><td></td><td></td><td>1.0000</td><td></td></tr>
<tr><td>闸阀　Z41H－16　DN150</td><td>只</td><td></td><td></td><td></td><td>1.0000</td></tr>
</table>

续表

定额编号			YJ15－135	YJ15－136	YJ15－137	YJ15－138
项目			焊接法兰阀			
			DN80	DN100	DN125	DN150
未计价材料	平焊法兰 PN1.6　DN80	片	2.0000			
	平焊法兰 PN1.6　DN100	片		2.0000		
	平焊法兰 PN1.6　DN125	片			2.0000	
	平焊法兰 PN1.6　DN150	片				2.0000

15.6.4 手动放风阀、自动排气阀

工作内容：支架制作安装、套丝、丝堵改丝、安装、水压试验。

定额编号			YJ15－139	YJ15－140	YJ15－141	YJ15－142
项目			自动排气阀			手动放风阀
			DN15	DN20	DN25	DN10
单位			个	个	个	个
基价（元）			**14.16**	**16.45**	**20.16**	**6.43**
其中	人工费（元）		6.95	9.03	11.11	1.26
	材料费（元）		7.21	7.42	9.05	5.17
	机械费（元）					
名称		单位	数量			
人工	普通工	工日	0.0605	0.0786	0.0966	0.0109
	建筑技术工	工日	0.0907	0.1178	0.1449	0.0164
计价材料	镀锌弯头 DN20 以下	个	1.0100	1.0100		1.1300
	镀锌弯头 DN25	个			1.0100	1.0100
	镀锌管接头 DN20	个	2.0200	2.0200		
	镀锌管接头 DN25	个			2.0200	
	镀锌管堵 DN20 以下	个	1.0100	1.0100		
	镀锌管堵 DN25	个			1.0100	
	其他材料费	元	2.1000	2.3000	2.5200	0.6600

续表

定 额 编 号			YJ15－139	YJ15－140	YJ15－141	YJ15－142
项 目			自动排气阀			手动放风阀
			DN15	DN20	DN25	DN10
未计价材料	等边角钢边长 63 以下	kg	0.6500	0.6500	0.6500	0.6500
	圆钢 ϕ10 以外	kg	0.2100	0.2100	0.2100	0.2100
	自动排气阀 DN15	只	1.0000			
	自动排气阀 DN20	只		1.0000		
	自动排气阀 DN25	只			1.0000	
	手动放风阀 DN10	只				1.0000
	普通硅酸盐水泥 32.5	t	0.0010	0.0010	0.0010	0.0010

15.6.5 液压式法兰水位控制阀

工作内容：切管、挖眼、焊接、制垫、加垫、固定、安装、水压试验。

定额编号			YJ15－143	YJ15－144	YJ15－145	YJ15－146
项目			液压式法兰水位控制阀			
			DN50	DN80	DN100	DN150
单位			个	个	个	个
基价（元）			**85.21**	**145.63**	**167.34**	**213.34**
其中	人工费（元）		23.38	35.31	43.08	55.44
	材料费（元）		29.28	53.36	57.54	84.67
	机械费（元）		32.55	56.96	66.72	73.23
名称		单位	数量			
人工	普通工	工日	0.2033	0.3070	0.3746	0.4821
	建筑技术工	工日	0.3049	0.4605	0.5619	0.7232
计价材料	电焊条 J507 综合	kg	0.3100	0.7400	0.8900	1.3200
	精制六角螺栓 综合	kg	2.1670	4.3340	4.3340	6.7580
	石棉橡胶板 低压6以下	kg	0.1400	0.2600	0.3500	0.5500
	氧气	m^3	0.1000	0.1200	0.1300	0.2000
	乙炔气	m^3	0.0340	0.0400	0.0440	0.0670
	其他材料费	元	7.7600	10.5400	12.8300	15.4200
机械	逆变多功能焊机（D7－500）	台班	0.2000	0.3500	0.4100	0.4500

续表

定额编号			YJ15－143	YJ15－144	YJ15－145	YJ15－146
项目			液压式法兰水位控制阀			
			DN50	DN80	DN100	DN150
未计价材料	焊接钢管 DN50	kg	3.9040			
	焊接钢管 DN80	kg		6.6720		
	焊接钢管 DN100	kg			8.6800	
	焊接钢管 DN150	kg				17.8100
	平焊法兰 PN1.6　DN50	片	1.0000			
	平焊法兰 PN1.6　DN80	片		1.0000		
	平焊法兰 PN1.6　DN100	片			1.0000	
	平焊法兰 PN1.6　DN150	片				1.0000
	水位控制阀　DN50	个	1.0000			
	水位控制阀　DN80	个		1.0000		
	水位控制阀　DN100	个			1.0000	
	水位控制阀　DN150	个				1.0000

15.7 水表安装

工作内容：切管、套丝、制垫、加垫、水压试验。

定额编号			YJ15－147	YJ15－148	YJ15－149	YJ15－150
项目			螺纹水表			
			DN20	DN25	DN32	DN40
单位			组	组	组	组
基价（元）			**17.66**	**21.63**	**25.79**	**31.61**
其中	人工费（元）		16.42	19.70	22.99	27.91
	材料费（元）		1.24	1.93	2.80	3.70
	机械费（元）					
名称		单位	数量			
人工	普通工	工日	0.1428	0.1713	0.1999	0.2427
	建筑技术工	工日	0.2142	0.2570	0.2999	0.3641
计价材料	橡胶板 3mm 以下	kg	0.0500	0.0800	0.0900	0.1300
	钢锯条 各种规格	根	0.1300	0.1400	0.1700	0.2600
	聚四氟乙烯生料带	卷	0.0010	0.0010	0.0020	0.0020
	其他材料费	元	0.5700	0.9800	1.6900	2.0900
未计价材料	闸阀 Z15T－10K DN20 以下	只	1.0100			
	闸阀 Z15T－10K DN25	只		1.0100		
	闸阀 Z15T－10K DN32	只			1.0100	

续表

定 额 编 号			YJ15 – 147	YJ15 – 148	YJ15 – 149	YJ15 – 150
项 目			螺纹水表			
			DN20	DN25	DN32	DN40
未计价材料	闸阀 Z15T – 10K DN40	只				1.0100
	水表 DN20 及以下	只	1.0000			
	水表 DN25	只		1.0000		
	水表 DN32	只			1.0000	
	水表 DN40	只				1.0000

定额编号			YJ15－151	YJ15－152	YJ15－153	YJ15－154	YJ15－155
项目			螺纹水表				
			DN50	DN80	DN100	DN125	DN150
单位			组	组	组	组	组
基价（元）			**37.24**	**49.68**	**55.95**	**62.46**	**72.23**
其中	人工费（元）		32.84	43.08	48.01	52.94	58.30
	材料费（元）		4.40	6.60	7.94	9.52	13.93
	机械费（元）						
名称		单位	数量				
人工	普通工	工日	0.2856	0.3746	0.4175	0.4603	0.5069
	建筑技术工	工日	0.4284	0.5619	0.6262	0.6905	0.7604
计价材料	橡胶板 3mm 以下	kg	0.1600	0.1900	0.2400	0.2900	0.2900
	钢锯条 各种规格	根	0.3400	0.4100	0.5000	0.5000	0.6200
	聚四氟乙烯生料带	卷	0.0030	0.0050	0.0050	0.0070	0.0070
	其他材料费	元	2.3800	4.1900	4.9300	6.0500	10.2500
未计价材料	闸阀 Z15T－10K DN50	只	1.0100				
	闸阀 Z15T－10K DN80	只		1.0100			
	闸阀 Z15T－10K DN100	只			1.0100		
	闸阀 Z15T－10K DN125	只				1.0100	
	闸阀 Z15T－10K DN150	只					1.0100
	水表 DN50	只	1.0000				
	水表 DN80	只		1.0000			

续表

定额编号			YJ15－151	YJ15－152	YJ15－153	YJ15－154	YJ15－155
项目			螺纹水表				
			DN50	DN80	DN100	DN125	DN150
未计价材料	水表 DN100	只			1.0000		
	水表 DN125	只				1.0000	
	水表 DN150	只					1.0000

15.8 压力表、温度计安装

工作内容：清理、安装、固定、挂牌。

定额编号			YJ15－156	YJ15－157
项目			温度计安装	压力表安装
单位			支	只
基价（元）			**22.27**	**188.51**
其中	人工费（元）		8.02	85.68
	材料费（元）		14.25	102.83
	机械费（元）			
名称		单位	数量	
人工	普通工	工日	0.0697	0.7451
	建筑技术工	工日	0.1046	1.1175
计价材料	三元乙丙橡胶垫片	kg	1.0000	1.0000
	钢管卡子 DN25	个		1.0000
	尼龙卡带	根		12.0000
	镀锌沉头螺丝	kg		2.0000
	其他材料费	元	0.8100	4.1300
未计价材料	压力表 2.5MPa	只		1.0000
	温度计 100℃	只	1.0000	

15.9 卫生器具安装

15.9.1 洗脸盆安装

工作内容：埋木楔、切管、套丝、安装附件、盆及托架安装、上下水管连接、试水。

定额编号			YJ15－158	YJ15－159	YJ15－160
项目			钢管组成　普通冷水嘴	钢管组成　冷水	钢管组成　冷热水
单位			组	组	组
基价（元）			**47.28**	**53.65**	**64.70**
其中	人工费（元）		19.37	21.68	26.71
	材料费（元）		27.91	31.97	37.99
	机械费（元）				
名称		单位	数量		
人工	普通工	工日	0.1684	0.1886	0.2322
	建筑技术工	工日	0.2527	0.2828	0.3484
计价材料	铸铁托架（洗脸盆用）	副	1.0100	1.0100	1.0100
	方材　红白松　一等	m^3	0.0010	0.0010	0.0010
	铜下水口（洗脸盆）DN32	个	1.0100	1.0100	1.0100
	塑料存水弯 DN32	个	1.0050	1.0050	1.0050
	镀锌弯头 DN20 以下	个		1.0100	2.0200
	镀锌管接头 DN20	个	1.0100		
	镀锌活接头 DN20 以下	个		1.0100	2.0200

续表

定额编号			YJ15－158	YJ15－159	YJ15－160
项目			钢管组成 普通冷水嘴	钢管组成 冷水	钢管组成 冷热水
计价材料	其他材料费	元	5.6800	5.9900	6.6900
未计价材料	镀锌钢管 DN20 以下	kg	0.1310	0.5240	1.0480
	截止阀 J11W－10TDN15	只		1.0100	2.0200
	铜水嘴 DN15	只	1.0100		
	立式水嘴 DN15	只		1.0100	2.0200
	中砂	m^3	0.0020	0.0020	0.0020
	洗脸（手）盆全套冷水	套	1.0100	1.0100	
	洗脸（手）盆全套冷热水	套			1.0100

15.9.2 洗涤盆安装

工作内容：埋螺栓、切管、套丝、安装零件、器具安装、托架安装、上下水管连接、试水。

定额编号			YJ15－161	YJ15－162
项目			洗涤盆安装　单嘴	洗涤盆安装　双嘴
单位			组	组
基　价（元）			**59.09**	**64.68**
其中	人工费（元）		19.32	18.93
	材料费（元）		39.77	45.75
	机械费（元）			
名称		单位	数量	
人工	普通工	工日	0.1680	0.1647
	建筑技术工	工日	0.2520	0.2469
计价材料	铸铁托架（洗涤盆用）	个	2.0200	2.0200
	塑料存水弯 DN50	个	1.0050	1.0050
	镀锌弯头 DN20 以下	个		2.0200
	镀锌管接头 DN20	个	1.0100	2.0200
	镀锌管接头 DN50	个	1.0100	1.0100
	橡胶板　3mm 以下	kg	0.0200	0.0200
	其他材料费	元	5.7200	7.2000
未计价材料	焊接钢管 DN50	kg	1.9520	1.9520
	镀锌钢管 DN20 以下	kg	0.0790	0.3150
	铜水嘴 DN15	只	1.0100	2.0200

续表

定　额　编　号			YJ15－161	YJ15－162
项　　目			洗涤盆安装　单嘴	洗涤盆安装　双嘴
未计价材料	普通硅酸盐水泥　32.5	t	0.0010	0.0010
	中砂	m^3	0.0020	0.0020
	洗涤（化验）盆全套单嘴	套	1.0100	
	洗涤（化验）盆全套双嘴	套		1.0100

15.9.3 淋浴器组合安装

工作内容：留堵洞眼、埋木楔、切管、套丝、淋浴器组成与安装、试水。

定额编号			YJ15－163	YJ15－164	YJ15－165	YJ15－166
项目			钢管组成　冷水	钢管组成　冷热水	铜管制品　冷水	铜管制品　冷热水
单位			组	组	组	组
基　价（元）			**30.18**	**49.62**	**16.89**	**24.96**
其中	人工费（元）		9.18	22.99	4.59	7.82
	材料费（元）		21.00	26.63	12.30	17.14
	机械费（元）					
名称		单位	数量			
人工	普通工	工日	0.0798	0.1999	0.0399	0.0681
	建筑技术工	工日	0.1197	0.2999	0.0598	0.1020
计价材料	钢管卡子 DN25	个	1.0500	1.0500		
	方材　红白松　一等	m^3			0.0030	0.0040
	莲蓬喷头冷水	个	1.0100	1.0100		
	镀锌弯头 DN20 以下	个	1.0100	3.0300		
	镀锌三通 DN20 以下	个		1.0100		
	镀锌管接头 DN20	个			1.0100	2.0200
	镀锌活接头 DN20 以下	个	1.0100	1.0100		
	其他材料费	元	1.0300	1.6300	4.8300	6.1300

续表

定额编号			YJ15－163	YJ15－164	YJ15－165	YJ15－166
项目			钢管组成　冷水	钢管组成　冷热水	铜管制品　冷水	铜管制品　冷热水
未计价材料	镀锌钢管 DN20 以下	kg	2.3590	3.2760	0.1310	0.3930
	截止阀 J11T－16DN20	只	1.0100	2.0200		
	中砂	m^3	0.0020	0.0020	0.0020	0.0020
	单管成品淋浴器	套			1.0000	
	双管成品淋浴器	套				1.0000

15.9.4 大便器安装

工作内容：留堵洞眼、埋木楔、切管、套丝、大便器与水箱及附件安装、上下水管连接、试水。

定额编号			YJ15－167	YJ15－168	YJ15－169
项目			蹲式大便器安装	坐式大便器安装	大便槽自动冲洗水箱安装
单位			套	套	套
基价（元）			**92.35**	**47.03**	**43.22**
其中	人工费（元）		36.95	25.97	19.39
	材料费（元）		55.40	21.06	23.83
	机械费（元）				
名称		单位	数量		
人工	普通工	工日	0.3213	0.2258	0.1687
	建筑技术工	工日	0.4819	0.3388	0.2529
计价材料	铸铁托架（洗脸盆用）	副	1.0000		1.0000
	黄铜丝　综合	kg	0.0800		
	钢管卡子 DN25	个	1.0500		
	钢管卡子 DN50	个			1.0000
	圆木　红白松　二等	m^3		0.0010	
	铜存水弯 DN50	个	1.0050		
	镀锌弯头 DN20 以下	个	1.0100	1.0100	1.0100
	镀锌弯头 DN25	个	1.0100		1.0100
	镀锌活接头 DN25	个	1.0100	1.0100	1.0100
	橡胶板　3mm 以下	kg	0.0200	0.0300	0.0350

续表

定额编号			YJ15－167	YJ15－168	YJ15－169
项目			蹲式大便器安装	坐式大便器安装	大便槽自动冲洗水箱安装
计价材料	其他材料费	元	17.0400	13.3400	4.5700
未计价材料	焊接钢管 DN50	kg			9.7549
	镀锌钢管 DN20 以下	kg	0.4883	0.4883	
	镀锌钢管 DN25	kg	5.2874		
	截止阀 J11W－10TDN15	只	1.0100	1.0100	
	截止阀 J11T－16DN25	只	1.0100	1.0100	
	铜水嘴 DN15	只			1.0100
	水箱	kg			32.5000
	普通硅酸盐水泥 32.5	t	0.0010	0.0010	0.0013
	白水泥	t		0.0003	
	中砂	m^3	0.0020	0.0020	0.0030
	标准砖 240×115×53	千块	0.0160	0.0160	
	蹲式大便器脚踏式	套	1.0100		
	坐式大便器	套		1.0100	

15.9.5 小便器安装

工作内容：埋木楔、切管、套丝、小便器安装、上下水管连接、试水。

定额编号			YJ15－170	YJ15－171	YJ15－172	YJ15－173	YJ15－174	YJ15－175
项目			挂斗式小便器安装				立式小便器安装	
			自动冲洗			普通式		自动冲洗
			一联	二联	三联			一联
单位			组	组	组	组	组	组
基价（元）			**173.67**	**307.13**	**444.76**	**30.46**	**45.06**	**61.77**
其中	人工费（元）		20.19	32.45	48.93	13.81	16.52	22.03
	材料费（元）		153.48	274.68	395.83	16.65	28.54	39.74
	机械费（元）							
名称		单位	数量					
人工	普通工	工日	0.1755	0.2822	0.4254	0.1201	0.1437	0.1915
	建筑技术工	工日	0.2633	0.4233	0.6382	0.1802	0.2154	0.2873
计价材料	方材 红白松 二等	m^3	0.0020	0.0030	0.0040	0.0010		0.0010
	镀锌压盖 DN32	个	1.0600	2.1200	3.1800	1.0600		
	铝合金排水栓（带链堵）DN50	套					1.0100	1.0100
	自动平便配件 一联	套	1.0100					
	自动平便配件 二联	套		1.0100				
	自动平便配件 三联	套			1.0100			
	铸铁存水弯 DN32	个	1.0050	2.0100	3.0150	1.0050		
	铜存水弯 DN50	个					1.0050	1.0050

续表

定额编号			YJ15－170	YJ15－171	YJ15－172	YJ15－173	YJ15－174	YJ15－175
项目			挂斗式小便器安装				立式小便器安装	
			自动冲洗			普通式		自动冲洗
			一联	二联	三联			一联
计价材料	镀锌弯头 DN20 以下	个	1.0100	1.0100	1.0100			1.0100
	镀锌管接头 DN20	个	1.0100	1.0100	1.0100	1.0100	1.0100	1.0100
	橡胶板 3mm 以下	kg	0.0250	0.0300	0.0300		0.0300	0.0300
	其他材料费	元	7.1700	12.3600	17.5400	4.3200	3.5900	11.1200
未计价材料	镀锌钢管 DN20 以下	kg	0.3930	0.3930	0.3930	0.1970	0.1970	0.3930
	承插铸铁排水管	m					0.3000	0.3000
	角式长柄截止阀 DN15	只	1.0100	1.0100	1.0100		1.0100	
	铜水嘴 DN25	只						2.0200
	喷水鸭嘴 DN15	只	1.0100	1.0100	1.0100	1.0100	1.0100	1.0100
	喷水鸭嘴 DN20	只						1.0100
	水箱自动冲洗阀 DN20	个	1.0100					
	水箱自动冲洗阀 DN25	个		1.0100				
	水箱自动冲洗阀 DN32	个			1.0100			
	普通硅酸盐水泥 32.5	t	0.0010	0.0010	0.0020	0.0010		0.0010
	中砂	m^3	0.0010	0.0020	0.0030	0.0010	0.0010	
	小便器全套	套	1.0100	2.0200	3.0300	1.0100	1.0100	1.0100
	小便器角型阀 DN15	个	1.0100	1.0100	1.0100	1.0100		1.0100

续表

定额编号			YJ15－170	YJ15－171	YJ15－172	YJ15－173	YJ15－174	YJ15－175
项目			挂斗式小便器安装				立式小便器安装	
			自动冲洗			普通式		自动冲洗
			一联	二联	三联			一联
未计价材料	自动立便配件　一联	套						1.0100
	瓷高水箱 420×240×280	个	1.0100	1.0100				
	瓷高水箱 440×240×280	个			1.0100			

15.9.6 普通水龙头安装

工作内容：安装、试水。

定额编号			YJ15－176	YJ15－177	YJ15－178
项目			水龙头安装		
			DN15	DN20	DN25
单位			个	个	个
基价（元）			**1.90**	**2.27**	**3.17**
其中	人工费（元）		1.08	1.16	1.50
	材料费（元）		0.82	1.11	1.67
	机械费（元）				
名称		单位	数量		
人工	普通工	工日	0.0094	0.0101	0.0130
	建筑技术工	工日	0.0140	0.0151	0.0196
计价材料	聚四氟乙烯生料带	卷	0.1410	0.2000	0.3000
	其他材料费	元	0.1900	0.2100	0.3300
未计价材料	铜水嘴 DN15	只	1.0100		
	铜水嘴 DN20	只		1.0100	
	铜水嘴 DN25	只			1.0100

15.9.7 感应水龙头安装

工作内容：安装、试水。

定额编号			YJ15－179	YJ15－180	YJ15－181
项目			水龙头安装		
			DN15	DN20	DN25
单位			个	个	个
基价（元）			**2.12**	**2.52**	**3.08**
其中	人工费（元）		1.14	1.22	1.45
	材料费（元）		0.98	1.30	1.63
	机械费（元）				
名称		单位	数量		
人工	普通工	工日	0.0099	0.0106	0.0126
	建筑技术工	工日	0.0149	0.0159	0.0190
计价材料	聚四氟乙烯生料带	卷	0.1410	0.1880	0.2350
	其他材料费	元	0.3500	0.4600	0.5800
未计价材料	感应水龙头 DN15	只	1.0100		
	感应水龙头 DN20	只		1.0100	
	感应水龙头 DN25	只			1.0100

15.10　地漏、扫除口安装

15.10.1　不锈钢地漏安装

工作内容：切管、套丝、安装、连接下水管道。

定额编号			YJ15－182	YJ15－183	YJ15－184	YJ15－185
项目			地漏安装			
			公称直径			
			DN50	DN80	DN100	DN150
单位			个	个	个	个
基价（元）			**8.81**	**18.24**	**18.88**	**29.70**
其中	人工费（元）		6.57	15.31	15.31	24.05
	材料费（元）		2.24	2.93	3.57	5.65
	机械费（元）					
名称		单位	数量			
人工	普通工	工日	0.0571	0.1332	0.1332	0.2091
	建筑技术工	工日	0.0857	0.1997	0.1997	0.3137
计价材料	聚四氟乙烯生料带	卷	0.4100	0.4800	0.5500	0.6000
	其他材料费	元	0.4100	0.7800	1.1100	2.9600
未计价材料	焊接钢管 DN50	kg	2.3799			
	焊接钢管　DN80	kg		6.9527		
	焊接钢管　DN100	kg			11.7749	

续表

定额编号			YJ15－182	YJ15－183	YJ15－184	YJ15－185
项目			地漏安装			
			公称直径			
			DN50	DN80	DN100	DN150
未计价材料	焊接钢管 DN150	kg				49.9128
	普通硅酸盐水泥 32.5	t	0.0010	0.0010	0.0010	0.0010
	不锈钢地漏 DN50	个	1.0000			
	不锈钢地漏 DN80	个		1.0000		
	不锈钢地漏 DN100	个			1.0000	
	不锈钢地漏 DN150	个				1.0000

15.10.2 塑料地漏安装

工作内容：切管、套丝、安装、连接下水管道。

定额编号			YJ15－186	YJ15－187	YJ15－188	YJ15－189
项目			地漏安装			
			公称直径			
			DN50	DN80	DN100	DN150
单位			个	个	个	个
基价（元）			**11.61**	**19.34**	**20.77**	**28.41**
其中	人工费（元）		4.90	11.40	11.40	17.91
	材料费（元）		6.71	7.94	9.37	10.50
	机械费（元）					
名称		单位	数量			
人工	普通工	工日	0.0426	0.0991	0.0991	0.1557
	建筑技术工	工日	0.0639	0.1487	0.1487	0.2336
计价材料	聚氯乙烯橡胶带 80×50m	卷	0.4100	0.4800	0.5500	0.6000
	钢锯条 各种规格	根	0.0500	0.0900	0.1600	0.2100
	砂布	张	0.0600	0.0600	0.0750	0.0920
	棉纱头	kg	0.0250	0.0250	0.0350	0.0500
	其他材料费	元	0.2000	0.3000	0.4700	0.6400
未计价材料	塑料地漏 DN50	个	1.0000			
	塑料地漏 DN80	个		1.0000		
	塑料地漏 DN100	个			1.0000	

续表

定 额 编 号			YJ15－186	YJ15－187	YJ15－188	YJ15－189
项 目			地漏安装			
			公称直径			
			DN50	DN80	DN100	DN150
未计价材料	塑料地漏 DN150	个				1.0000
	硬聚氯乙烯塑料管 DN50	m	0.1000			
	硬聚氯乙烯塑料管 DN80	m		0.1000		
	硬聚氯乙烯塑料管 DN100	m			0.1000	
	硬聚氯乙烯塑料管 DN150	m				0.1000

15.10.3 不锈钢地面扫除孔安装

工作内容：安装、连接下水管道、试水。

定额编号			YJ15－190	YJ15－191	YJ15－192	YJ15－193
项目			地面扫除口安装			
			公称直径			
			DN50	DN80	DN100	DN150
单位			个	个	个	个
基价（元）			**3.01**	**3.83**	**4.00**	**4.96**
其中	人工费（元）		2.87	3.63	3.71	4.59
	材料费（元）		0.14	0.20	0.29	0.37
	机械费（元）					
名称		单位	数量			
人工	普通工	工日	0.0249	0.0316	0.0323	0.0399
	建筑技术工	工日	0.0374	0.0473	0.0484	0.0598
计价材料	其他材料费	元	0.1400	0.2000	0.2900	0.3700
未计价材料	普通硅酸盐水泥 32.5	t	0.0004	0.0005	0.0005	0.0006
	不锈钢扫除孔 DN50	个	1.0100			
	不锈钢扫除孔 DN80	个		1.0100		
	不锈钢扫除孔 DN100	个			1.0100	
	不锈钢扫除孔 DN150	个				1.0100

15.10.4 塑料地面扫除孔安装

工作内容：安装、连接下水管道、试水。

定 额 编 号			YJ15－194	YJ15－195	YJ15－196	YJ15－197
项 目			地面扫除口安装			
			公称直径			
			DN50	DN80	DN100	DN150
单 位			组	组	组	组
基 价（元）			**2.73**	**3.49**	**3.94**	**5.04**
其中	人 工 费（元）		2.30	2.91	2.98	3.67
	材 料 费（元）		0.43	0.58	0.96	1.37
	机 械 费（元）					
名 称		单位	数 量			
人工	普通工	工日	0.0199	0.0253	0.0259	0.0319
	建筑技术工	工日	0.0300	0.0379	0.0388	0.0479
计价材料	热熔密封胶聚氯乙烯	kg	0.0060	0.0100	0.0210	0.0330
	钢锯条 各种规格	根	0.0500	0.0900	0.1600	0.2100
	砂布	张	0.0600	0.0600	0.0750	0.0920
	棉纱头	kg	0.0250	0.0250	0.0350	0.0500
	其他材料费	元	0.0400	0.0700	0.1100	0.1600

续表

定 额 编 号			YJ15－194	YJ15－195	YJ15－196	YJ15－197
项 目			地面扫除口安装			
			公称直径			
			DN50	DN80	DN100	DN150
未计价材料	塑料扫除孔 DN50	个	1.0100			
	塑料扫除孔 DN80	个		1.0100		
	塑料扫除孔 DN100	个			1.0100	
	塑料扫除孔 DN150	个				1.0100

15.11 热水器安装

工作内容：就位、稳固、附件安装、水压试验。

定额编号			YJ15－198	YJ15－199	YJ15－200	YJ15－201	YJ15－202
项目			电热水器安装	电开水炉安装	太阳能热水器安装	烘手机安装	饮水机安装
单位			台	台	台	台	台
基价（元）			**89.34**	**72.93**	**260.40**	**29.37**	**59.40**
其中	人工费（元）		45.16	36.27	126.20	19.13	21.40
	材料费（元）		44.18	36.66	20.00	10.24	0.57
	机械费（元）				114.20		37.43
名称		单位	数量				
人工	普通工	工日	0.3927	0.3154	1.0974	0.1663	0.1860
	建筑技术工	工日	0.5890	0.4731	1.6461	0.2495	0.2791
计价材料	电焊条 J422 综合	kg			0.3800		
	精制六角带帽螺栓 M18～22×100以下	套	4.0000		4.1200	5.0000	
	镀锌管接头 DN15	个		2.0000			
	镀锌抱箍 U形	套	2.0000	2.0000			
	氧气	m^3			0.6200		
	乙炔气	m^3			0.2120		
	其他材料费	元	3.8200	1.7200	2.7700	0.1000	0.5700

续表

定额编号			YJ15－198	YJ15－199	YJ15－200	YJ15－201	YJ15－202
项目			电热水器安装	电开水炉安装	太阳能热水器安装	烘手机安装	饮水机安装
机械	载重汽车　4t	台班			0.0360		
	交流电焊机　30kVA	台班			0.1080		
	逆变多功能焊机（D7－500）	台班			0.5850		0.2300
未计价材料	角钢　综合	kg			27.5500		
	圆钢　综合	kg			2.6300		
	钢板　综合	kg			4.9400		
	普通硅酸盐水泥　32.5	t	0.0010				
	中砂	m^3	0.0020				

15.12 凿墙洞及开墙池槽

工作内容： 凿砖墙洞、凿砌块墙洞：凿墙洞、出垃圾；墙面开管槽：开管槽、出垃圾；混凝土平台凿洞：凿平台洞、出垃圾。

定额编号			YJ15－203	YJ15－204	YJ15－205	YJ15－206	YJ15－207	YJ15－208
项目			凿砖墙洞					
			管径（墙厚150以下）		管径（墙厚250以下）		管径（墙厚400以下）	
			50以下	100以下	50以下	100以下	50以下	100以下
单位			只	只	只	只	只	只
基价（元）			**1.08**	**2.15**	**2.58**	**5.16**	**7.74**	**15.48**
其中	人工费（元）		1.08	2.15	2.58	5.16	7.74	15.48
	材料费（元）							
	机械费（元）							
名称		单位	数量					
人工	普通工	工日	0.0150	0.0300	0.0360	0.0720	0.1080	0.2160
	建筑技术工	工日	0.0100	0.0200	0.0240	0.0480	0.0720	0.1440

定额编号			YJ15－209	YJ15－210	YJ15－211	YJ15－212	YJ15－213	YJ15－214
项目			凿混凝土墙洞				凿砌块墙洞	
			混凝土厚（管径50－100）				管径	
			100以下	150以下	200以下	250以下	50以下	100以下
单位			只	只	只	只	只	只
基价（元）			**10.75**	**21.50**	**32.25**	**43.00**	**12.90**	**21.50**
其中	人工费（元）		10.75	21.50	32.25	43.00	12.90	21.50
	材料费（元）							
	机械费（元）							
名称		单位	数量					
人工	普通工	工日	0.1500	0.3000	0.4500	0.6000	0.1800	0.3000
	建筑技术工	工日	0.1000	0.2000	0.3000	0.4000	0.1200	0.2000

工作内容：墙面开管槽：开管槽、出垃圾。

定额编号			YJ15－215	YJ15－216	YJ15－217	YJ15－218	YJ15－219	YJ15－220
项目			墙面开管槽					
			管径（砖墙）		管径（砌块墙）		管径（混凝土墙）	
			25以下	50以下	25以下	50以下	25以下	50以下
单位			m	m	m	m	m	m
基价（元）			**4.30**	**6.88**	**9.68**	**15.48**	**19.35**	**30.96**
其中	人工费（元）		4.30	6.88	9.68	15.48	19.35	30.96
	材料费（元）							
	机械费（元）							
名称		单位	数量					
人工	普通工	工日	0.0600	0.0960	0.1350	0.2160	0.2700	0.4320
	建筑技术工	工日	0.0400	0.0640	0.0900	0.1440	0.1800	0.2880

工作内容：混凝土平台凿洞：凿平台洞、出垃圾。

定额编号			YJ15－221	YJ15－222	YJ15－223
项目			混凝土平台凿洞		
			混凝土厚（管径50－100）		
			100以下	150以下	200以下
单位			只	只	只
基价（元）			**10.75**	**21.50**	**32.25**
其中	人工费（元）		10.75	21.50	32.25
	材料费（元）				
	机械费（元）				
名称		单位	数量		
人工	普通工	工日	0.1500	0.3000	0.4500
	建筑技术工	工日	0.1000	0.2000	0.3000

工作内容：地面开管槽：开管槽、还土、出余土。

定额编号			YJ15－224	YJ15－225	YJ15－226	YJ15－227	YJ15－228
项目			地面开管槽（宽×深）				
			混凝土路面厚120以下	混凝土路面厚150以下	混凝土路面厚150以上	其他路面	
			400×500		600×800	400×500	600×800
单位			m	m	m	m	m
基价（元）			**9.46**	**15.48**	**27.52**	**7.31**	**12.04**
其中	人工费（元）		9.46	15.48	27.52	7.31	12.04
	材料费（元）						
	机械费（元）						
名称		单位	数量				
人工	普通工	工日	0.1320	0.2160	0.3840	0.1020	0.1680
	建筑技术工	工日	0.0880	0.1440	0.2560	0.0680	0.1120

第16章 照明与接地工程

说　　明

本章定额适用于建筑物、构筑物 220V 及以下照明、插座、开关、低压用电设备及建筑物与构筑物防雷接地安装工程。

1．配管、配线

（1）配管定额未包括接线箱、盒及支架的制作与安装工作内容。

（2）配线定额包括线路分支接头、灯具、开关、插座、按钮等预留线的工作内容。

2．灯具安装

（1）投光灯、氙气灯安装定额中，均已考虑了高空作业因素，其他灯具、低压用电设备安装高度超过 5m 时，按照册说明计算超高安装增加费。

（2）定额中包括利用摇表测量绝缘及一般灯具的试亮工作内容。

3．吊风扇、壁扇、轴流排气扇按照设备考虑。

4．照明配电箱、配电盘、配电柜按照设备考虑。

5．照明系统计算调试费，每个照明回路调试的元器件配置与定额不同时不做调整。

6．接地极安装与接地母线敷设安装不包括采用爆破法施工、接地电阻率高的土质换土。

7．避雷针制作、安装不包括避雷针底座及埋件的制作与安装。工程实际发生时，应根据设计划分，分别执行相应定额。

8．避雷针安装定额综合考虑了高空作业因素，执行定额时不做调整。避雷针安装在木杆和水泥杆上时，包括了其避雷引下线安装。

9．独立避雷针安装包括避雷针塔架、避雷引下线安装，不包括基础浇筑。塔架制作执行第 5 章金属构件制作相应定额。

10．利用建筑结构钢筋作为接地引下线安装，安装按照每根柱子内焊接两根主筋考虑，当焊接主筋超过两根时，可按照比例调整定额安装费。防雷均压环是利用建筑物梁内主筋作为防雷接地连接线考虑，每根梁内焊接两根主筋，当焊接主筋超过两根时，可按比例调整定额安装费。如果采用单独扁钢或圆钢明敷设作为均压环时，可执行接地母线敷设相应定额。

11．利用铜绞线作为接地引下线时，其配管、穿铜绞线执行同规格的相应定额。

12．利用基础梁内两根主筋焊接连通作为接地母线时，执行均压环敷设定额。

13．接地母线敷设定额是按照一般土质综合考虑的，包括地沟挖填土和夯实，执行定额时不再计算土方工程量。户外接地沟挖深为 0.75m，每米沟长土方量为 0.34m^3。如果设计要求埋深与定额不同时，应按照实际土方量调整。如遇石方、矿渣、积水、障碍物等情况时应另行计算。

14．利用建（构）筑物梁、柱、桩承台等接地时，不计算柱内主筋与梁、柱内主筋与桩承台跨接，其工作量已经综合在相应的项目中。

15．接地系统调试费按照接地安装工程人工工日数 10%计算，其中人工费 40%，材料费 20%，机械费 40%。

工程量计算规则

1．配管根据不同敷设方式、敷设位置、管材材质及规格以延长米为单位计算工程量，不扣除管路中间的接线箱（盒）、灯头盒、开关盒所占长度。

2．管内穿线根据导线材质、截面以单线延长米为单位计算工程量。线路分支接头线的长度综合在定额中，不另行计算。

3．进入配电箱、柜、盘、板的预留线长度，按照表 16-1 规定计算工程量，分别并入相应的工程量内。

表 16-1　　配电预留线计算表

序号	项目	预留长度	说明
1	各种开关箱、柜、板	高+宽	盘面尺寸
2	单独安装（无箱、盘）的铁壳，闸刀开关等	0.3m	以安装对象中心算起
3	电源与配管内导线连接（管内穿线与软、硬母线接头）	1.5m	以管口计算
4	出户线	1.5m	以管口计算

4．灯具、明开关、暗开关、插座、按钮、低压用电设备的预留线长度，已分别综合在相应定额内，不另行计算。

5．普通灯具安装根据灯具的种类、型号、规格以套为单位计算工程量。

6．荧光灯具安装根据灯具的种类、灯管数量以套为单位计算工程量。

7．其他灯具安装根据不同的安装形式以套为单位计算工程量。

8．标志灯安装根据不同安装高度以套为单位计算工程量。

9．开关安装根据安装形式、种类、极数以及单控与双控标准以套为单位计算工程量。

10．插座安装根据电源相数、额定电流、插座安装形式、插座孔数以套为单位计算工程量。

11．风扇安装根据风扇的种类以套为单位计算工程量。

12．照明系统调试费按照单位工程计算，每个单位工程计算一个系统工程量。

13．避雷针制作根据材质及针长，按照设计图示安装成品数量以根为计量单位计算工程量。

14．避雷针安装根据安装地点及针长，按照设计图示安装成品数量以根为计量单位计算工程量。

15．独立避雷针安装根据安装高度，按照设计图示安装成品数量以基为计量单位计算工程量。

16．避雷引下线敷设根据引下线采取的方式，按照设计图示敷设数量以米为计量单位计算工程量。

17．均压环敷设长度按照设计需要作为均压接地梁的中心线长度以延长米为计量单位计算工程量。

18．接地极制作安装根据材质与土质，按照设计图示安装数量以根为计量单位计算工程量。

19．避雷网、接地母线敷设按照设计图示敷设数量以延长米为计量单位计算工程量。计算长度时，按照设计图示水平和垂直规定长度 3.9%计算附加长度（包括转弯、上下波动、避绕障碍物、搭接头等长度），当设计有规定时，按照设计规定计算。

20．接地跨接线安装根据跨接线位置，结合规程规定，按照设计图示跨接数量以处为计量单位计算工程量。户外配电装置构架按照设计要求需要接地时，每组构架计算一处；钢窗、铝合金窗按照设计要求需要接地时，每一樘金属窗计算一处。

21．屏蔽接地按照设计屏蔽区域，以面积为计量单位计算工程量。交叉、接头重复部分不计算工程量，墙、柱、地面、梁、门窗洞口均按照展开面积计算工程量。

16.1 配　　管

16.1.1 钢管明敷设——砖、混凝土结构

工作内容：测位、划线、打眼、埋螺栓、锯管、套丝、煨弯、配管、接地、刷漆。

定　额　编　号			YJ16－1	YJ16－2	YJ16－3	YJ16－4	YJ16－5	YJ16－6	YJ16－7	YJ16－8
项　　目			明配钢管							
			DN15	DN20	DN25	DN32	DN40	DN50	DN70	DN80
单　　位			m	m	m	m	m	m	m	m
基　　价（元）			**6.99**	**7.55**	**8.55**	**9.48**	**11.19**	**12.50**	**17.13**	**22.96**
其中	人　工　费（元）		4.53	5.00	5.75	6.12	7.48	7.94	11.86	16.59
	材　料　费（元）		2.22	2.31	2.35	2.91	3.20	4.05	4.40	5.50
	机　械　费（元）		0.24	0.24	0.45	0.45	0.51	0.51	0.87	0.87
名　　称		单位	数　　量							
人工	普通工	工日	0.0509	0.0562	0.0646	0.0688	0.0840	0.0892	0.1333	0.1864
	建筑技术工	工日	0.0509	0.0562	0.0646	0.0688	0.0840	0.0892	0.1333	0.1864
计价材料	钢管卡子 DN15	个	1.4420							
	钢管卡子 DN20	个		1.2360						
	钢管卡子 DN25	个			0.8550					
	钢管卡子 DN32	个				0.8550				
	钢管卡子 DN40	个					0.6800			
	钢管卡子 DN50	个						0.6800		

续表

定额编号			YJ16－1	YJ16－2	YJ16－3	YJ16－4	YJ16－5	YJ16－6	YJ16－7	YJ16－8
项目			明配钢管							
			DN15	DN20	DN25	DN32	DN40	DN50	DN70	DN80
计价材料	钢管卡子 DN70	个							0.5150	
	钢管卡子 DN80	个								0.5150
	电焊条 J422 综合	kg	0.0068	0.0070	0.0090	0.0090	0.0110	0.0110	0.0140	0.0140
	镀锌铁丝 8号	kg	0.0070	0.0070	0.0070	0.0070	0.0070	0.0070	0.0070	0.0070
	镀锌管接头 DN15	个	0.1650							
	镀锌管接头 DN20	个		0.1650						
	镀锌管接头 DN25	个			0.1650					
	镀锌管接头 DN32	个				0.1650				
	镀锌管接头 DN40	个					0.1650			
	镀锌管接头 DN50	个						0.1650		
	镀锌管接头 DN65	个							0.1550	
	镀锌管接头 DN80	个								0.1550
	醇酸防锈漆	kg	0.0196	0.0230	0.0300	0.0380	0.0440	0.0560	0.0740	0.0840
	冲击钻头 $\phi12$	支	0.0170	0.0170	0.0120	0.0120	0.0090	0.0090	0.0070	0.0070
	其他材料费	元	0.4700	0.4900	0.5400	0.6000	1.0700	1.1400	1.5000	1.7200
机械	电动煨弯机 100mm	台班			0.0010	0.0010	0.0010	0.0010	0.0030	0.0030
	交流电焊机 21kVA	台班	0.0041	0.0040	0.0050	0.0050	0.0060	0.0060	0.0070	0.0070

续表

定额编号			YJ16－1	YJ16－2	YJ16－3	YJ16－4	YJ16－5	YJ16－6	YJ16－7	YJ16－8
项目			明配钢管							
			DN15	DN20	DN25	DN32	DN40	DN50	DN70	DN80
未计价材料	圆钢 ϕ10 以内	kg	0. 0068	0. 0070	0. 0090	0. 0090	0. 0280	0. 0280	0. 0430	0. 0430
	无缝钢管 10～20 号 综合	kg	1. 2930	1. 6790	2. 4930	3. 2240	3. 9550	5. 0260	6. 8390	8. 5900

16.1.2　钢管暗敷设——砖、混凝土结构

工作内容：测位、划线、打眼、埋螺栓、锯管、套丝、煨弯、配管、接地、刷漆。

定额编号			YJ16－9	YJ16－10	YJ16－11	YJ16－12	YJ16－13	YJ16－14	YJ16－15	YJ16－16
项目			暗配钢管							
			DN15	DN20	DN25	DN32	DN40	DN50	DN70	DN80
单位			m	m	m	m	m	m	m	m
基价（元）			**3.53**	**3.80**	**4.79**	**5.50**	**7.92**	**8.95**	**12.33**	**17.75**
其中	人工费（元）		2.71	2.86	3.45	3.69	5.94	6.31	9.16	13.64
	材料费（元）		0.58	0.70	0.89	1.36	1.47	2.13	2.30	3.24
	机械费（元）		0.24	0.24	0.45	0.45	0.51	0.51	0.87	0.87
名称		单位	数量							
人工	普通工	工日	0.0304	0.0321	0.0388	0.0415	0.0667	0.0709	0.1029	0.1533
	建筑技术工	工日	0.0304	0.0321	0.0388	0.0415	0.0667	0.0709	0.1029	0.1533
计价材料	电焊条　J422　综合	kg		0.0070	0.0090	0.0090	0.0110	0.0110	0.0140	0.0140
	镀锌铁丝　8号	kg	0.0070	0.0070	0.0070	0.0070	0.0070	0.0070	0.0070	0.0070
	镀锌管接头 DN15	个	0.1650							
	镀锌管接头 DN20	个		0.1650						
	镀锌管接头 DN25	个			0.1650					
	镀锌管接头 DN32	个				0.1650				
	镀锌管接头 DN40	个					0.1650			
	镀锌管接头 DN50	个						0.1650		
	镀锌管接头 DN65	个							0.1550	

续表

定额编号			YJ16－9	YJ16－10	YJ16－11	YJ16－12	YJ16－13	YJ16－14	YJ16－15	YJ16－16
项目			暗配钢管							
			DN15	DN20	DN25	DN32	DN40	DN50	DN70	DN80
计价材料	镀锌管接头 DN80	个								0.1550
	醇酸防锈漆	kg	0.0073	0.0090	0.0130	0.0160	0.0200	0.0250	0.0340	0.0400
	其他材料费	元	0.2000	0.2200	0.3400	0.4000	0.6100	0.6700	0.9000	1.1000
机械	电动煨弯机 100mm	台班			0.0010	0.0010	0.0010	0.0010	0.0030	0.0030
	交流电焊机 21kVA	台班	0.0041	0.0040	0.0050	0.0050	0.0060	0.0060	0.0070	0.0070
未计价材料	圆钢 ϕ10 以内	kg	0.0068	0.0070	0.0090	0.0090	0.0280	0.0280	0.0430	0.0430
	无缝钢管 10～20 号 综合	kg	1.3260	1.6790	2.4930	3.2240	3.9550	5.0260	6.8390	8.5900

16.1.3 钢管敷设——钢结构、支架

工作内容：测位、划线、打眼、安装　卡子、锯管、套丝、煨弯、配管、接地、刷漆。

定额编号			YJ16－17	YJ16－18	YJ16－19	YJ16－20	YJ16－21	YJ16－22	YJ16－23	YJ16－24
项目			钢结构、支架配管							
			DN15	DN20	DN25	DN32	DN40	DN50	DN70	DN80
单位			m	m	m	m	m	m	m	m
基价（元）			**4.90**	**5.90**	**6.78**	**8.05**	**10.12**	**11.40**	**15.74**	**21.45**
其中	人工费（元）		3.08	3.64	4.20	4.91	6.87	7.29	10.98	15.66
	材料费（元）		1.58	2.02	2.13	2.69	2.74	3.60	3.89	4.92
	机械费（元）		0.24	0.24	0.45	0.45	0.51	0.51	0.87	0.87
名称		单位	数量							
人工	普通工	工日	0.0346	0.0409	0.0472	0.0552	0.0772	0.0819	0.1234	0.1759
	建筑技术工	工日	0.0346	0.0409	0.0472	0.0552	0.0772	0.0819	0.1234	0.1759
计价材料	钢管卡子 DN15	个	1.4420							
	钢管卡子 DN20	个		1.2660						
	钢管卡子 DN25	个			0.8550					
	钢管卡子 DN32	个				0.8550				
	钢管卡子 DN40	个					0.6800			
	钢管卡子 DN50	个						0.6800		
	钢管卡子 DN70	个							0.5150	
	钢管卡子 DN80	个								0.5150
	电焊条 J422　综合	kg	0.0068	0.0070	0.0090	0.0090	0.0110	0.0110	0.0140	0.0140

续表

定额编号			YJ16－17	YJ16－18	YJ16－19	YJ16－20	YJ16－21	YJ16－22	YJ16－23	YJ16－24
项目			钢结构、支架配管							
			DN15	DN20	DN25	DN32	DN40	DN50	DN70	DN80
计价材料	镀锌铁丝　8号	kg	0.0070	0.0070	0.0070	0.0070	0.0070	0.0070	0.0070	0.0070
	镀锌管接头 DN15	个	0.1650							
	镀锌管接头 DN20	个		0.1650						
	镀锌管接头 DN25	个			0.1650					
	镀锌管接头 DN32	个				0.1650				
	镀锌管接头 DN40	个					0.1650			
	镀锌管接头 DN50	个						0.1650		
	镀锌管接头 DN65	个							0.1550	
	镀锌管接头 DN80	个								0.1550
	其他材料费	元	0.3100	0.7000	0.9100	1.1000	1.4000	1.6600	2.2300	2.5400
机械	电动煨弯机　100mm	台班			0.0010	0.0010	0.0010	0.0010	0.0030	0.0030
	交流电焊机　21kVA	台班	0.0040	0.0040	0.0050	0.0050	0.0060	0.0060	0.0070	0.0070
未计价材料	圆钢　ϕ10以内	kg	0.0068	0.0070	0.0090	0.0090	0.0280	0.0280	0.0430	0.0430
	无缝钢管10～20号　综合	kg	1.3260	1.6790	2.4930	3.2240	3.9550	5.0260	6.8390	8.5900

16.1.4 UPVC 塑料管明敷设——砖、混凝土结构

工作内容：测位、划线、打眼、埋螺栓、锯管、煨弯、接管、配管。

定额编号			YJ16－25	YJ16－26	YJ16－27	YJ16－28	YJ16－29	YJ16－30	YJ16－31	YJ16－32
项目			UPVC 塑料管							
			DN15	DN20	DN25	DN32	DN40	DN50	DN70	DN80
单位			m	m	m	m	m	m	m	m
基价（元）			**5.50**	**5.66**	**5.70**	**6.06**	**6.10**	**6.53**	**8.54**	**9.49**
其中	人工费（元）		3.36	3.51	3.55	3.74	4.01	4.25	5.70	6.59
	材料费（元）		1.66	1.67	1.39	1.56	1.33	1.52	2.08	2.14
	机械费（元）		0.48	0.48	0.76	0.76	0.76	0.76	0.76	0.76
名称		单位	数量							
人工	普通工	工日	0.0377	0.0394	0.0399	0.0420	0.0451	0.0478	0.0640	0.0740
	建筑技术工	工日	0.0377	0.0394	0.0399	0.0420	0.0451	0.0478	0.0640	0.0740
计价材料	塑料管卡子 DN20	个	1.6480	1.6480						
	塑料管卡子 DN25	个			1.1950					
	塑料管卡子 DN32	个				1.1950				
	塑料管卡子 DN40	个					0.8340			
	塑料管卡子 DN50	个						0.8340		
	塑料管卡子 DN80	个							0.6700	0.6700
	冲击钻头 $\phi 8$	支	0.0220	0.0220	0.0160	0.0160	0.0110	0.0110		
	冲击钻头 $\phi 12$	支							0.0090	0.0090
	其他材料费	元	0.4200	0.4200	0.3600	0.3900	0.4200	0.4800	1.1200	1.1800

续表

定额编号			YJ16－25	YJ16－26	YJ16－27	YJ16－28	YJ16－29	YJ16－30	YJ16－31	YJ16－32
项目			UPVC 塑料管							
			DN15	DN20	DN25	DN32	DN40	DN50	DN70	DN80
机械	电动空气压缩机　排气量　0.3m^3/min	台班	0.0050	0.0050	0.0080	0.0080	0.0080	0.0080	0.0080	0.0080
未计价材料	硬聚氯乙烯塑料管 DN20 及以下	m	1.0670	1.0670						
	硬聚氯乙烯塑料管 DN25	m			1.0640					
	硬聚氯乙烯塑料管 DN32	m				1.0640				
	硬聚氯乙烯塑料管 DN40	m					1.0740			
	硬聚氯乙烯塑料管 DN50	m						1.0740		
	硬聚氯乙烯塑料管 DN70	m							1.1600	
	硬聚氯乙烯塑料管 DN80	m								1.1920

16.1.5 UPVC 塑料管暗敷设——砖、混凝土结构

工作内容：测位、划线、打眼、埋螺栓、锯管、煨弯、接管、配管。

定额编号			YJ16－33	YJ16－34	YJ16－35	YJ16－36
项目			UPVC 塑料管			
			DN15	DN20	DN25	DN32
单位			m	m	m	m
基价（元）			**2.36**	**2.51**	**3.56**	**3.78**
其中	人工费（元）		1.77	1.92	2.67	2.86
	材料费（元）		0.11	0.11	0.13	0.16
	机械费（元）		0.48	0.48	0.76	0.76
名称		单位	数量			
人工	普通工	工日	0.0199	0.0216	0.0300	0.0321
	建筑技术工	工日	0.0199	0.0216	0.0300	0.0321
计价材料	硬聚氯乙烯焊条	kg	0.0020	0.0020	0.0020	0.0020
	镀锌铁丝 8号	kg	0.0030	0.0030	0.0030	0.0030
	其他材料费	元	0.0600	0.0600	0.0700	0.1100
机械	电动空气压缩机 排气量 0.3m^3/min	台班	0.0050	0.0050	0.0080	0.0080
未计价材料	硬聚氯乙烯塑料管 DN20 及以下	m	1.0610	1.0610		
	硬聚氯乙烯塑料管 DN25	m			1.0640	
	硬聚氯乙烯塑料管 DN32	m				1.0640

定额编号			YJ16－37	YJ16－38	YJ16－39	YJ16－40	YJ16－41
项目			UPVC 塑料管				
			DN40	DN50	DN70	DN80	DN100
单位			m	m	m	m	m
基价（元）			**4.54**	**4.77**	**5.75**	**6.94**	**7.48**
其中	人工费（元）		3.51	3.69	4.57	5.70	6.07
	材料费（元）		0.27	0.32	0.42	0.48	0.65
	机械费（元）		0.76	0.76	0.76	0.76	0.76
名称		单位	数量				
人工	普通工	工日	0.0394	0.0415	0.0514	0.0640	0.0682
	建筑技术工	工日	0.0394	0.0415	0.0514	0.0640	0.0682
计价材料	硬聚氯乙烯焊条	kg	0.0050	0.0050	0.0050	0.0050	0.0050
	镀锌铁丝 8号	kg	0.0030	0.0030	0.0030	0.0030	0.0030
	其他材料费	元	0.1600	0.2100	0.3200	0.3800	0.5400
机械	电动空气压缩机 排气量 0.3m^3/min	台班	0.0080	0.0080	0.0080	0.0080	0.0080
未计价材料	硬聚氯乙烯塑料管 DN40	m	1.0740				
	硬聚氯乙烯塑料管 DN50	m		1.0740			
	硬聚氯乙烯塑料管 DN70	m			1.1600		
	硬聚氯乙烯塑料管 DN80	m				1.1920	
	硬聚氯乙烯塑料管 DN100	m					1.1920

16.1.6 混凝土地面刨沟

工作内容：测位、划线、刨沟、清理、填补。

定额编号			YJ16-42	YJ16-43	YJ16-44
项目			配管混凝土地面刨沟		
			DN20	DN32	DN50
单位			m	m	m
基价（元）			**10.62**	**14.13**	**20.35**
其中	人工费（元）		10.18	13.32	18.46
	材料费（元）		0.44	0.81	1.89
	机械费（元）				
名称		单位	数量		
人工	普通工	工日	0.1144	0.1497	0.2074
	建筑技术工	工日	0.1144	0.1497	0.2074
计价材料	冲击钻头 $\phi20$	支	0.0194	0.0388	0.0920
	其他材料费	元	0.0600	0.0500	0.0800
未计价材料	普通硅酸盐水泥 32.5	t	0.0010	0.0020	0.0030
	中砂	m^3	0.0020	0.0040	0.0070

16.1.7 砖墙面刨沟

工作内容：测位、划线、刨沟、清理、填补。

定额编号			YJ16－45	YJ16－46	YJ16－47
项目			配管砖墙面刨沟		
			DN25	DN32	DN50
单位			m	m	m
基价（元）			**9.14**	**12.09**	**17.34**
其中	人工费（元）		7.16	9.35	12.85
	材料费（元）		1.98	2.74	4.49
	机械费（元）				
名称		单位	数量		
人工	普通工	工日	0.0804	0.1050	0.1444
	建筑技术工	工日	0.0804	0.1050	0.1444
计价材料	冲击钻头 ϕ20	支	0.0136	0.0272	0.0644
	砂轮片 ϕ200	片	0.2100	0.2730	0.3990
	其他材料费	元	0.0600	0.0600	0.0900
未计价材料	普通硅酸盐水泥 32.5	t	0.0007	0.0014	0.0021
	中砂	m^3	0.0014	0.0028	0.0049

工作内容：开凿电管墙槽：开管槽、出垃圾、填补。

定额编号			YJ16－48	YJ16－49	YJ16－50	YJ16－51
项目			配管砖墙面刨沟		开凿电管墙槽	
			70 以内	70 以外	50 以内	50 以外
单位			m	m	m	m
基价（元）			**22.55**	**29.31**	**31.64**	**52.72**
其中	人工费（元）		16.71	21.72	27.14	48.42
	材料费（元）		5.84	7.59	4.50	4.30
	机械费（元）					
名称		单位	数量			
人工	普通工	工日	0.1877	0.2440	0.3817	0.6756
	建筑技术工	工日	0.1877	0.2440	0.2504	0.4504
计价材料	冲击钻头 ϕ20	支	0.0837	0.1088	0.0645	0.0081
	砂轮片 ϕ200	片	0.5187	0.6743	0.3993	0.5031
	其他材料费	元	0.1200	0.1500	0.0900	0.1900
未计价材料	普通硅酸盐水泥 32.5	t	0.0027	0.0035	0.0023	0.0263
	中砂	m^3	0.0064	0.0083	0.0049	0.0062

16.2 管内穿线

16.2.1 铝芯导线

工作内容：穿引线、扫管、涂滑石粉、穿线、编号、接焊包头。

定额编号			YJ16－52	YJ16－53	YJ16－54	YJ16－55	YJ16－56
项目			管内穿线				
			$S=2.5mm^2$	$S=4mm^2$	$S=6mm^2$	$S=10mm^2$	$S=16mm^2$
单位			m（单线）	m（单线）	m（单线）	m（单线）	m（单线）
基价（元）			**0.41**	**0.43**	**0.48**	**0.55**	**0.62**
其中	人工费（元）		0.28	0.28	0.33	0.37	0.43
	材料费（元）		0.13	0.15	0.15	0.18	0.19
	机械费（元）						
名称		单位	数量				
人工	普通工	工日	0.0031	0.0031	0.0037	0.0042	0.0048
	建筑技术工	工日	0.0031	0.0031	0.0037	0.0042	0.0048
计价材料	钢丝 $\phi1.6$ 以下	kg	0.0010	0.0010	0.0010	0.0010	0.0010
	焊锡	kg	0.0010	0.0010	0.0010	0.0010	0.0010
	汽油 93 号	kg	0.0050	0.0060	0.0060	0.0070	0.0070
	其他材料费	元	0.0400	0.0500	0.0500	0.0700	0.0800

续表

定额编号			YJ16－52	YJ16－53	YJ16－54	YJ16－55	YJ16－56
项目			管内穿线				
			$S=2.5mm^2$	$S=4mm^2$	$S=6mm^2$	$S=10mm^2$	$S=16mm^2$
未计价材料	铝芯导线　截面 $2.5mm^2$	m	1.0500				
	铝芯导线　截面 $4mm^2$	m		1.0500			
	铝芯导线　截面 $6mm^2$	m			1.0500		
	铝芯导线　截面 $10mm^2$	m				1.0500	
	铝芯导线　截面 $16mm^2$	m					1.0500

16.2.2 铜芯导线

工作内容：穿引线、扫管、涂滑石粉、穿线、编号、接焊包头。

定额编号			YJ16-57	YJ16-58	YJ16-59	YJ16-60	YJ16-61
项目			管内穿线				
			$S=1.5mm^2$	$S=2.5mm^2$	$S=4mm^2$	$S=6mm^2$	$S=10mm^2$
单位			m（单线）	m（单线）	m（单线）	m（单线）	m（单线）
基价（元）			**0.48**	**0.51**	**0.42**	**0.40**	**0.49**
其中	人工费（元）		0.35	0.35	0.25	0.28	0.33
	材料费（元）		0.13	0.16	0.17	0.12	0.16
	机械费（元）						
名称		单位	数量				
人工	普通工	工日	0.0039	0.0039	0.0028	0.0031	0.0037
	建筑技术工	工日	0.0039	0.0039	0.0028	0.0031	0.0037
计价材料	焊锡膏	kg	0.0001	0.0001	0.0001	0.0001	0.0002
	锡基钎料	kg	0.0015	0.0020	0.0020	0.0003	0.0003
	塑料带 20×40m	卷	0.0025	0.0025	0.0025	0.0030	0.0030
	其他材料费	元	0.0700	0.0800	0.0900	0.1000	0.1400
未计价材料	铜芯绝缘导线　截面 $1.5mm^2$	m	1.1600				
	铜芯绝缘导线　截面 $2.5mm^2$	m		1.1600			
	铜芯绝缘导线　截面 $4mm^2$	m			1.1000		
	铜芯绝缘导线　截面 $6mm^2$	m				1.1000	
	铜芯绝缘导线　截面 $10mm^2$	m					1.0500

16.2.3 开关盒、接线盒安装

工作内容：测位、固定、修孔。

定额编号			YJ16－62	YJ16－63	YJ16－64	YJ16－65
项目			暗装接线盒	暗装开关盒	明装普通接线盒	明装防爆接线盒
单位			个	个	个	个
基价（元）			**4.81**	**4.57**	**6.22**	**7.49**
其中	人工费（元）		1.77	1.92	3.18	4.91
	材料费（元）		3.04	2.65	3.04	2.58
	机械费（元）					
名称		单位	数量			
人工	普通工	工日	0.0199	0.0216	0.0357	0.0552
	建筑技术工	工日	0.0199	0.0216	0.0357	0.0552
计价材料	镀锌半圆头螺栓　综合	套			0.1610	0.1610
	镀锌锁紧螺母　3×15～20	个	2.2250	1.0300		
	明装接线盒	个			1.0200	
	明装防爆接线盒	个				1.0200
	暗装接线盒	个	1.0200			
	暗装开关盒	个		1.0200		
	其他材料费	元	0.1300	0.0700	0.1500	0.1400

16.3 照明电缆敷设

工作内容：开箱检查、架线盒、敷设、锯断、排列整理、固定、配合试验、临时封头、挂牌。

定额编号			YJ16－66	YJ16－67	YJ16－68	YJ16－69
项目			铜芯电缆			
			二芯			
			4	6	10	16
单位			m	m	m	m
基价（元）			**2.31**	**2.42**	**2.58**	**2.76**
其中	人工费（元）		0.78	0.85	0.94	1.03
	材料费（元）		0.38	0.42	0.49	0.58
	机械费（元）		1.15	1.15	1.15	1.15
名称		单位	数量			
人工	普通工	工日	0.0088	0.0096	0.0106	0.0116
	建筑技术工	工日	0.0088	0.0096	0.0106	0.0116
计价材料	焊锡	kg	0.0010	0.0010	0.0010	0.0010
	镀锌铁丝 8号	kg	0.0025	0.0025	0.0025	0.0025
	绝缘清漆	kg	0.0100	0.0100	0.0100	0.0100
	其他材料费	元	0.2100	0.2500	0.3200	0.4100
机械	汽车式起重机 5t	台班	0.0028	0.0028	0.0028	0.0028

续表

定　额　编　号			YJ16 - 66	YJ16 - 67	YJ16 - 68	YJ16 - 69
项　　目			铜芯电缆			
			二芯			
			4	6	10	16
未计价材料	铜芯电缆二芯 4	m	1.0100			
	铜芯电缆二芯 6	m		1.0100		
	铜芯电缆二芯 10	m			1.0100	
	铜芯电缆二芯 16	m				1.0100

定额编号			YJ16－70	YJ16－71	YJ16－72	YJ16－73
项目			铜芯电缆			
			三芯			
			4	6	10	16
单位			m	m	m	m
基价（元）			**1.20**	**1.31**	**1.50**	**1.84**
其中	人工费（元）		0.78	0.85	0.94	1.03
	材料费（元）		0.34	0.38	0.48	0.73
	机械费（元）		0.08	0.08	0.08	0.08
名称		单位	数量			
人工	普通工	工日	0.0088	0.0096	0.0106	0.0116
	建筑技术工	工日	0.0088	0.0096	0.0106	0.0116
计价材料	焊锡	kg	0.0010	0.0010	0.0010	0.0010
	镀锌铁丝 8号	kg	0.0025	0.0025	0.0025	0.0205
	绝缘清漆	kg	0.0050	0.0050	0.0050	0.0050
	其他材料费	元	0.2200	0.2700	0.3700	0.5100
机械	汽车式起重机 5t	台班	0.0002	0.0002	0.0002	0.0002
未计价材料	铜芯电缆 三芯4	m	1.0100			
	铜芯电缆 三芯6	m		1.0100		
	铜芯电缆 三芯10	m			1.0100	
	铜芯电缆 三芯16	m				1.0100

定额编号			YJ16－74	YJ16－75	YJ16－76	YJ16－77
项目			铜芯电缆			
			四芯			
			4	6	10	16
单位			m	m	m	m
基价（元）			**1.32**	**1.51**	**1.74**	**2.06**
其中	人工费（元）		0.88	0.99	1.08	1.18
	材料费（元）		0.36	0.44	0.58	0.80
	机械费（元）		0.08	0.08	0.08	0.08
名称		单位	数量			
人工	普通工	工日	0.0099	0.0111	0.0121	0.0133
	建筑技术工	工日	0.0099	0.0111	0.0121	0.0133
计价材料	焊锡	kg	0.0010	0.0010	0.0010	0.0010
	镀锌铁丝 8号	kg	0.0025	0.0025	0.0025	0.0025
	绝缘清漆	kg	0.0020	0.0020	0.0020	0.0020
	其他材料费	元	0.2800	0.3600	0.5000	0.7200
机械	汽车式起重机 5t	台班	0.0002	0.0002	0.0002	0.0002
未计价材料	铜芯电缆 四芯4	m	1.0100			
	铜芯电缆 四芯6	m		1.0100		
	铜芯电缆 四芯10	m			1.0100	
	铜芯电缆 四芯16	m				1.0100

定额编号			YJ16－78	YJ16－79	YJ16－80	YJ16－81
项目			铜芯电缆			
			五芯			
			4	6	10	16
单位			m	m	m	m
基价（元）			**1.40**	**1.73**	**1.86**	**2.17**
其中	人工费（元）		0.70	0.93	1.02	1.03
	材料费（元）		0.62	0.72	0.76	1.06
	机械费（元）		0.08	0.08	0.08	0.08
名称		单位	数量			
人工	普通工	工日	0.0079	0.0105	0.0115	0.0116
	建筑技术工	工日	0.0079	0.0105	0.0115	0.0116
计价材料	焊锡	kg	0.0010	0.0010	0.0010	0.0010
	电缆标识牌	个	0.0500	0.0500	0.0500	0.0500
	绝缘清漆	kg	0.0020	0.0020	0.0020	0.0020
	其他材料费	元	0.5300	0.6300	0.6800	0.9700
机械	汽车式起重机　5t	台班	0.0002	0.0002	0.0002	0.0002
未计价材料	铜芯电缆　五芯 4	m	1.0100			
	铜芯电缆　五芯 6	m		1.0100		
	铜芯电缆　五芯 10	m			1.0100	
	铜芯电缆　五芯 16	m				1.0100

16.4 灯具安装

16.4.1 普通灯具

工作内容：测位、划线、打眼、埋螺栓、安装木台；灯具安装、接线、接焊包头。

定额编号			YJ16－82	YJ16－83	YJ16－84	YJ16－85	YJ16－86	YJ16－87
项目			半圆球吸顶灯 DN250	软线吊灯	吊链灯	防水吊灯	一般壁灯	座灯头
单位			套	套	套	套	套	套
基价（元）			**13.58**	**9.78**	**13.15**	**5.90**	**11.56**	**7.91**
其中	人工费（元）		8.60	3.74	8.04	3.74	8.04	3.74
	材料费（元）		4.98	6.04	5.11	2.16	3.52	4.17
	机械费（元）							
名称		单位	数量					
人工	普通工	工日	0.0966	0.0420	0.0903	0.0420	0.0903	0.0420
	建筑技术工	工日	0.0966	0.0420	0.0903	0.0420	0.0903	0.0420
计价材料	木螺丝	kg	0.0100	0.0050	0.0080	0.0050	0.0210	0.0050
	花线 2×23/0.15	m		2.0360	1.5270			
	圆形木台 300 以下	块	1.0500				1.0500	1.0500
	塑料圆台	块		1.0500	1.0500	1.0500		1.0500
	冲击钻头 $\phi12$	支					0.0280	

续表

定额编号			YJ16－82	YJ16－83	YJ16－84	YJ16－85	YJ16－86	YJ16－87
项目			半圆球吸顶灯 DN250	软线吊灯	吊链灯	防水吊灯	一般壁灯	座灯头
计价材料	其他材料费	元	2.5300	1.0200	1.1200	1.3300	0.7200	0.9400
未计价材料	铝芯聚氯乙烯绝缘电线　BLV－2.5	m	0.7130	0.3050	0.3050	2.3410	0.3050	0.3050
	普通灯具　半圆球吸顶灯 DN250	套	1.0100					
	普通灯具　软线吊灯	套		1.0100				
	普通灯具　吊链灯	套			1.0100			
	普通灯具　防水吊灯	套				1.0100		
	普通灯具　一般壁灯	套					1.0100	
	普通灯具　座灯头	套						1.0100

16.4.2 荧光灯具

工作内容：测位、划线、打眼、埋螺栓、安装木台；吊链或吊管加工、灯具安装、接线、接焊包头。

定额编号			YJ16－88	YJ16－89	YJ16－90	YJ16－91	YJ16－92	YJ16－93	YJ16－94
项目			成套型						
			吸顶式			嵌入式			
			单管	双管	三管	单管	双管	三管	四管
单位			套	套	套	套	套	套	套
基价（元）			**15.76**	**18.19**	**19.67**	**13.64**	**18.52**	**21.76**	**25.34**
其中	人工费（元）		8.64	10.84	12.10	7.85	12.61	15.57	18.69
	材料费（元）		7.12	7.35	7.57	5.79	5.91	6.19	6.65
	机械费（元）								
名称		单位	数量						
人工	普通工	工日	0.0971	0.1218	0.1360	0.0882	0.1417	0.1749	0.2100
	建筑技术工	工日	0.0971	0.1218	0.1360	0.0882	0.1417	0.1749	0.2100
计价材料	镀锌铁丝 8号	kg				0.1520	0.1520	0.1520	0.1520
	三回路瓷接头	个				1.0300	1.0300	1.0300	1.0300
	圆形木台 300以下	块	2.1000	2.1000	2.1000				
	其他材料费	元	2.3200	2.5500	2.7800	1.0500	1.1600	1.4400	1.9100

续表

定额编号			YJ16－88	YJ16－89	YJ16－90	YJ16－91	YJ16－92	YJ16－93	YJ16－94
项目			成套型						
			吸顶式			嵌入式			
			单管	双管	三管	单管	双管	三管	四管
未计价材料	铜芯聚氯乙烯绝缘电线　500VBV－1.5	m				2.3410	2.3410	2.3410	
	铜芯聚氯乙烯绝缘电线　500VBV－2.5	m							2.3410
	铝芯聚氯乙烯绝缘电线　BLV－2.5	m	0.7130	0.7130	0.7130				
	荧光灯具　吸顶式单管	套	1.0100						
	荧光灯具　吸顶式双管	套		1.0100					
	荧光灯具　吸顶式三管	套			1.0100				
	荧光灯具　嵌入式单管	套				1.0100			
	荧光灯具　嵌入式双管	套					1.0100		
	荧光灯具　嵌入式三管	套						1.0100	
	荧光灯具　嵌入式四管	套							1.0100

16.4.3 其他灯具

工作内容：测位、划线、打眼、埋螺栓、安装木台；吊管加工、灯具安装、接线、接焊包头。

定额编号			YJ16－95	YJ16－96	YJ16－97	YJ16－98	YJ16－99
项目			防潮灯	腰形船顶灯	管形氙气灯	投光灯	高压水银灯镇流器
单位			套	套	套	套	套
基价（元）			**17.41**	**11.21**	**22.40**	**24.25**	**7.19**
其中	人工费（元）		8.04	8.04	13.36	12.34	5.63
	材料费（元）		9.37	3.17	5.49	8.36	1.56
	机械费（元）				3.55	3.55	
名称		单位	数量				
人工	普通工	工日	0.0903	0.0903	0.1501	0.1386	0.0633
	建筑技术工	工日	0.0903	0.0903	0.1501	0.1386	0.0633
计价材料	电焊条 J422 综合	kg			0.1000	0.1000	0.1000
	镀锌六角螺栓 综合	kg	0.1600	0.1600	0.3420	0.2390	0.0342
	沉头螺栓 综合	kg			0.1180		0.0200
	圆形木台 500 以下	块	1.0500				
	其他材料费	元	1.0400	1.9000	1.4200	5.8600	0.5600
机械	交流电焊机 21kVA	台班			0.0600	0.0600	
未计价材料	薄钢板 4 以下	kg			2.9700	0.9900	2.9900
	铝芯橡皮绝缘线 500VBLX－2.5	m	0.8140	0.8140			
	铝芯橡皮绝缘线 500VBLX－4	m				2.0400	2.0200

续表

定额编号			YJ16－95	YJ16－96	YJ16－97	YJ16－98	YJ16－99
项目			防潮灯	腰形船顶灯	管形氙气灯	投光灯	高压水银灯镇流器
未计价材料	成套灯具　防潮灯	套	1.0100				
	成套灯具　腰形船顶灯	套		1.0100			
	成套灯具　管形氙气灯	套			1.0100		
	成套灯具　投光灯	套				1.0100	
	荧光灯　镇流器	只					1.0100

定额编号			YJ16－100	YJ16－101	YJ16－102
项目			混光灯		
			吊杆式	吊链式	嵌入式
单位			套	套	套
基价（元）			**64.88**	**60.99**	**51.53**
其中	人工费（元）		47.19	45.19	41.12
	材料费（元）		7.93	7.66	3.90
	机械费（元）		9.76	8.14	6.51
名称		单位	数量		
人工	普通工	工日	0.5302	0.5077	0.4620
	建筑技术工	工日	0.5302	0.5077	0.4620
计价材料	电焊条 J422　综合	kg	0.1230	0.0980	0.0760
	镀锌六角螺栓　综合	kg	0.4270	0.4270	0.3420
	其他材料费	元	3.8000	3.6800	0.7300
机械	逆变多功能焊机（D7－500）	台班	0.0600	0.0500	0.0400
未计价材料	等边角钢　边长 63 以下	kg	1.1310	0.9430	0.7540
	铜芯聚氯乙烯绝缘电线　500VBV－4	m	4.6830	4.6830	2.0360
	混光灯　吊杆式	套	1.0100		
	混光灯　吊链式	套		1.0100	
	混光灯　嵌入式	套			1.0100

16.4.4　密闭灯具

工作内容：测位、划线、打眼、埋螺栓、安装底台、支架安装；灯具安装、接线、接焊包头。

定额编号			YJ16－103	YJ16－104	YJ16－105	YJ16－106
项目			安全灯	防爆灯	高压水银防爆灯	防爆荧光灯
单位			套	套	套	套
基价（元）			**24.91**	**24.88**	**32.18**	**19.06**
其中	人工费（元）		16.63	16.82	22.14	16.63
	材料费（元）		8.28	8.06	10.04	2.43
	机械费（元）					
名称		单位	数量			
人工	普通工	工日	0.1869	0.1890	0.2488	0.1869
	建筑技术工	工日	0.1869	0.1890	0.2488	0.1869
计价材料	镀锌六角螺栓　综合	kg	0.6740	0.6740	0.6740	0.1120
	地脚螺栓　综合	kg	0.0720	0.0720	0.1440	
	其他材料费	元	2.4300	2.2000	3.6800	1.5400
未计价材料	扁钢　综合	kg	1.1860	1.1860	1.1860	
	铜芯橡皮绝缘线　500VBX－2.5	m	2.3410	2.3410	2.3410	2.7490
	密闭灯具　安全灯	套	1.0100			
	密闭灯具　防爆灯	套		1.0100		
	密闭灯具　高压水银防爆灯	套			1.0100	
	密闭灯具　防爆荧光灯	套				1.0100

16.4.5 标志、诱导灯具

工作内容： 测位、划线、打眼、埋螺栓、支架安装；灯具安装、接线、接焊包头。

定额编号			YJ16－107	YJ16－108	YJ16－109	YJ16－110
项目			标志、诱导灯具			
			吸顶式	吊杆式	墙壁式	嵌入式
单位			套	套	套	套
基价（元）			**23.45**	**25.72**	**20.70**	**21.73**
其中	人工费（元）		8.49	9.97	8.49	9.92
	材料费（元）		14.96	15.75	12.21	11.81
	机械费（元）					
名称		单位	数量			
人工	普通工	工日	0.0954	0.1120	0.0954	0.1115
	建筑技术工	工日	0.0954	0.1120	0.0954	0.1115
计价材料	膨胀螺栓 M10	套	2.0400	2.0400		
	铜接线端子 25	个	1.0150	1.0150	1.0150	1.0150
	三回路瓷接头	个	1.0300		1.0300	1.0300
	冲击钻头 $\phi10$	支	0.0510	0.0510	0.0102	
	其他材料费	元	2.7300	7.4000	2.8700	2.5900

续表

定额编号			YJ16－107	YJ16－108	YJ16－109	YJ16－110
项目			标志、诱导灯具			
			吸顶式	吊杆式	墙壁式	嵌入式
未计价材料	铜芯聚氯乙烯绝缘电线 500VBV－2.5	m	0.5090	0.3050	0.5090	0.6110
	诱导灯吸顶式	套	1.0100			
	诱导灯吊杆式	套		1.0100		
	诱导灯墙壁式	套			1.0100	
	诱导灯嵌入式	套				1.0100

16.4.6 地道、隧道灯具

工作内容：测位、划线、打眼、埋螺栓、支架安装；灯具安装、接线、接焊包头。

定额编号			YJ16－111	YJ16－112	YJ16－113	YJ16－114
项目			吸顶式敞开型	吸顶式密封型	嵌入式敞开型	嵌入式密封型
单位			套	套	套	套
基价（元）			**25.34**	**28.38**	**26.57**	**29.61**
其中	人工费（元）		20.26	23.25	21.38	24.37
	材料费（元）		5.08	5.13	5.19	5.24
	机械费（元）					
名称		单位	数量			
人工	普通工	工日	0.2276	0.2612	0.2402	0.2738
	建筑技术工	工日	0.2276	0.2612	0.2402	0.2738
计价材料	膨胀螺栓 M8	套	4.0800	4.0800	4.0800	4.0800
	其他材料费	元	2.4300	2.4800	2.5400	2.5900
未计价材料	铜芯聚氯乙烯绝缘电线 500VBV－1.5	m	2.0000	1.6000	2.0000	1.6000
	隧道灯 吸顶敞开型	套	1.0100			
	隧道灯 吸顶密封型	套		1.0100		
	隧道灯 嵌入敞开型	套			1.0100	
	隧道灯 嵌入密封型	套				1.0100

16.5 开关、插座安装

16.5.1 开关安装

工作内容：测位、划线、打眼、缠埋螺栓、清扫盒子、安装木台；安装开关和按钮、接线、装盖。

定额编号			YJ16－115	YJ16－116	YJ16－117	YJ16－118
项目			拉线开关	单控扳式暗开关		
				单联	双联	三联
单位			套	套	套	套
基价（元）			**4.46**	**3.43**	**3.61**	**3.78**
其中	人工费（元）		3.32	3.14	3.29	3.44
	材料费（元）		1.14	0.29	0.32	0.34
	机械费（元）					
名称		单位	数量			
人工	普通工	工日	0.0373	0.0353	0.0370	0.0387
	建筑技术工	工日	0.0373	0.0353	0.0370	0.0387
计价材料	木螺丝	kg	0.0100	0.0050	0.0050	0.0050
	镀锌铁丝　8号	kg	0.0100	0.0100	0.0100	0.0100
	圆形木台　150以下	块	1.0500			
	其他材料费	元	0.1800	0.2100	0.2300	0.2500

续表

定额编号			YJ16－115	YJ16－116	YJ16－117	YJ16－118
项目			拉线开关	单控扳式暗开关		
				单联	双联	三联
未计价材料	铝芯聚氯乙烯绝缘电线 BLV－2.5	m	0.3050	0.3050	0.3050	0.3050
	单相照明开关	个	1.0200			
	单控扳式暗开关单联	套		1.0200		
	单控扳式暗开关双联	套			1.0200	
	单控扳式暗开关三联	套				1.0200

定额编号			YJ16－119	YJ16－120	YJ16－121
项目			双控扳式暗开关		
			单联	双联	三联
单位			套	套	套
基价（元）			**3.46**	**3.64**	**3.82**
其中	人工费（元）		3.14	3.29	3.44
	材料费（元）		0.32	0.35	0.38
	机械费（元）				
名称		单位	数量		
人工	普通工	工日	0.0353	0.0370	0.0387
	建筑技术工	工日	0.0353	0.0370	0.0387
计价材料	木螺丝	kg	0.0050	0.0050	0.0050
	镀锌铁丝　8号	kg	0.0100	0.0100	0.0100
	其他材料费	元	0.2300	0.2700	0.2900
未计价材料	铝芯聚氯乙烯绝缘电线 BLV－2.5	m	0.4060	0.5730	0.7130
	双控扳式暗开关　单联	套	1.0200		
	双控扳式暗开关　双联	套		1.0200	
	双控扳式暗开关　三联	套			1.0200

16.5.2　插座安装

工作内容：测位、划线、打眼、缠埋螺栓、清扫盒子、安装木台；安装插座、接线、装盖。

定　额　编　号			YJ16－122	YJ16－123	YJ16－124	YJ16－125	YJ16－126	YJ16－127	YJ16－128
项　　目			单相明插座 15A		单相暗插座 15A			三相明插座 15A	三相明插座 30A
			2 孔	5 孔	2 孔	3 孔	5 孔	4 孔	
单　　位			套	套	套	套	套	套	套
基　　价（元）			**4.52**	**5.62**	**3.44**	**3.75**	**4.48**	**5.84**	**6.28**
其中	人　工　费（元）		3.32	4.39	3.07	3.36	4.07	4.30	4.67
	材　料　费（元）		1.20	1.23	0.37	0.39	0.41	1.54	1.61
	机　械　费（元）								
名　　称		单位	数　　量						
人工	普通工	工日	0.0373	0.0493	0.0345	0.0378	0.0457	0.0483	0.0525
	建筑技术工	工日	0.0373	0.0493	0.0345	0.0378	0.0457	0.0483	0.0525
计价材料	木螺丝	kg	0.0250	0.0250	0.0250	0.0250	0.0250	0.0250	0.0250
	镀锌铁丝　8 号	kg	0.0100	0.0100	0.0100	0.0100	0.0100	0.0100	0.0100
	圆形木台　150 以下	块	1.0500	1.0500				1.0500	1.0500
	其他材料费	元	0.1500	0.1900	0.1600	0.1900	0.2100	0.4900	0.5600
未计价材料	铝芯聚氯乙烯绝缘电线　BLV－2.5	m	0.3050	0.7630	0.3050	0.4580	0.7630	0.6100	
	铝芯聚氯乙烯绝缘电线　BLV－6	m							0.6100
	单相明插座　15A　2 孔	个	1.0200						
	单相明插座　15A　5 孔	个		1.0200					

续表

定额编号			YJ16－122	YJ16－123	YJ16－124	YJ16－125	YJ16－126	YJ16－127	YJ16－128
项目			单相明插座15A		单相暗插座15A			三相明插座15A	三相明插座30A
			2孔	5孔	2孔	3孔	5孔	4孔	
未计价材料	单相暗插座15A　2孔	个			1.0200				
	单相暗插座15A　3孔	个				1.0200			
	单相暗插座15A　5孔	个					1.0200		
	三相明插座15A　4孔及以下	个						1.0200	
	三相明插座30A　4孔及以下	个							1.0200

<table>
<tr><td colspan="3">定　额　编　号</td><td>YJ16－129</td><td>YJ16－130</td><td>YJ16－131</td><td>YJ16－132</td></tr>
<tr><td colspan="3" rowspan="3">项　　　目</td><td colspan="4">防爆插座</td></tr>
<tr><td rowspan="2">单相　15A</td><td rowspan="2">单相　30A</td><td>三相　15A</td><td>三相　30A</td></tr>
<tr><td colspan="2">四孔</td></tr>
<tr><td colspan="3">单　　　位</td><td>套</td><td>套</td><td>套</td><td>套</td></tr>
<tr><td colspan="3">基　　　价（元）</td><td>6.90</td><td>8.96</td><td>8.35</td><td>10.73</td></tr>
<tr><td rowspan="3">其中</td><td colspan="2">人　工　费（元）</td><td>5.98</td><td>7.94</td><td>7.10</td><td>9.40</td></tr>
<tr><td colspan="2">材　料　费（元）</td><td>0.92</td><td>1.02</td><td>1.25</td><td>1.33</td></tr>
<tr><td colspan="2">机　械　费（元）</td><td></td><td></td><td></td><td></td></tr>
<tr><td colspan="2">名　　　称</td><td>单位</td><td colspan="4">数　　　量</td></tr>
<tr><td rowspan="2">人工</td><td>普通工</td><td>工日</td><td>0.0672</td><td>0.0892</td><td>0.0798</td><td>0.1056</td></tr>
<tr><td>建筑技术工</td><td>工日</td><td>0.0672</td><td>0.0892</td><td>0.0798</td><td>0.1056</td></tr>
<tr><td rowspan="2">计价材料</td><td>镀锌六角螺栓　综合</td><td>kg</td><td>0.0890</td><td>0.0890</td><td>0.0890</td><td>0.0890</td></tr>
<tr><td>其他材料费</td><td>元</td><td>0.2200</td><td>0.3100</td><td>0.5500</td><td>0.6200</td></tr>
<tr><td rowspan="7">未计价材料</td><td>铜芯橡皮绝缘线　500VBX－1.5</td><td>m</td><td>0.3050</td><td></td><td></td><td></td></tr>
<tr><td>铜芯橡皮绝缘线　500VBX－2.5</td><td>m</td><td></td><td></td><td>0.6100</td><td></td></tr>
<tr><td>铜芯橡皮绝缘线　500VBX－4</td><td>m</td><td></td><td>0.3050</td><td></td><td>0.6100</td></tr>
<tr><td>防爆插座　单相　15A</td><td>个</td><td>1.0200</td><td></td><td></td><td></td></tr>
<tr><td>防爆插座　单相　30A</td><td>个</td><td></td><td>1.0200</td><td></td><td></td></tr>
<tr><td>防爆插座　三相　15A　四孔</td><td>个</td><td></td><td></td><td>1.0200</td><td></td></tr>
<tr><td>防爆插座　三相　30A　四孔</td><td>个</td><td></td><td></td><td></td><td>1.0200</td></tr>
</table>

16.6 风扇、门铃安装

16.6.1 风扇安装

工作内容：测位、划线、打眼、固定吊钩；安装调速开关、接焊包头、接地。

定额编号			YJ16－133	YJ16－134	YJ16－135
项目			吊风扇	壁扇	轴流排气扇
单位			台	台	台
基价（元）			**20.61**	**23.76**	**25.59**
其中	人工费（元）		17.10	20.27	24.20
	材料费（元）		3.51	3.49	1.39
	机械费（元）				
名称		单位	数量		
人工	普通工	工日	0.1921	0.2278	0.2719
	建筑技术工	工日	0.1921	0.2278	0.2719
计价材料	空心木板 125×250×25	块	1.0500		
	地脚螺栓　综合	kg		0.1490	
	双回路瓷接头	个	1.0300		1.0300
	圆形木台　300 以下	块		1.0500	
	塑料胀管　ϕ6～8	个			4.2000
	冲击钻头　ϕ12	支			0.0300
	其他材料费	元	0.1100	0.0300	0.1600

续表

定　额　编　号			YJ16－133	YJ16－134	YJ16－135
项　　　目			吊风扇	壁扇	轴流排气扇
未计价材料	圆钢　ϕ10 以外	kg	0.3800		
	铜芯聚氯乙烯绝缘电线　500VBV－2.5	m			0.6100

16.6.2 门铃安装

工作内容：测位、划线、打眼、安装门铃。

定额编号			YJ16－136	YJ16－137
项目			门铃明装	门铃暗装
单位			个	个
基价（元）			**5.37**	**4.10**
其中	人工费（元）		4.74	3.63
	材料费（元）		0.63	0.47
	机械费（元）			
名称		单位	数量	
人工	普通工	工日	0.0533	0.0408
	建筑技术工	工日	0.0533	0.0408
计价材料	木螺丝	kg	0.0188	0.0125
	镀锌铁丝 8号	kg		0.0100
	其他材料费	元	0.5200	0.3400
未计价材料	铝芯聚氯乙烯绝缘电线 BLV－2.5	m	0.3050	0.3050
	门铃	台	1.0000	1.0000

16.7 照明配电盘、箱、柜安装

工作内容：开箱、检查、安装、校线、接线、接地。

定额编号			YJ16－138	YJ16－139	YJ16－140
项目			落地式	嵌入式	
				8 回路以下	8 回路以上
单位			个	个	个
基价（元）			**203.52**	**63.19**	**93.95**
其中	人工费（元）		134.34	55.51	85.13
	材料费（元）		11.71	7.68	8.82
	机械费（元）		57.47		
名称		单位	数量		
人工	普通工	工日	1.5094	0.6237	0.9565
	建筑技术工	工日	1.5094	0.6237	0.9565
计价材料	钢垫板　综合	kg	0.3000	0.1500	0.1500
	电焊条 J422　综合	kg	0.1500		
	铜接线端子　6 以下	个		2.0300	2.0300
	自黏性橡胶带　25×20m	卷	0.2000	0.1000	0.1000
	塑料软管　综合	kg	0.3000	0.1300	0.1500
	其他材料费	元	5.3900	2.1600	3.1400

续表

定额编号			YJ16－138	YJ16－139	YJ16－140
项目			落地式	嵌入式	
				8 回路以下	8 回路以上
机械	汽车式起重机 5t	台班	0.0900		
	载重汽车 4t	台班	0.0540		
	交流电焊机 21kVA	台班	0.0900		
未计价材料	镀锌扁钢 综合	kg	1.5000		

16.8 防雷接地

16.8.1 接地极（板）制作安装

工作内容：下料、尖端及加固帽加工、油漆、接地极打入地下及埋设。

定额编号			YJ16－141	YJ16－142	YJ16－143	YJ16－144	YJ16－145	YJ16－146
项目			钢管接地极		角钢接地极		圆钢接地极	
			普通土	坚土	普通土	坚土	普通土	坚土
单位			根	根	根	根	根	根
基价（元）			**44.21**	**46.46**	**32.48**	**34.35**	**25.98**	**33.41**
其中	人工费（元）		24.01	26.26	18.83	20.70	15.51	22.94
	材料费（元）		4.21	4.21	2.99	2.99	1.58	1.58
	机械费（元）		15.99	15.99	10.66	10.66	8.89	8.89
名称		单位	数量					
人工	普通工	工日	0.2698	0.2950	0.2116	0.2326	0.1743	0.2578
	建筑技术工	工日	0.2698	0.2950	0.2116	0.2326	0.1743	0.2578
计价材料	电焊条 J422 综合	kg	0.2000	0.2000	0.1500	0.1500	0.1600	0.1600
	沥青清漆	kg	0.0200	0.0200	0.0200	0.0200	0.0100	0.0100
	钢锯条 各种规格	根	1.5000	1.5000	1.0000	1.0000	0.1700	0.1700
	其他材料费	元	0.3200	0.3200	0.2300	0.2300	0.2400	0.2400
机械	交流电焊机 21kVA	台班	0.2700	0.2700	0.1800	0.1800	0.1500	0.1500

续表

定额编号			YJ16－141	YJ16－142	YJ16－143	YJ16－144	YJ16－145	YJ16－146
项目			钢管接地极		角钢接地极		圆钢接地极	
			普通土	坚土	普通土	坚土	普通土	坚土
未计价材料	镀锌角钢　综合	kg			3. 4322	3. 4322		
	扁钢　综合	kg	0. 2600	0. 2600	0. 2600	0. 2600	0. 1300	0. 1300
	镀锌圆钢　$\phi16$	kg					3. 9500	3. 9500
	镀锌钢管 DN32	kg	4. 5500	4. 5500				

定额编号			YJ16－147	YJ16－148
项目			接地极板　铜板	接地极板　钢板
单位			块	块
基　价（元）			**281.25**	**157.53**
其中	人工费（元）		99.52	136.53
	材料费（元）		181.73	12.11
	机械费（元）			8.89
名称		单位	数量	
人工	普通工	工日	1.1182	1.5340
	建筑技术工	工日	1.1182	1.5340
计价材料	电焊条　J422　综合	kg		0.6000
	铜焊条	kg	1.0000	
	铜焊粉	kg	0.1200	
	铜板 25×80×8	kg	1.7800	
	汽油　93 号	kg	1.0000	1.0000
	氧气	m^3	4.2000	
	乙炔气	m^3	1.8100	
	其他材料费	元	1.8000	0.1900
机械	交流电焊机　21kVA	台班		0.1500
未计价材料	镀锌钢板　6 以下	kg		1.1780

16.8.2 接地母线敷设

工作内容：挖地沟、接地线平直、下料、测位、打眼、埋卡子、煨弯、敷设、焊接、回填土夯实、刷漆。

定额编号			YJ16－149	YJ16－150	YJ16－151	YJ16－152	YJ16－153
项目			埋地敷设	沿电缆沟内支架敷设	沿砖混凝土敷设	均压环圈梁内接地母线敷设	均压环利用圈梁内主筋
单位			m	m	m	m	m
基价（元）			**14.87**	**4.66**	**7.75**	**3.46**	**1.81**
其中	人工费（元）		14.26	3.23	6.41	2.57	1.02
	材料费（元）		0.37	0.54	0.69	0.65	0.20
	机械费（元）		0.24	0.89	0.65	0.24	0.59
名称		单位	数量				
人工	普通工	工日	0.1602	0.0363	0.0720	0.0289	0.0115
	建筑技术工	工日	0.1602	0.0363	0.0720	0.0289	0.0115
计价材料	电焊条 J422 综合	kg	0.0200	0.0250	0.0210	0.0200	0.0200
	防锈漆	kg					0.0050
	酚醛清漆	kg		0.0100	0.0200	0.0200	
	沥青清漆	kg	0.0010				
	其他材料费	元	0.2400	0.2500	0.2900	0.2600	0.0300
机械	交流电焊机 21kVA	台班	0.0040	0.0150	0.0110	0.0040	0.0100

续表

定额编号			YJ16－149	YJ16－150	YJ16－151	YJ16－152	YJ16－153
项目			埋地敷设	沿电缆沟内支架敷设	沿砖混凝土敷设	均压环圈梁内接地母线敷设	均压环利用圈梁内主筋
未计价材料	扁钢　6～8×75 以下	kg			0.0710		
	焊接钢管 DN40	kg			0.1536		0.1536
	裸铜绞线 TJ16	kg	0.1495	0.1495	0.1495	0.1495	

16.8.3 接地跨接线

工作内容：下料、钻孔、煨弯、固定、刷漆。

定额编号			YJ16－154	YJ16－155	YJ16－156	YJ16－157
项目			接地跨接线	构架接地	幕墙支架支持点接地	钢铝门窗接地
单位			处	处	处	处
基价（元）			**6.81**	**90.63**	**7.80**	**11.11**
其中	人工费（元）		5.47	85.50	5.19	5.29
	材料费（元）		0.75	4.76	0.83	1.20
	机械费（元）		0.59	0.37	1.78	4.62
名称		单位	数量			
人工	普通工	工日	0.0615	0.9607	0.0583	0.0594
	建筑技术工	工日	0.0615	0.9607	0.0583	0.0594
计价材料	电焊条 J422 综合	kg	0.0400	0.1300	0.1000	0.1500
	镀锌接地线板 40×5×120	件		1.1300		
	防锈漆	kg	0.0040		0.0040	0.0080
	普通调合漆	kg		0.0500		
	其他材料费	元	0.4600	0.3900	0.1800	0.2100
机械	交流电焊机 21kVA	台班	0.0100	0.0063	0.0300	0.0780
未计价材料	镀锌扁钢 综合	kg	0.4590	0.7280		0.4590
	镀锌圆钢 φ8 以内	kg			0.0490	

16.8.4 避雷针制作

工作内容：下料、针尖针体加工、挂钩、校正、组焊、刷漆等（不包括底座加工）。

定额编号			YJ16－158	YJ16－159	YJ16－160	YJ16－161
项目			不锈钢避雷针制作	钢管避雷针制作		圆钢避雷针制作
			2m 以内		5m 以内	2m 以内
单位			t	t	t	t
基价（元）			**2296.05**	**1341.67**	**1400.99**	**1095.93**
其中	人工费（元）		631.14	580.87	634.06	672.58
	材料费（元）		1179.31	382.44	358.42	93.11
	机械费（元）		485.60	378.36	408.51	330.24
名称		单位	数量			
人工	普通工	工日	7.0915	6.5266	7.1243	7.5571
	建筑技术工	工日	7.0915	6.5266	7.1243	7.5571
计价材料	电焊条 J422 综合	kg		4.0349	3.6952	3.9580
	不锈钢气焊丝 综合	kg	7.8900			
	焊锡	kg		3.5086	3.2132	0.2000
	焊锡膏	kg		0.3509	0.3213	0.0200
	钨极棒	g	5.2690			
	氩气	m^3	22.1200			
	其他材料费	元	469.6500	202.2300	193.3800	60.2900
机械	汽车式起重机 5t	台班	0.4010	0.4112	0.5012	0.3600
	载重汽车 6t	台班	0.2391	0.2458	0.2567	0.1960

续表

定额编号			YJ16－158	YJ16－159	YJ16－160	YJ16－161
项目			不锈钢避雷针制作	钢管避雷针制作		圆钢避雷针制作
			2m 以内		5m 以内	2m 以内
机械	交流电焊机 21kVA	台班		2.1052	1.9279	1.9279
	氩弧焊机电流 500A	台班	2.1052			
	吹风机 $4m^3/min$	台班				0.0100
未计价材料	镀锌扁钢 综合	kg	218.0000	227.0000	246.9344	209.0000
	不锈钢扁钢 60 以下	kg	105.0000			
	圆钢 ϕ10 以外	kg		275.0000		953.0000
	镀锌圆钢 ϕ16	kg		0.4740		3.1600
	不锈钢型材	kg	965.0000			
	镀锌钢管 DN40	kg		6.8220		
	镀锌钢管 DN50	kg		567.0000	188.1470	
	镀锌钢管 DN65	kg			608.5827	

16.8.5 避雷针安装——装在建筑物、构筑物上

工作内容：预埋铁件、螺栓或支架、安装固定、补漆。

定额编号			YJ16-162	YJ16-163	YJ16-164	YJ16-165
项目			平屋面上		墙上	
			针长			
			2m以内	5m以内	2m以内	5m以内
单位			t	t	t	t
基价（元）			**613.06**	**613.86**	**600.26**	**601.26**
其中	人工费（元）		75.59	76.35	75.61	76.61
	材料费（元）		76.25	76.29	76.46	76.46
	机械费（元）		461.22	461.22	448.19	448.19
名称		单位	数量			
人工	普通工	工日	0.6573	0.6638	0.6583	0.6715
	建筑技术工	工日	0.9860	0.9959	0.9856	0.9954
计价材料	加工铁件 综合	kg	4.5100	4.5100	4.5500	4.5500
	板材 红白松 二等	m^3	0.0110	0.0110	0.0110	0.0110
	电焊条 J422 综合	kg	1.0450	1.0450	1.0450	1.0450
	氧气	m^3	0.7000	0.7000	0.7000	0.7000
	乙炔气	m^3	0.2450	0.2450	0.2450	0.2450
	环氧富锌漆	kg	0.3900	0.3900	0.3900	0.3900
	其他材料费	元	3.0500	3.0900	3.0500	3.0500

续表

定额编号			YJ16－162	YJ16－163	YJ16－164	YJ16－165
项目			平屋面上		墙上	
			针长			
			2m 以内	5m 以内	2m 以内	5m 以内
机械	履带式起重机　50t	台班	0.0190	0.0190	0.0190	0.0190
	履带式起重机　60t	台班	0.1570	0.1570	0.1570	0.1570
	载重汽车　6t	台班	0.0500	0.0500	0.0500	0.0500
	交流电焊机　21kVA	台班	0.2800	0.2800	0.0600	0.0600
未计价材料	槽钢　16 号以下	kg	0.0785	0.9797	0.0775	0.0779

16.8.6 独立避雷针塔针安装

工作内容：组装、焊接、吊装、找正、固定、补漆。

定额编号			YJ16－166	YJ16－167	YJ16－168	YJ16－169	YJ16－170	YJ16－171
项目			针顶高18m以内	针顶高24m以内	针顶高30m以内	针顶高40m以内	针顶高50m以内	针顶高50m以外
单位			基	基	基	基	基	基
基价（元）			**638.17**	**766.22**	**885.87**	**1058.68**	**1106.25**	**1219.28**
其中	人工费（元）		359.76	406.02	447.14	507.88	530.08	581.00
	材料费（元）		81.62	107.05	128.11	140.92	154.45	166.46
	机械费（元）		196.79	253.15	310.62	409.88	421.72	471.82
名称		单位	数量					
人工	普通工	工日	4.0423	4.5620	5.0240	5.7065	5.9559	6.5281
	建筑技术工	工日	4.0423	4.5620	5.0240	5.7065	5.9559	6.5281
计价材料	钢垫板 综合	kg	6.0000	6.0000	6.0000	6.0000	6.0000	6.0000
	电焊条 J422 综合	kg	1.0000	1.2500	1.5000	2.0000	2.5000	2.7500
	镀锌带帽螺栓 M16mm×65～100	套	12.0000	18.0000	24.0000	24.6000	25.6000	26.6000
	镀锌铁丝 8号	kg	2.5000	3.5000	5.0000	6.5000	8.0000	9.5000
	其他材料费	元	9.5200	16.9600	17.1700	17.3000	17.4300	17.5500
机械	汽车式起重机 5t	台班	0.2700					
	汽车式起重机 8t	台班		0.2700				
	汽车式起重机 12t	台班			0.2700			
	汽车式起重机 16t	台班				0.2700	0.2700	0.2700

续表

定额编号			YJ16－166	YJ16－167	YJ16－168	YJ16－169	YJ16－170	YJ16－171
项目			针顶高18m以内	针顶高24m以内	针顶高30m以内	针顶高40m以内	针顶高50m以内	针顶高50m以外
机械	载重汽车　4t	台班	0.2000	0.2000				
	载重汽车　5t	台班			0.2000	0.3000	0.3000	0.4000
	交流电焊机　21kVA	台班	0.5000	0.6000	0.7000	1.0000	1.2000	1.5000
未计价材料	圆钢　ϕ10以外	kg	33.5000	33.5000	33.5000	33.5000	33.5000	33.5000

16.8.7 装在构支架、独立支柱、独立墙上

工作内容：预埋铁件、螺栓或支架、安装固定、补漆。

定额编号			YJ16－172	YJ16－173
项目			水泥杆上	钢结构上
单位			根	根
基价（元）			**166.73**	**27.36**
其中	人工费（元）		58.08	20.00
	材料费（元）		90.29	2.03
	机械费（元）		18.36	5.33
名称		单位	数量	
人工	普通工	工日	0.6526	0.2247
	建筑技术工	工日	0.6526	0.2247
计价材料	镀锌热轧圆盘条 ϕ10 以内	kg	9.6300	
	镀锌扁钢抱箍 －40×4	副	2.0100	
	电焊条 J422 综合	kg	0.1340	0.2800
	镀锌带帽螺栓 M16mm×65～100	套	4.1000	
	氧气	m^3	0.5700	
	乙炔气	m^3	0.2500	
	其他材料费	元	2.6500	0.3300

续表

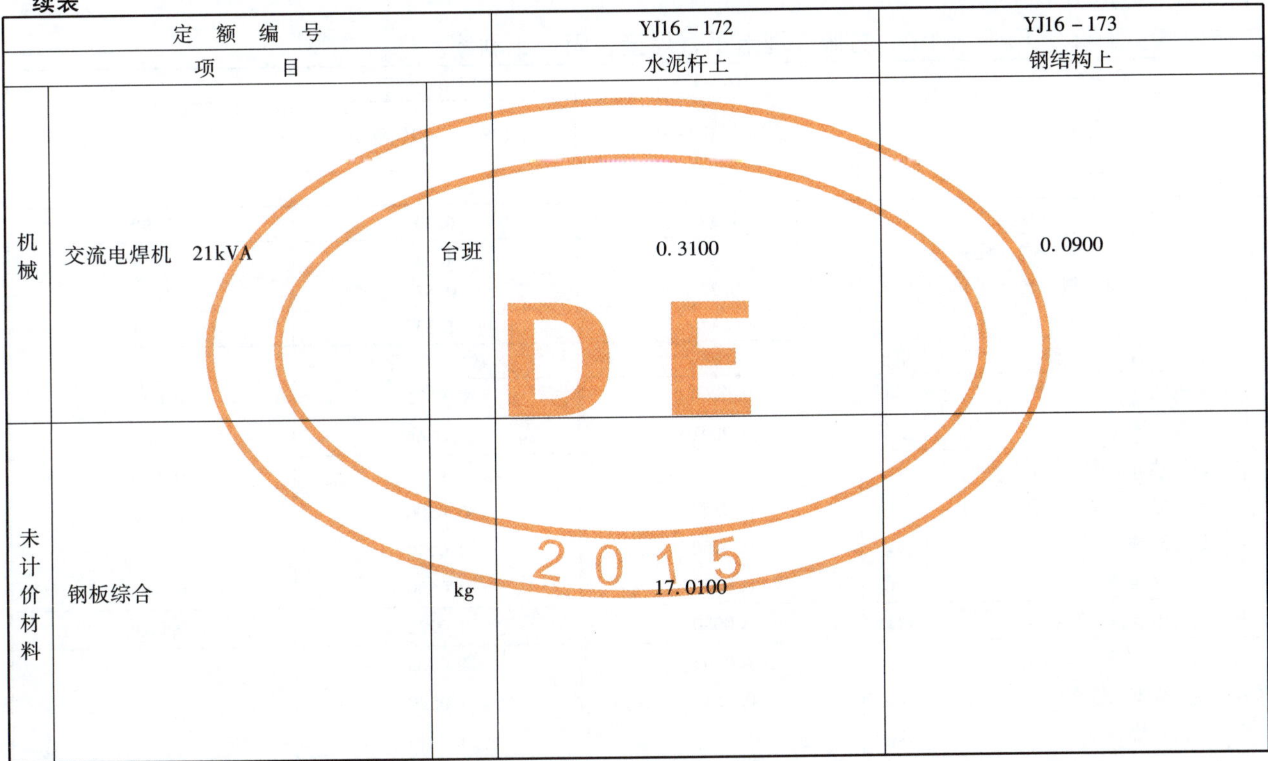

定额编号			YJ16－172	YJ16－173
项目			水泥杆上	钢结构上
机械	交流电焊机　21kVA	台班	0.3100	0.0900
未计价材料	钢板综合	kg	17.0100	

16.8.8 避雷引下线敷设

工作内容：平直、下料、测位、打眼、埋卡子、焊接、固定、刷漆。

定额编号			YJ16－174	YJ16－175	YJ16－176
项目			利用金属构件引下	沿建筑物、构筑物引下	利用建筑物、构筑物主筋引下
单位			m	m	m
基价（元）			**1.39**	**6.23**	**7.90**
其中	人工费（元）		0.70	4.32	3.14
	材料费（元）		0.22	0.58	1.03
	机械费（元）		0.47	1.33	3.73
名称		单位	数量		
人工	普通工	工日	0.0060	0.0376	0.0273
	建筑技术工	工日	0.0091	0.0564	0.0409
计价材料	镀锌热轧圆盘条 ϕ10 以内	kg			0.1000
	电焊条 J422 综合	kg	0.0150	0.0500	0.0700
	醇酸防锈漆	kg	0.0050	0.0140	
	其他材料费	元	0.0500	0.0600	0.0400
机械	交流电焊机 21kVA	台班	0.0080	0.0225	0.0630
未计价材料	扁钢 3～5×50 以下	kg	1.0305	1.0305	
	镀锌扁钢 综合	kg	0.0520	0.0520	
	焊接钢管 DN25	kg		0.1030	

16.8.9 避雷带、网安装

工作内容：平直、下料、测位、打眼、埋卡子、支架制作安装、焊接、固定、刷漆。

定额编号			YJ16－177	YJ16－178	YJ16－179	YJ16－180	YJ16－181
项目			沿混凝土块敷设	沿女儿墙、屋面敷设		沿坡屋顶、屋脊敷设	均压环利用圈梁内主筋敷设
				扁钢	圆钢		
单位			m	m	m	m	m
基价（元）			**5.55**	**5.13**	**4.48**	**10.03**	**3.39**
其中	人工费（元）		4.30	3.88	3.45	7.16	1.48
	材料费（元）		0.48	0.48	0.44	1.33	0.87
	机械费（元）		0.77	0.77	0.59	1.54	1.04
名称		单位	数量				
人工	普通工	工日	0.0483	0.0436	0.0388	0.0804	0.0166
	建筑技术工	工日	0.0483	0.0436	0.0388	0.0804	0.0166
计价材料	镀锌热轧圆盘条 ϕ10以内	kg					0.1000
	电焊条 J422 综合	kg	0.0250	0.0250	0.0200	0.1000	0.0325
	醇酸防锈漆	kg	0.0140	0.0140	0.0140	0.0160	
	其他材料费	元	0.1100	0.1100	0.1000	0.4700	0.1000
机械	交流电焊机 21kVA	台班	0.0130	0.0130	0.0100	0.0260	0.0175
未计价材料	镀锌扁钢 综合	kg	0.1360	1.7850		0.0500	
	镀锌圆钢 ϕ8以内	kg			0.0800		
	镀锌圆钢 ϕ16	kg	1.6570		1.6570	1.6570	1.6570
	镀锌扁钢支架 －40×3	kg				0.3500	

16.8.10 屏蔽接地

工作内容：场内转运、开箱清点检查、接触面处理；接地线制作、安装、铜条安装；镀锌钢丝网固定，工作面清理。

定额编号			YJ16－182	YJ16－183
项目			阀厅控制楼屏蔽接地	建筑物屏蔽接地
单位			m^2	m^2
基价（元）			**324.10**	**12.54**
其中	人工费（元）		82.99	3.19
	材料费（元）		235.77	9.26
	机械费（元）		5.34	0.09
名称		单位	数量	
人工	普通工	工日	0.9325	0.0358
	建筑技术工	工日	0.9325	0.0358
计价材料	紫铜板 1.0以上	kg	3.3295	
	铜接线端子35	个	2.1126	
	铜接线端子120	个	0.0323	
	铜接线端子240	个	0.2452	
	合金钻头	支	0.0016	
	其他材料费	元	3.2000	9.2600
机械	机动翻斗车 1t	台班	0.0406	0.0007

续表

定额编号			YJ16－182	YJ16－183
项目			阀厅控制楼屏蔽接地	建筑物屏蔽接地
未计价材料	裸铜绞线 TJ10	kg	0.0449	
	裸铜绞线 TJ25	kg	0.1092	
	裸铜绞线 TJ120	kg	1.0619	

16.9 系统调试

工作内容：自动开关、断路器、隔离开关、常规保护装置、电测量仪表调试；电线回路系统、灯具、插座调试。

定额编号			YJ16－184
项目			交流供电（1kV以下）
单位			系统
基价（元）			**1212.94**
其中	人工费（元）		327.58
	材料费（元）		
	机械费（元）		885.36
名称		单位	数量
人工	建筑技术工	工日	6.2997
机械	高压开关真空度测试仪	台班	1.0000
	电压电流互感器二次负荷在线测试仪 HFH－4	台班	1.0000
	电能表现场校验仪 PRS1.3	台班	1.0000
	相位频率计 704	台班	2.0000

第17章 消防工程

说　明

本章定额适用于站区及建筑室内消防安装工程，包括水灭火系统、气体灭火系统、泡沫灭火系统、火灾自动报警系统。

1．水灭火系统

本部分定额适用于站区及建筑室内设置的自动喷水灭火系统的管道、各种组件、消火栓、水泵接合器、气压水罐的安装及管道支吊架的制作、安装工程。

（1）界线划分

1）室内外管道以建筑物外墙外边线外 1m 分界，管道进建筑物入口处设有阀门者以阀门分界。

2）设在高层建筑内的消防泵间管道与水灭火系统界线以泵间外墙分界。

（2）管道安装工作内容

1）一次性水压试验。

2）镀锌钢管法兰连接中管件是按照成品考虑。定额包括直管、管件、法兰等安装，但管件、法兰的主材费应按照设计规定另行计算。

3）管道的材质为镀锌无缝钢管。

（3）喷头、湿式报警装置及水流指示器安装定额均按照管网系统试压、冲洗合格后安装考虑的，定额中包括丝堵、临时短管安装、拆除及其摊销等工作内容。

（4）温感式水幕装置安装定额中包括给水三通至喷头、阀门间的管道、管件、阀门、喷头等安装内容。但管道和喷头的主材费用按照设计规定另加损耗单独计算。

（5）消火栓安装定额按照成套安装考虑，包括消火栓、消火水龙带、消火栓箱、消火栓水枪等。安装组合卷盘式室内消火栓时，执行室内消火栓安装定额乘以 1.2 系数。

（6）隔膜式气压水罐安装定额按照设备带有地脚螺栓考虑，二次灌浆费用另行计算。

（7）管道支吊架制作与安装定额综合考虑了支架、吊架及防晃支架等不同结构形式的支吊架。

（8）管网冲洗定额是按照水冲洗考虑的，工程采用水压气动冲洗时，可按照批准的施工方案另行计算。定额只适用于自动喷水灭火系统工程。

（9）本部分定额不包括以下内容：

——阀门、法兰安装，各种套管的制作安装。

——消火栓管道、室外给水管道安装及水箱制作安装。

——各种消防泵、稳压泵安装及设备基础二次灌浆。

——各种仪表的安装及带电信号的阀门、水流指示器、压力开关的接线、校线。

——各种设备支架的制作与安装。

——管道、设备、支架、法兰焊口的除锈与刷油漆。

（10）其他

1）安装管道间、管廊内的管道、阀门、法兰、支架时，按照相应定额的人工工日数乘以 1.3 系数。

2）执行定额时，主体结构为全框架的工程，人工工日数乘以系数 1.05；主体结构为内框架的工程，人工工日数乘以 1.03 系数。

2．气体灭火系统

本部分定额适用于站区及建筑室内设置的二氧化碳灭火系统、卤代烷 1211 灭火系统和卤代烷 1301 灭火系统中的管道、管件、系统组件等安装工程。

（1）无缝钢管、钢制管件、选择阀安装及系统组件试验定额适用于卤代烷 1211 和 1301 灭火系统工程。工程采用二氧化碳灭火系统时，执行卤代烷灭火系统相应定额乘以 1.20 系数。

（2）管道及管件安装。

1）螺纹连接的不锈钢管、铜管及管件安装时，按照无缝钢管和钢制管件安装相应定额乘以系数 1.20。

2）无缝钢管螺纹连接定额中不包括钢制管件安装内容，按照设计标准执行相应的钢制管件安装定额。

3）无缝钢管法兰连接定额中管件按照成品考虑，弯头两端按照短管焊接法兰考虑的。定额中包括了直管、管件、法兰等安装工作内容，但管件、法兰的主材费按照设计规定另行计算。

4）无缝钢管和钢制管件均不含镀锌费，发生时按照相应定额另行计算。

（3）喷头安装定额中包括管件安装及配合水压试验安装拆除丝堵的工作内容。

（4）贮存装置安装定额中包括灭火剂贮存容器和驱动气瓶的固定支架与框架安装、系统组件（集流管、容器阀、气液单向阀、高压软管）、安全阀等贮存装置和阀驱动装置的安装及氮气增压等工作内容。二氧化碳贮存装置安装不须增压，执行定额时扣除高纯氮气费用，其余不变。

（5）二氧化碳称重检漏装置安装定额包括泄露报警开关、配重及支架等安装工作内容。

（6）气体灭火系统调试试验时采取的安全措施，应根据批准的施工组织设计规定另行计算费用。

（7）本部分定额不包括以下工作内容：

1）管道支吊架的制作与安装。

2）不锈钢管、铜管及管件的焊接或法兰连接。

3）管道及支吊架的除锈与刷油漆。

4）电磁驱动器与泄露报警开关的电气接线、校线。

3．泡沫灭火系统

本部分定额适用于高、中、低倍数固定式或半固定式泡沫灭火系统的发生器及泡沫比例混合器安装工程。

（1）泡沫发生器及泡沫比例混合器安装定额中包括整体安装、焊法兰、单体调试及配合管道试压时隔离本体等工作内容。但不包括支架的制作与安装、设备基础二次灌浆的工作内容。地脚螺栓按照本体自带考虑。

（2）本部分定额不包括以下工作内容：

1）泡沫灭火系统的管道、管件、法兰、阀门、管道支架等安装及管道系统水冲洗等。

2）泡沫喷淋系统的管道、组件、气压水罐、管道支吊架等安装及管道系统水冲洗等。

3）消防泵等机械设备安装及二次灌浆。

4）泡沫液贮罐安装、设备支架制作与安装。

5）油罐上安装的泡沫发生器及化学泡沫室。

6）除锈、刷油漆、绝热。

7）泡沫液充装。

4．火灾自动报警系统

本部分定额适用于探测器、模块（接口）、报警控制器、联动控制器、报警联动一体机、重复显示器、报警装置、远程控制器、火灾事故广播、消防通信、报警备用电源等安装工程。

（1）本部分定额包括以下工作内容：设备和元件的搬运、开箱、检查、清点、杂物回收、安装就位、接地、密封箱、机内的校线、接线、挂锡、编码、测试、本体调试、清洗、记录整理等。

（2）本部分定额不包括以下工作内容：

1）设备支架、底座、基础的制作与安装。

2）构件加工、制作。

3）电机检查、接线及调试。

4）事故照明及疏散指示控制装置安装。

5）GRT 彩色显示器安装。

5．消防系统调试费按照消防安装工程人工工日数 18%计算，其中人工费 55%，材料费 20%，机械费 25%。

工程量计算规则

1．钢制管件按照设计用量计算工程量。

2．水灭火系统管道、气体灭火系统管道按照设计管道中心线长度以米为单位计算工程量，不扣除阀门、管件及各种组件所占长度。

3．泡沫发生器按照不同型号以台为单位计算工程量，法兰按照设计规定另行计算工程量。

4．火灾自动报警系统工程量计算

（1）点型探测器按照线制的不同分为多线制与总线制两种，不分规格、型号、安装方式与位置以只为单位计算工程量。定额中包括了探头和底座的安装及本体调试。

（2）红外光束探测器以对为单位计算工程量。红外光束探测器是成对使用，在计算工程量时两只为一对。定额中包括了探头支架安装和探测器的调试、对中。

（3）火焰探测器、可燃气体探测器按照线制的不同分为多线制与总线制两种，不分规格、型号、安装方式与位置以只为单位计算工程量。

（4）线型探测器不分线制及保护形式以米为单位计算工程量。

（5）模块（接口）是指仅能起控制作用的模块（接口），亦称为中继器。依据其给出控制信号的数量，分为单输出和多输出两种形式。不分安装方式按照输出数量以只为单位计算工程量。

（6）报警控制器、联动控制器、报警联动一体机按照线制的不同分为多线制与总线制两种，按照点数的不同以台为单位计算工程量。

（7）重复显示器（楼层显示器）不分规格、型号、安装方式，按照线制划分以台为单位计算工程量。

（8）报警装置以只为单位计算工程量。

（9）远程控制器按照其控制回路数以台为单位计算工程量。

5．消防线缆桥架分材质按照设计长度以米为单位计算工程量。消防线缆支架、托架、吊架按照设计重量以千克为单位计算工程量。

17.1 水灭火系统安装

17.1.1 管道安装

工作内容：切管、套丝、调直、安装零件、管道安装、水压试验。

定额编号			YJ17－1	YJ17－2	YJ17－3	YJ17－4	YJ17－5
项目			镀锌钢管（螺纹连接）				
			DN25	DN32	DN40	DN50	DN70
单位			m	m	m	m	m
基价（元）			**10.46**	**12.46**	**16.54**	**17.44**	**23.13**
其中	人工费（元）		7.48	7.78	8.84	9.18	10.24
	材料费（元）		2.03	3.22	5.51	6.30	10.92
	机械费（元）		0.95	1.46	2.19	1.96	1.97
名称		单位	数量				
人工	普通工	工日	0.0651	0.0676	0.0768	0.0798	0.0891
	建筑技术工	工日	0.0976	0.1015	0.1153	0.1197	0.1335
计价材料	镀锌钢管接头零件 DN25	个	0.7230				
	镀锌钢管接头零件 DN32	个		0.8070			
	镀锌钢管接头零件 DN40	个			1.2230		
	镀锌钢管接头零件 DN50	个				0.9330	
	镀锌钢管接头零件 DN65	个					0.8910
	水	t	0.0080	0.0090	0.0130	0.0160	0.0180

续表

定额编号			YJ17－1	YJ17－2	YJ17－3	YJ17－4	YJ17－5
项目			镀锌钢管（螺纹连接）				
			DN25	DN32	DN40	DN50	DN70
计价材料	砂轮片 ϕ400	片	0.0120	0.0150	0.0260	0.0240	0.0360
	其他材料费	元	0.5200	0.6800	0.9100	1.0100	1.2700
机械	管子切断机 150mm	台班	0.0118	0.0217	0.0300	0.0291	0.0265
	砂轮切割机 ϕ400	台班	0.0044	0.0048	0.0086	0.0065	0.0080
未计价材料	镀锌钢管 DN25	kg	2.5704				
	镀锌钢管 DN32	kg		3.3200			
	镀锌钢管 DN40	kg			4.0740		
	镀锌钢管 DN50	kg				5.2270	
	镀锌钢管 DN65	kg					7.1090

定额编号			YJ17-6	YJ17-7	YJ17-8	YJ17-9
项目			镀锌钢管（螺纹连接）		镀锌钢管（法兰连接）	
			DN80	DN100	DN150	DN200
单位			m	m	m	m
基价（元）			**29.37**	**31.56**	**79.22**	**107.86**
其中	人工费（元）		11.98	13.52	39.75	51.01
	材料费（元）		15.15	16.06	17.69	23.07
	机械费（元）		2.24	1.98	21.78	33.78
名称		单位	数量			
人工	普通工	工日	0.1041	0.1176	0.3456	0.4435
	建筑技术工	工日	0.1563	0.1764	0.5185	0.6653
计价材料	电焊条 J422 综合	kg			1.0780	1.6730
	镀锌钢管接头零件 DN80	个	0.8260			
	镀锌钢管接头零件 DN100	个		0.5190		
	石棉橡胶板 中压 6以下	kg			0.4220	0.3880
	水	t	0.0200	0.0310		0.0470
	电	kW·h			0.3290	0.4730
	砂轮片 ϕ100	片			0.3300	0.4660
	砂轮片 ϕ400	片	0.0400	0.0280	0.0900	0.1060
	其他材料费	元	1.5000	1.6900	1.9300	2.4100
机械	汽车式起重机 5t	台班				0.0120
	管子切断机 150mm	台班	0.0315	0.0291		

续表

定额编号			YJ17-6	YJ17-7	YJ17-8	YJ17-9
项目			镀锌钢管（螺纹连接）		镀锌钢管（法兰连接）	
			DN80	DN100	DN150	DN200
机械	交流电焊机　21kVA	台班			0.3301	0.4427
	砂轮切割机　ϕ400	台班	0.0083	0.0067	0.0253	0.0300
未计价材料	镀锌钢管 DN80	kg	8.9320			
	镀锌钢管 DN100	kg		11.5100		
	镀锌钢管 DN150	kg			18.1710	
	镀锌钢管 DN200	kg				23.5880

17.1.2 系统组件安装

工作内容：切管、套丝、管件安装、喷头密封性能抽查试验、安装、外观清洁。

定额编号			YJ17－10	YJ17－11
项目			喷头安装　无吊顶	喷头安装　有吊顶
			DN15	
单位			个	个
基价（元）			**8.78**	**20.09**
其中	人工费（元）		6.47	11.20
	材料费（元）		2.31	8.89
	机械费（元）			
名称		单位	数量	
人工	普通工	工日	0.0563	0.0975
	建筑技术工	工日	0.0844	0.1461
计价材料	镀锌弯头 DN25	个		2.0200
	镀锌管接头 DN25	个	1.0100	1.0100
	砂轮片　ϕ400	片	0.0100	0.0300
	其他材料费	元	0.6500	1.1800
未计价材料	喷头 DN15	个	1.0100	1.0100

工作内容： 部件外观检查、切管、坡口、组对、焊法兰、紧螺栓、临时短管安装拆除、报警阀渗漏试验、整体组装、配管、调试。

定额编号			YJ17－12	YJ17－13	YJ17－14	YJ17－15	YJ17－16
项目			湿式报警装置安装				
			DN65	DN80	DN100	DN150	DN200
单位			组	组	组	组	组
基价（元）			**287.33**	**351.21**	**455.08**	**602.65**	**769.87**
其中	人工费（元）		167.11	214.73	282.83	380.59	478.24
	材料费（元）		76.17	91.34	123.08	170.44	224.55
	机械费（元）		44.05	45.14	49.17	51.62	67.08
名称		单位	数量				
人工	普通工	工日	1.4531	1.8672	2.4594	3.3094	4.1587
	建筑技术工	工日	2.1797	2.8009	3.6891	4.9642	6.2379
计价材料	电焊条 J422 综合	kg	0.4260	0.4630	0.5640	0.6870	1.4770
	镀锌弯头 DN20 以下	个	6.0600	6.0600	6.0600	6.0600	6.0600
	镀锌弯头 DN25	个	2.0200	2.0200	2.0200	2.0200	2.0200
	镀锌弯头 DN50	个	2.0200	2.0200			
	镀锌弯头 DN80	个			2.0200	2.0200	2.0200
	镀锌三通 DN20 以下	个	1.0100	1.0100	1.0100	1.0100	1.0100
	电	kW·h	0.1150	0.1350	0.1620	0.2150	0.4030
	砂轮片 φ100	片	0.0960	0.1000	0.1280	0.1880	0.3160
	砂轮片 φ400	片	0.4140	0.4210	0.4900	0.5040	0.5180

续表

定额编号			YJ17－12	YJ17－13	YJ17－14	YJ17－15	YJ17－16
项目			湿式报警装置安装				
			DN65	DN80	DN100	DN150	DN200
计价材料	其他材料费	元	35.0900	49.8700	57.3000	103.1300	150.9900
机械	管子切断机 150mm	台班	0.4310	0.4310	0.4510	0.4510	0.4510
	交流电焊机 21kVA	台班	0.1370	0.1540	0.1880	0.2190	0.4740
	砂轮切割机 ϕ400	台班	0.1740	0.1750	0.1870	0.1940	0.1980
未计价材料	镀锌钢管 DN20 以下	kg	19.5730	19.5730	19.5730	19.5730	19.5730
	镀锌钢管 DN25	kg	10.0800	10.0800	10.0800	10.0800	10.0800
	镀锌钢管 DN50	kg	10.2480	10.2480			
	镀锌钢管 DN80	kg			17.5140	17.5140	17.5140
	平焊法兰 综合	片				2.2000	
	平焊法兰 PN1.6 DN65	片	2.2000				
	平焊法兰 PN1.6 DN80	片		2.2000			
	平焊法兰 PN1.6 DN100	片			2.2000		
	平焊法兰 PN1.6 DN150	片				2.2000	
	平焊法兰 PN1.6 DN200	片					2.2000
	水流指示器 DN65	个	2.2000				
	水流指示器 DN80	个		2.0000			
	水流指示器 DN100	个			2.0000		

续表

定额编号			YJ17－12	YJ17－13	YJ17－14	YJ17－15	YJ17－16
项目			湿式报警装置安装				
			DN65	DN80	DN100	DN150	DN200
未计价材料	水流指示器 DN150	个				2.0000	
	水流指示器 DN200	个					2.0000
	湿式报警装置	套	1.0000	1.0000	1.0000	1.0000	1.0000

工作内容：部件检查、切管、套丝、安装零件、管道安装、本体组装、球阀及喷头安装、调试。

定额编号			YJ17－17	YJ17－18	YJ17－19	YJ17－20	YJ17－21
项目			温感式水幕装置安装				
			DN20	DN25	DN32	DN40	DN50
单位			组	组	组	组	组
基价（元）			**82.95**	**131.82**	**189.36**	**224.13**	**310.60**
其中	人工费（元）		47.62	72.64	91.57	135.91	163.39
	材料费（元）		21.58	42.41	73.51	63.48	113.20
	机械费（元）		13.75	16.77	24.28	24.74	34.01
名称		单位	数量				
人工	普通工	工日	0.4141	0.6317	0.7962	1.1819	1.4208
	建筑技术工	工日	0.6212	0.9474	1.1945	1.7727	2.1312
计价材料	镀锌弯头 DN20 以下	个	5.0500				
	镀锌弯头 DN25	个		5.0500		1.0100	
	镀锌弯头 DN32	个			8.0800		
	镀锌弯头 DN40	个				4.0400	1.0100
	镀锌弯头 DN50	个					4.0400
	镀锌三通 DN20 以下	个	2.0200				
	镀锌三通 DN25	个		4.0400		5.0500	
	镀锌三通 DN32	个			5.0500		
	镀锌三通 DN40	个				1.0100	7.0700
	镀锌三通 DN50	个					1.0100

续表

定额编号			YJ17－17	YJ17－18	YJ17－19	YJ17－20	YJ17－21
项目			温感式水幕装置安装				
			DN20	DN25	DN32	DN40	DN50
计价材料	镀锌管接头 DN20	个	1.0100				
	镀锌管接头 DN25	个		1.0100			
	镀锌管接头 DN32	个			1.0100		
	镀锌管接头 DN40	个				1.0100	
	镀锌管接头 DN50	个					1.0100
	镀锌活接头 DN20 以下	个	1.0100				
	镀锌活接头 DN25	个		1.0100			
	镀锌活接头 DN32	个			1.0100		
	镀锌活接头 DN40	个				1.0100	
	镀锌活接头 DN50	个					1.0100
	砂轮片 ϕ400	片	0.1320	0.2080	0.2520	0.3150	0.4420
	聚四氟乙烯生料带	卷	0.3942	0.6200	0.8736	0.9046	1.3568
	其他材料费	元	0.7800	3.2400	4.0500	4.9500	7.5200
机械	管子切断机 150mm	台班	0.1660	0.2070	0.3530	0.3240	0.4920
	砂轮切割机 ϕ400	台班	0.0660	0.0780	0.0840	0.1050	0.1190
未计价材料	球阀 Q11F－16DN20	只	1.0100				
	球阀 Q11F－16DN25	只		1.0100			
	球阀 Q11F－16DN32	只			1.0100		

续表

定额编号			YJ17－17	YJ17－18	YJ17－19	YJ17－20	YJ17－21
项目			温感式水幕装置安装				
			DN20	DN25	DN32	DN40	DN50
未计价材料	球阀 Q11F－16 DN40	只				1.0100	
	球阀 Q11F－16 DN50	只					1.0100

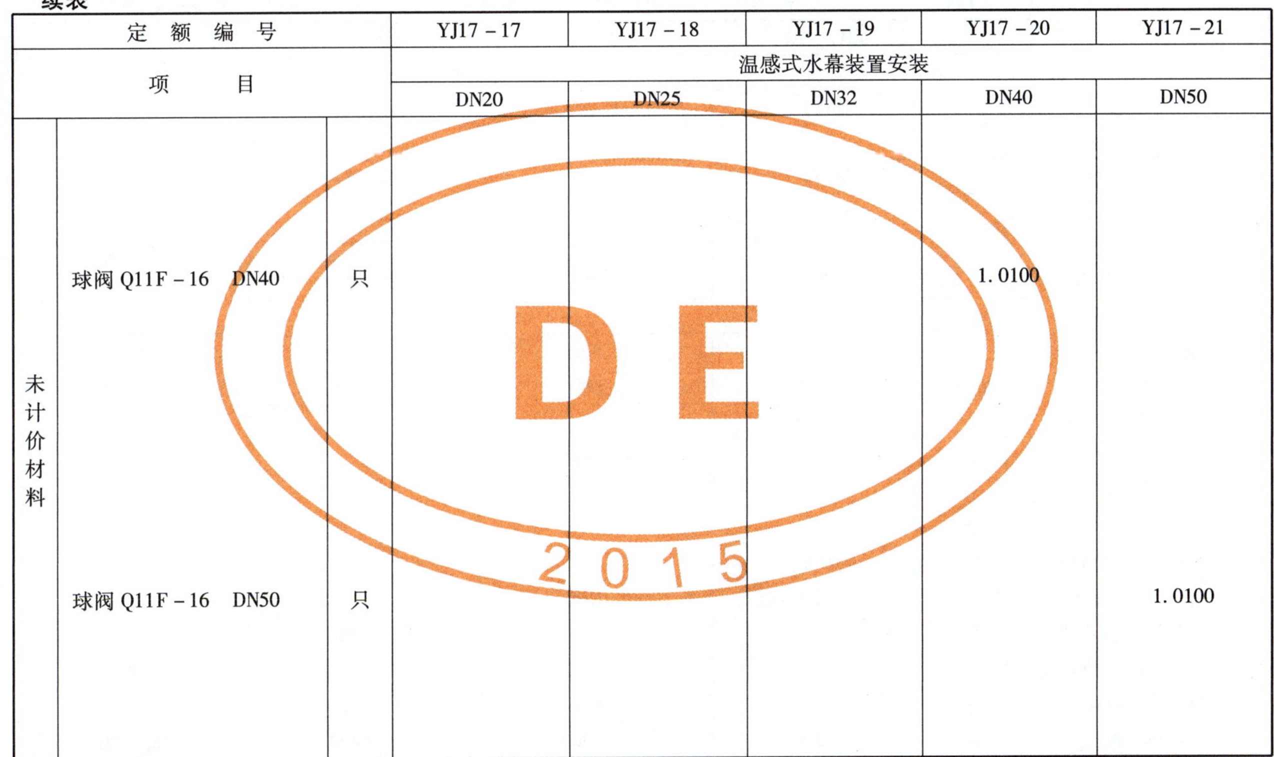

工作内容： 外观检查、切管、套丝、安装零件、临时短管安装拆除、主要功能检查、安装及调整。

定额编号			YJ17－22	YJ17－23	YJ17－24	YJ17－25
项目			水流指示器（螺纹连接）			
			DN50	DN65	DN80	DN100
单位			个	个	个	个
基价（元）			**65.74**	**79.04**	**123.89**	**203.99**
其中	人工费（元）		36.52	45.59	59.50	104.28
	材料费（元）		25.45	29.42	59.42	92.92
	机械费（元）		3.77	4.03	4.97	6.79
名称		单位	数量			
人工	普通工	工日	0.3175	0.3965	0.5174	0.9068
	建筑技术工	工日	0.4763	0.5947	0.7761	1.3601
计价材料	镀锌管接头 DN50	个	0.2000			
	镀锌管接头 DN65	个		0.2000		
	镀锌管接头 DN80	个			0.2000	
	镀锌管接头 DN100	个				0.2000
	镀锌活接头 DN50	个	1.0100			
	镀锌活接头 DN65	个		1.0100		
	镀锌活接头 DN80	个			1.0100	
	镀锌活接头 DN100	个				1.0100
	砂轮片 ϕ400	片	0.0520	0.0760	0.0900	0.1140
	其他材料费	元	12.1500	15.9300	19.6400	36.2600

续表

定　额　编　号			YJ17－22	YJ17－23	YJ17－24	YJ17－25
项　　目			水流指示器（螺纹连接）			
			DN50	DN65	DN80	DN100
机械	管子切断机　150mm	台班	0.0530	0.0530	0.0670	0.0960
	砂轮切割机　ϕ400	台班	0.0140	0.0170	0.0200	0.0250
未计价材料	水流指示器 DN50	个	1.0000			
	水流指示器 DN65	个		1.0000		
	水流指示器 DN80	个			1.0000	
	水流指示器 DN100	个				1.0000

工作内容：外观检查、切管、坡口、对口、焊法兰、临时短管安装拆除、主要功能检查、安装及调整。

定额编号			YJ17－26	YJ17－27	YJ17－28	YJ17－29	YJ17－30
项目			水流指示器（法兰连接）				
			DN50	DN80	DN100	DN150	DN200
单位			个	个	个	个	个
基价（元）			**70.51**	**104.52**	**122.50**	**187.05**	**274.92**
其中	人工费（元）		39.02	50.91	61.15	86.21	114.13
	材料费（元）		24.18	43.67	49.07	86.11	132.71
	机械费（元）		7.31	9.94	12.28	14.73	28.08
名称		单位	数量				
人工	普通工	工日	0.3393	0.4427	0.5317	0.7497	0.9924
	建筑技术工	工日	0.5090	0.6640	0.7976	1.1245	1.4886
计价材料	电焊条 J422 综合	kg	0.3110	0.4630	0.5640	0.6870	1.4770
	电	kW·h	0.0740	0.1350	0.1620	0.2150	0.4030
	砂轮片 ϕ100	片	0.0680	0.1000	0.1280	0.1880	0.3160
	砂轮片 ϕ400	片	0.0260	0.0540	0.0570	0.0710	0.0850
	其他材料费	元	21.2400	39.0300	43.5000	79.0200	119.3600
机械	交流电焊机 21kVA	台班	0.1130	0.1530	0.1880	0.2190	0.4740
	砂轮切割机 ϕ400	台班	0.0070	0.0100	0.0130	0.0200	

续表

定　额　编　号			YJ17－26	YJ17－27	YJ17－28	YJ17－29	YJ17－30
项　　目			水流指示器（法兰连接）				
			DN50	DN80	DN100	DN150	DN200
未计价材料	平焊法兰　PN1.6　DN50	片	2.2000				
	平焊法兰　PN1.6　DN80	片		2.2000			
	平焊法兰　PN1.6　DN100	片			2.2000		
	平焊法兰　PN1.6　DN150	片				2.2000	
	平焊法兰　PN1.6　DN200	片					2.2000
	水流指示器 DN50	个	1.0000				
	水流指示器 DN80	个		1.0000			
	水流指示器 DN100	个			1.0000		
	水流指示器 DN150	个				1.0000	
	水流指示器 DN200	个					1.0000

17.1.3 其他组件安装

工作内容：切管、焊法兰、制垫加垫、孔板检查、二次安装。

定额编号			YJ17－31	YJ17－32	YJ17－33	YJ17－34	YJ17－35
项目			减压孔板安装				
			DN50	DN65	DN80	DN100	DN150
单位			个	个	个	个	个
基价（元）			**45.67**	**51.64**	**61.32**	**71.35**	**84.81**
其中	人工费（元）		18.06	18.89	21.74	25.89	29.56
	材料费（元）		16.89	19.09	32.07	35.79	43.30
	机械费（元）		10.72	13.66	7.51	9.67	11.95
名称		单位	数量				
人工	普通工	工日	0.1571	0.1642	0.1890	0.2251	0.2570
	建筑技术工	工日	0.2356	0.2464	0.2835	0.3377	0.3855
计价材料	电焊条 J422 综合	kg	0.1330	0.2370	0.2710	0.3630	0.4740
	镀锌六角螺栓 综合	kg	1.2520	1.2520	2.5040	2.5040	2.5040
	电	kW·h	0.0740	0.1150	0.1350	0.1620	0.2150
	砂轮片 ϕ100	片	0.0680	0.0860	0.1000	0.1280	0.1880
	砂轮片 ϕ400	片	0.0260	0.0380	0.0450	0.0570	0.0710
	其他材料费	元	5.1000	6.2900	8.8800	11.5900	17.6400
机械	交流电焊机 21kVA	台班	0.0770	0.0970	0.1120	0.1440	0.1720
	砂轮切割机 ϕ400	台班	0.0700	0.0900	0.0100	0.0130	0.0200

续表

定额编号			YJ17－31	YJ17－32	YJ17－33	YJ17－34	YJ17－35
项目			减压孔板安装				
			DN50	DN65	DN80	DN100	DN150
未计价材料	平焊法兰 PN1.6　DN50	片	2.0000				
	平焊法兰 PN1.6　DN65	片		2.0000			
	平焊法兰 PN1.6　DN80	片			2.0000		
	平焊法兰 PN1.6　DN100	片				2.0000	
	平焊法兰 PN1.6　DN150	片					2.0000
	减压孔板 DN50	个	1.0000				
	减压孔板 DN65	个		1.0000			
	减压孔板 DN80	个			1.0000		
	减压孔板 DN100	个				1.0000	
	减压孔板 DN150	个					1.0000

工作内容：切管、套丝、安装零件、整体组装、放水试验。

定额编号			YJ17－36	YJ17－37
项目			末端试水装置安装	
			DN25	DN32
单位			组	组
基价（元）			**74.73**	**84.28**
其中	人工费（元）		62.01	67.71
	材料费（元）		7.88	10.20
	机械费（元）		4.84	6.37
名称		单位	数量	
人工	普通工	工日	0.5393	0.5888
	建筑技术工	工日	0.8088	0.8832
计价材料	镀锌三通 DN25	个	1.0100	
	镀锌三通 DN32	个		1.0100
	砂轮片 ϕ400	片	0.0640	0.0720
	其他材料费	元	3.6000	4.1800
机械	管子切断机 150mm	台班	0.0570	0.0890
	砂轮切割机 ϕ400	台班	0.0240	0.0240

续表

定　额　编　号			YJ17－36	YJ17－37
项　　目			末端试水装置安装	
			DN25	DN32
未计价材料	镀锌钢管 DN20 以下	kg	0.3930	0.3930
	截止阀 J11T－16　DN25	只	2.0200	
	截止阀 J11T－16　DN32	只		2.0200
	压力表　0～1.6MPa	只	1.0000	1.0000
	压力表气门 QZ－2M10/ϕ6	只	1.0000	1.0000

工作内容：划线、下料、加工、支架制作及安装、整体安装固定。

定额编号			YJ17－38
项目			集热板制作、安装
单位			个
基价（元）			**9.42**
其中	人工费（元）		2.32
	材料费（元）		2.94
	机械费（元）		4.16
名称		单位	数量
人工	普通工	工日	0.0201
	建筑技术工	工日	0.0303
计价材料	精制六角螺栓　综合	kg	0.1860
	膨胀螺栓 M8	套	2.0600
	其他材料费	元	0.1300
机械	冲击钻	台班	0.0530
未计价材料	扁钢　综合	kg	0.7100
	镀锌钢板　0.5 以下	kg	1.0990

17.1.4 消火栓安装

工作内容：管口除沥青、制垫、加垫、紧螺栓、消火栓安装。

定额编号			YJ17－39	YJ17－40	YJ17－41	YJ17－42	YJ17－43	YJ17－44
项目			室外消火栓（地下式）					
			浅型（1.0MPa）	深Ⅰ型（1.0MPa）	深Ⅱ型（1.0MPa）	浅型（1.6MPa）	深Ⅰ型（1.6MPa）	深Ⅱ型（1.6MPa）
单位			套	套	套	套	套	套
基价（元）			**44.33**	**46.69**	**59.75**	**76.37**	**78.73**	**59.75**
其中	人工费（元）		27.10	27.10	27.10	38.59	38.59	27.10
	材料费（元）		17.23	19.59	32.65	33.57	35.93	32.65
	机械费（元）					4.21	4.21	
名称		单位	数量					
人工	普通工	工日	0.2356	0.2356	0.2356	0.3356	0.3356	0.2356
	建筑技术工	工日	0.3535	0.3535	0.3535	0.5033	0.5033	0.3535
计价材料	电焊条 J422 综合	kg				0.2210	0.2210	
	精制六角螺栓 综合	kg			1.7120	1.7120	1.7120	1.7120
	石棉橡胶板 中压6以下	kg			0.1730	0.1730	0.1730	0.1730
	氧气	m^3	0.1030	0.1030		0.1570	0.1570	
	乙炔气	m^3	0.0340	0.0340		0.0520	0.0520	
	其他材料费	元	16.1600	18.5100	17.1500	15.0900	17.4500	17.1500
机械	交流电焊机 21kVA	台班				0.0710	0.0710	

续表

定额编号			YJ17－39	YJ17－40	YJ17－41	YJ17－42	YJ17－43	YJ17－44
项目			室外消火栓（地下式）					
			浅型（1.0MPa）	深Ⅰ型（1.0MPa）	深Ⅱ型（1.0MPa）	浅型（1.6MPa）	深Ⅰ型（1.6MPa）	深Ⅱ型（1.6MPa）
未计价材料	平焊法兰 PN1.6　DN100	片				1.0000	1.0000	
	普通硅酸盐水泥　42.5	t	0.0010	0.0010				
	地下式消火栓 1.0MPa 浅型	套	1.0000					
	地下式消火栓 1.0MPa 深Ⅰ型	套		1.0000				
	地下式消火栓 1.0MPa 深Ⅱ型	套			1.0000			
	地下式消火栓 1.6MPa 浅型	套				1.0000		
	地下式消火栓 1.6MPa 深Ⅰ型	套					1.0000	
	地下式消火栓 1.6MPa 深Ⅱ型	套						1.0000

工作内容：预留洞、切管、套丝、箱体及消火栓安装、附件检查安装、水压试验。

定额编号			YJ17－45	YJ17－46	YJ17－47	YJ17－48
项目			室外消火栓（地上式）			
			浅100型（1.0MPa）	深100型（1.0MPa）	浅150型（1.0MPa）	深150型（1.0MPa）
单位			套	套	套	套
基价（元）			**53.22**	**59.41**	**69.49**	**75.68**
其中	人工费（元）		34.87	41.06	49.65	55.84
	材料费（元）		18.35	18.35	19.84	19.84
	机械费（元）					
名称		单位	数量			
人工	普通工	工日	0.3032	0.3570	0.4317	0.4855
	建筑技术工	工日	0.4548	0.5355	0.6476	0.7283
计价材料	镀锌管堵DN20以下	个	1.0100	1.0100	1.0100	1.0100
	氧气	m^3	0.1030	0.1030	0.1720	0.1720
	乙炔气	m^3	0.0340	0.0340	0.0570	0.0570
	其他材料费	元	16.7600	16.7600	17.5100	17.5100
未计价材料	普通硅酸盐水泥 42.5	t	0.0010	0.0010	0.0010	0.0010
	地上式消火栓 1.6MPa深100型	套	1.0000	1.0000	1.0000	1.0000

定额编号			YJ17－49	YJ17－50	YJ17－51	YJ17－52
项目			室外消火栓（地上式）			
			浅100型（1.6MPa）	深100型（1.6MPa）	浅150型（1.6MPa）	深150型（1.6MPa）
单位			套	套	套	套
基价（元）			**82.59**	**91.84**	**115.18**	**124.56**
其中	人工费（元）		46.37	52.94	61.58	67.71
	材料费（元）		32.01	34.69	47.08	50.33
	机械费（元）		4.21	4.21	6.52	6.52
名称		单位	数量			
人工	普通工	工日	0.4032	0.4603	0.5355	0.5888
	建筑技术工	工日	0.6048	0.6905	0.8032	0.8832
计价材料	电焊条　J422　综合	kg	0.2210	0.2210	0.2900	0.2900
	精制六角螺栓　综合	kg	1.7120	1.7120	2.5960	2.5960
	石棉橡胶板　中压6以下	kg	0.1730	0.1730	0.2800	0.2800
	氧气	m^3	0.1570	0.1570	0.2470	0.2470
	乙炔气	m^3	0.0520	0.0520	0.0820	0.0820
	其他材料费	元	13.5300	16.2100	19.0400	22.2900
机械	交流电焊机　21kVA	台班	0.0710	0.0710	0.1100	0.1100
未计价材料	平焊法兰 PN1.6　DN100	片	1.0000	1.0000		
	平焊法兰 PN1.6　DN150	片			1.0000	1.0000
	地上式消火栓1.6MPa浅100型	套	1.0000			

续表

定 额 编 号			YJ17－49	YJ17－50	YJ17－51	YJ17－52
项 目			室外消火栓（地上式）			
			浅 100 型（1.6MPa）	深 100 型（1.6MPa）	浅 150 型（1.6MPa）	深 150 型（1.6MPa）
未计价材料	地上式消火栓 1.6MPa 深 100 型	套		1.0000		
	地上式消火栓 1.6MPa 浅 150 型	套			1.0000	
	地上式消火栓 1.6MPa 深 150 型	套				1.0000

定额编号			YJ17－53	YJ17－54
项目			室内消火栓	
			单栓 65	双栓 65
单位			套	套
基价（元）			**59.88**	**75.63**
其中	人工费（元）		38.59	49.27
	材料费（元）		20.20	24.63
	机械费（元）		1.09	1.73
名称		单位	数量	
人工	普通工	工日	0.3356	0.4284
	建筑技术工	工日	0.5033	0.6426
计价材料	方材　红白松　二等	m^3	0.0030	0.0030
	砂轮片　ϕ400	片	0.0380	0.0450
	其他材料费	元	13.0000	17.3100
机械	管子切断套丝机　159mm	台班	0.0130	0.0220
	砂轮切割机　ϕ400	台班	0.0090	0.0140
未计价材料	普通硅酸盐水泥　32.5	t	0.0010	0.0010
	消火栓单栓　DN65	套	1.0000	
	消火栓双栓　DN65	套		1.0000

17.1.5 消防水泵接合器安装

工作内容：切管、焊法兰、制垫、加垫、紧螺栓、整体安装、充水试验。

定额编号			YJ17－55	YJ17－56	YJ17－57	YJ17－58	YJ17－59	YJ17－60
项目			地下式100	地下式150	地上式100	地上式150	墙壁式100	墙壁式150
单位			套	套	套	套	套	套
基价（元）			**120.08**	**159.67**	**148.47**	**194.71**	**166.16**	**223.47**
其中	人工费（元）		72.64	88.29	85.78	99.78	98.09	123.16
	材料费（元）		42.09	63.11	57.34	86.66	62.72	92.04
	机械费（元）		5.35	8.27	5.35	8.27	5.35	8.27
名称		单位	数量					
人工	普通工	工日	0.6317	0.7677	0.7458	0.8676	0.8529	1.0709
	建筑技术工	工日	0.9474	1.1516	1.1189	1.3016	1.2795	1.6064
计价材料	电焊条 J422 综合	kg	0.2210	0.2900	0.2210	0.2900	0.2210	0.2900
	精制六角螺栓 综合	kg	3.4230	5.1920	5.1350	7.7870	5.1350	7.7870
	石棉橡胶板 中压6以下	kg	0.5200	0.8300	0.6800	1.1000	0.6800	1.1000
	电	kW·h	0.1620	0.2150	0.1620	0.2150	0.1620	0.2150
	砂轮片 ϕ100	片	0.0660	0.0970	0.0660	0.0970	0.0660	0.0970
	砂轮片 ϕ400	片	0.0570	0.0710	0.0570	0.0710	0.0570	0.0710
	其他材料费	元	6.2300	8.8300	6.1300	8.8100	11.5100	14.1900
机械	交流电焊机 21kVA	台班	0.0710	0.1100	0.0710	0.1100	0.0710	0.1100
	砂轮切割机 ϕ400	台班	0.0130	0.0200	0.0130	0.0200	0.0130	0.0200

续表

定额编号			YJ17－55	YJ17－56	YJ17－57	YJ17－58	YJ17－59	YJ17－60
项目			地下式100	地下式150	地上式100	地上式150	墙壁式100	墙壁式150
未计价材料	镀锌钢管 DN25	kg	1.0080	1.0080	0.5040	0.5040		
	平焊法兰 PN1.6 DN100	片	1.0000		1.0000		1.0000	
	平焊法兰 PN1.6 DN150	片		1.0000		1.0000		1.0000
	水泵接合器地下式100	套	1.0100					
	水泵接合器地下式150	套		1.0100				
	水泵接合器地上式100	套			1.0100			
	水泵接合器地上式150	套				1.0100		
	水泵接合器墙壁式100	套					1.0100	
	水泵接合器墙壁式150	套						1.0100

17.1.6 隔膜式气压水罐安装

工作内容：场内搬运、定位、焊法兰、制加垫、紧螺栓、充气定压、充水、调试。

定额编号			YJ17-61	YJ17-62	YJ17-63	YJ17-64
项目			隔膜式气压水罐安装（气压罐）			
			DN800	DN1000	DN1200	DN1400
单位			台	台	台	台
基价（元）			**436.39**	**482.85**	**529.32**	**575.78**
其中	人工费（元）		328.43	369.48	410.53	451.58
	材料费（元）		11.47	12.79	14.11	15.42
	机械费（元）		96.49	100.58	104.68	108.78
名称		单位	数量			
人工	普通工	工日	2.8559	3.2128	3.5698	3.9268
	建筑技术工	工日	4.2838	4.8193	5.3547	5.8902
计价材料	电焊条 J422 综合	kg	0.2210	0.2210	0.2210	0.2210
	石棉橡胶板 中压6以下	kg	0.1730	0.1730	0.1730	0.1730
	氮气	m^3	2.5000	3.0000	3.5000	4.0000
	砂轮片 ϕ100	片	0.0660	0.0660	0.0660	0.0660
	砂轮片 ϕ400	片	0.0570	0.0570	0.0570	0.0570
	其他材料费	元	0.2100	0.2200	0.2300	0.2500
机械	汽车式起重机 5t	台班	0.1700	0.1800	0.1900	0.2000
	载重汽车 5t	台班	0.0700	0.0700	0.0700	0.0700
	交流电焊机 21kVA	台班	0.0710	0.0710	0.0710	0.0710

17.1.7 管道支吊架制作、安装

工作内容：切断、调直、煨制、钻孔、组对、焊接、安装。

定额编号			YJ17－65
项目			管道支吊架
单位			kg
基价（元）			**6.52**
其中	人工费（元）		3.67
	材料费（元）		1.57
	机械费（元）		1.28
名称		单位	数量
人工	普通工	工日	0.0319
	建筑技术工	工日	0.0479
计价材料	电焊条 J422 综合	kg	0.0540
	精制六角螺栓 综合	kg	0.0160
	膨胀螺栓 M12	套	0.3490
	氧气	m^3	0.0260
	乙炔气	m^3	0.0090
	冲击钻头 ϕ16	支	0.0070
	砂轮片 ϕ400	片	0.0080
	其他材料费	元	0.1200

续表

定额编号			YJ17－65
项目			管道支吊架
机械	交流电焊机　21kVA	台班	0.0104
	砂轮切割机　ϕ400	台班	0.0025
	冲击钻	台班	0.0057
未计价材料	等边角钢　边长63以下	kg	1.0600

17.1.8 自动喷水灭火系统管网水冲洗

工作内容：准备工具和材料、制堵盲板、安装拆除临时管线、通水冲洗、检查、清理现场。

定额编号			YJ17－66	YJ17－67	YJ17－68	YJ17－69	YJ17－70	YJ17－71
项目			自动喷水灭火系统管网水冲洗					
			DN50	DN70	DN80	DN100	DN150	DN200
单位			m	m	m	m	m	m
基价（元）			**1.69**	**2.12**	**2.44**	**3.06**	**5.28**	**7.78**
其中	人工费（元）		1.06	1.16	1.16	1.16	1.40	1.40
	材料费（元）		0.54	0.85	1.15	1.72	3.60	5.88
	机械费（元）		0.09	0.11	0.13	0.18	0.28	0.50
名称		单位	数量					
人工	普通工	工日	0.0093	0.0101	0.0101	0.0101	0.0122	0.0122
	建筑技术工	工日	0.0138	0.0151	0.0151	0.0151	0.0182	0.0182
计价材料	电焊条 J422 综合	kg	0.0020	0.0020	0.0020	0.0020	0.0020	0.0020
	精制六角螺栓 综合	kg	0.0070	0.0080	0.0090	0.0100	0.0150	0.0210
	石棉橡胶板 中压6以下	kg	0.0050	0.0070	0.0080	0.0100	0.0130	0.0160
	氧气	m^3	0.0020	0.0020	0.0030	0.0030	0.0040	0.0050
	乙炔气	m^3	0.0010	0.0010	0.0010	0.0010	0.0010	0.0020
	水	t	0.0900	0.1800	0.2700	0.4500	1.0440	1.7640
	其他材料费	元	0.1300	0.1300	0.1300	0.1400	0.1600	0.1800
机械	电动单级离心清水泵 出口直径100mm	台班	0.0002	0.0004	0.0005	0.0009	0.0017	0.0033
	交流电焊机 21kVA	台班	0.0010	0.0010	0.0010	0.0010	0.0010	0.0010

续表

定　额　编　号			YJ17－66	YJ17－67	YJ17－68	YJ17－69	YJ17－70	YJ17－71
项　　目			自动喷水灭火系统管网水冲洗					
			DN50	DN70	DN80	DN100	DN150	DN200
未计价材料	中厚钢板 12～20	kg	0.0370	0.0410	0.0410	0.0410	0.0460	0.0460
	无缝钢管 10～20 号 ϕ57 以下	kg	0.0030	0.0030	0.0030	0.0030	0.0030	0.0030
	闸阀 Z15T－10K　DN50	只	0.0010	0.0010	0.0010	0.0010	0.0010	0.0010
	平焊法兰 PN1.6　DN50	片	0.0010	0.0010	0.0010	0.0010	0.0010	0.0010

17.2 气体灭火系统安装

17.2.1 管道安装

工作内容：切管、调直、车丝、清洗、镀锌后调直、管口连接、管道安装。

定额编号			YJ17-72	YJ17-73	YJ17-74	YJ17-75
项目			无缝钢管（螺纹连接）			
			DN15	DN20	DN25	DN32
单位			m	m	m	m
基价（元）			**3.73**	**3.85**	**4.16**	**4.81**
其中	人工费（元）		3.09	3.19	3.33	3.92
	材料费（元）		0.64	0.66	0.83	0.89
	机械费（元）					
名称		单位	数量			
人工	普通工	工日	0.0269	0.0277	0.0290	0.0340
	建筑技术工	工日	0.0403	0.0416	0.0434	0.0511
计价材料	汽油	kg	0.0030	0.0030	0.0040	0.0050
	乙醇（酒精）工业用99.5%	kg	0.0020	0.0020	0.0020	0.0020
	厌氧胶325号 200g	瓶	0.0100	0.0100	0.0120	0.0120
	砂轮片 ϕ400	片	0.0020	0.0020	0.0030	0.0030
	棉纱头	kg	0.0050	0.0050	0.0050	0.0060
	其他材料费	元	0.0900	0.1100	0.1600	0.2100

续表

定 额 编 号			YJ17-72	YJ17-73	YJ17-74	YJ17-75
项 目			无缝钢管（螺纹连接）			
			DN15	DN20	DN25	DN32
未计价材料	无缝钢管 10~20号 ϕ28以下	kg	1.2799	1.6605	2.4733	
	无缝钢管 10~20号 ϕ57以下	kg				3.1887

定额编号			YJ17－76	YJ17－77	YJ17－78	YJ17－79
项目			无缝钢管（螺纹连接）			
			DN40	DN50	DN70	DN80
单位			m	m	m	m
基价（元）			**5.25**	**5.53**	**7.06**	**8.34**
其中	人工费（元）		4.15	4.35	5.55	6.47
	材料费（元）		1.10	1.18	1.51	1.87
	机械费（元）					
名称		单位	数量			
人工	普通工	工日	0.0361	0.0378	0.0483	0.0563
	建筑技术工	工日	0.0542	0.0567	0.0724	0.0844
计价材料	汽油	kg	0.0060	0.0080	0.0090	0.0110
	乙醇（酒精）工业用99.5%	kg	0.0020	0.0030	0.0030	0.0030
	厌氧胶325号200g	瓶	0.0150	0.0150	0.0190	0.0240
	砂轮片 φ400	片	0.0040	0.0040	0.0060	0.0080
	棉纱头	kg	0.0060	0.0070	0.0070	0.0080
	其他材料费	元	0.2600	0.3100	0.4300	0.5000
未计价材料	无缝钢管10～20号 φ57以下	kg	3.9183	4.7109		
	无缝钢管10～20号 φ89以下	kg			6.3838	7.5285

工作内容： 切管、调直、坡口、对口、焊接、法兰连接、管件及管道预装及安装。

定额编号			YJ17－80	YJ17－81
项目			无缝钢管（法兰连接）	
			DN100	DN150
单位			m	m
基价（元）			**59.38**	**72.39**
其中	人工费（元）		34.44	39.17
	材料费（元）		10.97	18.46
	机械费（元）		13.97	14.76
名称		单位	数量	
人工	普通工	工日	0.2994	0.3406
	建筑技术工	工日	0.4492	0.5109
计价材料	电焊条 J422 综合	kg	0.6540	1.2500
	氧气	m^3	0.2260	0.3190
	乙炔气	m^3	0.0750	0.1060
	砂轮片 ϕ100	片	0.1860	0.2390
	棉纱头	kg	0.0130	0.0150
	其他材料费	元	2.9400	5.3800
机械	交流电焊机 21kVA	台班	0.2359	0.2491
未计价材料	无缝钢管 10～20 号 ϕ108 以下	kg	9.2015	
	无缝钢管 10～20 号 ϕ159 以下	kg		28.5855

工作内容：切管、煨弯、安装、固定、调整、卡套连接。

定额编号			YJ17－82	YJ17－83
项目			气体驱动装置管道安装	
			DN10	DN14
单位			m	m
基价（元）			**26.69**	**45.10**
其中	人工费（元）		4.54	5.41
	材料费（元）		19.93	37.47
	机械费（元）		2.22	2.22
名称		单位	数量	
人工	普通工	工日	0.0395	0.0471
	建筑技术工	工日	0.0592	0.0705
计价材料	紫铜管 φ4～13	kg	0.2596	
	紫铜管 φ13～30	kg		0.5397
	镀锌管卡子 DN20以下	个	1.7170	1.7170
	碎布	kg	0.0050	0.0300
	其他材料费	元	1.3700	1.5500
机械	冲击钻	台班	0.0283	0.0283

17.2.2 管件安装

工作内容： 切管、调直、车丝、清洗、镀锌后调直、管件连接。

定额编号			YJ17－84	YJ17－85	YJ17－86	YJ17－87
项目			钢制管件（螺纹连接）			
			DN15	DN20	DN25	DN32
单位			件	件	件	件
基价（元）			**11.40**	**12.58**	**15.20**	**18.90**
其中	人工费（元）		6.62	6.76	7.54	9.27
	材料费（元）		4.78	5.82	7.66	9.63
	机械费（元）					
名称		单位	数量			
人工	普通工	工日	0.0576	0.0588	0.0655	0.0807
	建筑技术工	工日	0.0863	0.0882	0.0983	0.1209
计价材料	钢制管件 DN15	个	1.0100			
	钢制管件 DN20	个		1.0100		
	钢制管件 DN25	个			1.0100	
	钢制管件 DN32	个				1.0100
	厌氧胶 325 号　200g	瓶	0.0600	0.0600	0.0720	0.0720
	砂轮片　ϕ400	片	0.0100	0.0120	0.0160	0.0180
	其他材料费	元	0.4800	0.4900	0.5500	0.6400

定额编号			YJ17－88	YJ17－89	YJ17－90	YJ17－91	YJ17－92
项目			钢制管件（螺纹连接）				消防管道沟槽式接头制作
			DN40	DN50	DN70	DN80	
单位			件	件	件	件	个
基价（元）			**28.26**	**26.63**	**36.79**	**43.48**	**5.31**
其中	人工费（元）		10.92	10.92	12.65	14.30	5.31
	材料费（元）		17.34	15.71	24.14	29.18	
	机械费（元）						
名称		单位	数量				
人工	普通工	工日	0.0949	0.0949	0.1101	0.1243	0.0462
	建筑技术工	工日	0.1424	0.1424	0.1650	0.1865	0.0693
计价材料	钢制管件 DN32	个	1.0100				
	钢制管件 DN40	个	1.0100				
	钢制管件 DN50	个		1.0100			
	钢制管件 DN65	个			1.0100		
	钢制管件 DN80	个				1.0100	
	厌氧胶 325 号 200g	瓶	0.0890	0.0890	0.1160	0.1420	
	砂轮片 ϕ400	片	0.0210	0.0260	0.0380	0.0450	
	其他材料费	元	0.7900	0.9000	1.0300	1.2800	

17.2.3 系统组件安装

工作内容：切管、调直、车丝、管件及喷头安装、喷头外观清洗。

定额编号			YJ17－93	YJ17－94	YJ17－95	YJ17－96	YJ17－97
项目			喷头安装				
			DN15	DN20	DN25	DN32	DN40
单位			个	个	个	个	个
基价（元）			**14.56**	**15.77**	**19.25**	**23.06**	**30.80**
其中	人工费（元）		8.93	9.03	10.57	12.27	17.73
	材料费（元）		5.00	6.11	8.05	10.16	12.44
	机械费（元）		0.63	0.63	0.63	0.63	0.63
名称		单位	数量				
人工	普通工	工日	0.0777	0.0786	0.0920	0.1067	0.1542
	建筑技术工	工日	0.1165	0.1178	0.1379	0.1600	0.2312
计价材料	钢制管件 DN15	个	1.0100				
	钢制管件 DN20	个		1.0100			
	钢制管件 DN25	个			1.0100		
	钢制管件 DN32	个				1.0100	
	钢制管件 DN40	个					1.0100
	厌氧胶 325 号 200g	瓶	0.0600	0.0600	0.0720	0.0720	0.0890
	砂轮片 ϕ400	片	0.0100	0.0120	0.0160	0.0180	0.0210
	其他材料费	元	0.7000	0.7800	0.9400	1.1700	1.3700
机械	砂轮切割机 ϕ400	台班	0.0072	0.0072	0.0072	0.0072	0.0072

续表

定额编号			YJ17－93	YJ17－94	YJ17－95	YJ17－96	YJ17－97
项目			喷头安装				
			DN15	DN20	DN25	DN32	DN40
未计价材料	喷头 DN15	个	1.0100				
	喷头 DN20	个		1.0100			
	喷头 DN25	个			1.0100		
	喷头 DN32	个				1.0100	
	喷头 DN40	个					1.0100

工作内容：外观检查、切管、车丝、活接头及阀门安装。

定额编号			YJ17－98	YJ17－99	YJ17－100	YJ17－101	YJ17－102	YJ17－103
项目			选择阀安装（螺纹连接）					
			DN25	DN32	DN40	DN50	DN65	DN80
单位			个	个	个	个	个	个
基价（元）			**27.65**	**32.43**	**42.97**	**46.79**	**62.81**	**79.55**
其中	人工费（元）		14.39	15.17	22.60	22.60	30.38	38.59
	材料费（元）		10.01	12.51	15.27	19.09	26.98	35.51
	机械费（元）		3.25	4.75	5.10	5.10	5.45	5.45
名称		单位	数量					
人工	普通工	工日	0.1251	0.1319	0.1965	0.1965	0.2642	0.3356
	建筑技术工	工日	0.1878	0.1978	0.2948	0.2948	0.3962	0.5033
计价材料	钢制活接头 DN25	个	1.0100					
	钢制活接头 DN32	个		1.0100				
	钢制活接头 DN40	个			1.0100			
	钢制活接头 DN50	个				1.0100		
	钢制活接头 DN65	个					1.0100	
	钢制活接头 DN80	个						1.0100
	厌氧胶 325 号 200g	瓶	0.1100	0.1100	0.1300	0.1300	0.1700	0.2100
	砂轮片 ϕ400	片	0.0190	0.0220	0.0250	0.0310	0.0460	0.0540
	其他材料费	元	1.8000	2.0300	2.3400	2.8800	3.3500	4.4200
机械	砂轮切割机 ϕ400	台班	0.0370	0.0540	0.0580	0.0580	0.0620	0.0620

续表

定额编号			YJ17－98	YJ17－99	YJ17－100	YJ17－101	YJ17－102	YJ17－103
项目			选择阀安装（螺纹连接）					
			DN25	DN32	DN40	DN50	DN65	DN80
未计价材料	选择阀 DN25	只	1.0000					
	选择阀 DN32	只		1.0000				
	选择阀 DN40	只			1.0000			
	选择阀 DN50	只				1.0000		
	选择阀 DN65	只					1.0000	
	选择阀 DN80	只						1.0000

工作内容： 外观检查、搬运、称重、支架框架安装、系统组件安装、阀驱动装置安装、氮气增加。

定额编号			YJ17－104	YJ17－105	YJ17－106
项目			贮存装置安装　4L	贮存装置安装　40L	贮存装置安装　70L
单位			套	套	套
基价（元）			**135.12**	**255.31**	**353.54**
其中	人工费（元）		101.81	206.52	296.84
	材料费（元）		28.06	43.54	51.45
	机械费（元）		5.25	5.25	5.25
名称		单位	数量		
人工	普通工	工日	0.8853	1.7958	2.5812
	建筑技术工	工日	1.3280	2.6938	3.8718
计价材料	精制六角螺栓　综合	kg	0.4280	0.4280	0.4280
	膨胀螺栓 M12	套	4.1200	4.1200	4.1200
	厌氧胶 325 号　200g	瓶	0.1600	0.2400	0.2400
	氮气	m^3	1.5000	6.0000	9.0000
	冲击钻头　$\phi16$	支	0.0800	0.0800	0.0800
	台秤	个	0.0100	0.0100	0.0100
	其他材料费	元	1.2100	1.3600	1.4400
机械	冲击钻	台班	0.0670	0.0670	0.0670
未计价材料	减压阀 GA48Y－16C　DN100	只	0.0200	0.0200	0.0200
	压力表带弯带阀　25MPa	只	0.0400	0.0400	0.0400

17.2.4 二氧化碳称重检漏装置安装

工作内容：开箱检查、组合装配、安装、固定、试动调整。

定额编号			YJ17－107
项目			二氧化碳称重检漏装置安装
单位			套
基价（元）			**80.80**
其中	人工费（元）		75.92
	材料费（元）		4.88
	机械费（元）		
名称		单位	数量
人工	普通工	工日	0.6602
	建筑技术工	工日	0.9903
计价材料	精制六角螺栓 综合	kg	0.3100
	铝标识牌	个	1.0000
	汽油	kg	0.2000
	其他材料费	元	0.1800

17.2.5 系统组件试验

工作内容：准备工具和材料、安装拆除临时管线、灌水加压、充氮气、停压检查、放水、泄压、清理及烘干、封口。

定额编号			YJ17－108	YJ17－109
项目			水压强度试验	气压严密性试验
单位			个	个
基价（元）			**18.17**	**18.14**
其中	人工费（元）		6.18	9.03
	材料费（元）		7.12	7.33
	机械费（元）		4.87	1.78
名称		单位	数量	
人工	普通工	工日	0.0537	0.0786
	建筑技术工	工日	0.0807	0.1178
计价材料	电焊条 J422 综合	kg	0.1650	0.1650
	精制六角螺栓 综合	kg	0.5070	0.5070
	氧气	m^3	0.1410	0.1410
	乙炔气	m^3	0.0470	0.0470
	氮气	m^3	0.1410	0.1410
	水	t		0.0100
	其他材料费	元	0.2500	0.4300
机械	试压泵 60MPa	台班	0.0360	

续表

定额编号			YJ17－108	YJ17－109
项目			水压强度试验	气压严密性试验
机械	交流电焊机 21kVA	台班	0.0300	0.0300
未计价材料	中厚钢板 12～20	kg	0.2000	0.2000
	无缝钢管 10～20 号 φ28 以下	kg	0.0140	0.0140
	截止阀 J11T－16 DN20	只	0.0200	
	减压阀 GA48Y－16C DN100	只		0.0200
	压力表 Y－1000－6MPa	只	0.0200	
	压力表带弯带阀 25MPa	只		0.0400
	温度计 100℃	只	0.0200	

17.2.6 气体灭火系统装置调试

工作内容：准备工具、材料，进行模拟喷气试验和对备用灭火剂贮存容器切换操作试验。

定额编号			YJ17－110	YJ17－111	YJ17－112
项目			试验容器规格		
			4L	40L	70L
单位			个	个	个
基价（元）			**259.35**	**411.49**	**585.06**
其中	人工费（元）		164.21	328.43	492.64
	材料费（元）		95.14	83.06	92.42
	机械费（元）				
名称		单位	数量		
人工	普通工	工日	1.4279	2.8559	4.2838
	建筑技术工	工日	2.1419	4.2838	6.4257
计价材料	锥形堵块	只	1.0000	1.0000	1.0000
	金属密封垫	个	1.0000	1.0000	1.0000
	氮气	m^3	1.2000	6.0000	9.0000
	电磁铁	块	1.0000		
	小膜片	片	1.0000	1.0000	1.0000
	大膜片	片	1.0000	1.0000	1.0000
	其他材料费	元	1.5700	4.9600	6.4900

续表

定额编号			YJ17－110	YJ17－111	YJ17－112
项目			试验容器规格		
			4L	40L	70L
未计价材料	试验容器 40L	个		0.0500	
	试验容器 70L	个			0.0500

17.3 泡沫灭火系统安装

17.3.1 泡沫发生器安装

工作内容：开箱检查、整体吊装、找正、找平、安装固定、切管、焊法兰、调试。

定额编号			YJ17－113	YJ17－114	YJ17－115	YJ17－116	YJ17－117
项目			水轮机式（PFS3）	水轮机式（PF4 PFS4）	水轮机式（PFS10）	电动机式（PF20）	电动机式（BGP200）
单位			台	台	台	台	台
基价（元）			**99.32**	**111.96**	**325.69**	**540.79**	**141.47**
其中	人工费（元）		85.00	97.27	215.94	392.47	126.05
	材料费（元）		9.11	9.48	64.28	86.99	10.21
	机械费（元）		5.21	5.21	45.47	61.33	5.21
名称		单位	数量				
人工	普通工	工日	0.7392	0.8459	1.8777	3.4127	1.0961
	建筑技术工	工日	1.1087	1.2687	2.8166	5.1192	1.6442
计价材料	钢垫板 综合	kg			9.4400	14.1600	
	电焊条 J422 综合	kg	0.2210	0.2210	0.7200	0.1600	0.2210
	石棉橡胶板 低压6以下	kg	0.3400	0.3400	0.3400	0.3400	0.3400
	氧气	m^3	0.1500	0.1500	0.3600	0.4200	0.1500
	乙炔气	m^3	0.0500	0.0500	0.1200	0.1400	0.0500
	砂轮片 ϕ100	片	0.0660	0.0660	0.0660	0.0660	0.0660

续表

定额编号			YJ17－113	YJ17－114	YJ17－115	YJ17－116	YJ17－117
项目			水轮机式（PFS3）	水轮机式（PF4 PFS4）	水轮机式（PFS10）	电动机式（PF20）	电动机式（BGP200）
计价材料	其他材料费	元	2.7300	3.1000	5.1000	6.7800	3.8300
机械	载重汽车 4t	台班			0.0900	0.1000	
	交流电焊机 21kVA	台班	0.0880	0.0880	0.3380	0.5580	0.0880
未计价材料	平焊法兰 PN1.6 DN100	片	1.0000	1.0000	1.0000	1.0000	1.0000

17.3.2 比例混合器安装

工作内容：开箱检查、整体吊装、找正、找平、安装固定、调试。

定额编号			YJ17-118	YJ17-119	YJ17-120	YJ17-121
项目			压力储罐式泡沫比例混合器安装			
			PHY32/30 型	PHY48/55 型	PHY64/76 型	PHY72/110 型
单位			台	台	台	台
基价（元）			**663.67**	**812.53**	**985.32**	**1249.70**
其中	人工费（元）		444.63	545.57	642.45	771.80
	材料费（元）		159.25	199.71	272.06	365.21
	机械费（元）		59.79	67.25	70.81	112.69
名称		单位	数量			
人工	普通工	工日	3.8663	4.7441	5.5866	6.7113
	建筑技术工	工日	5.7995	7.1162	8.3798	10.0669
计价材料	钢垫板　综合	kg	11.8000	14.1600	20.6400	23.8800
	电焊条　J422　综合	kg	1.1580	1.5540	1.6720	2.3340
	石棉橡胶板　低压 6 以下	kg	0.6920	1.1040	1.1040	1.3240
	氧气	m^3	0.4720	0.6220	0.6820	1.7050
	乙炔气	m^3	0.1570	0.2070	0.2270	0.5680
	枕木	m^3	0.0400	0.0500	0.0700	0.1000
	其他材料费	元	6.6600	8.9300	9.6500	13.3800

续表

定额编号			YJ17－118	YJ17－119	YJ17－120	YJ17－121
项目			压力储罐式泡沫比例混合器安装			
			PHY32/30 型	PHY48/55 型	PHY64/76 型	PHY72/110 型
机械	载重汽车　4t	台班	0.1000	0.1000	0.1000	0.2100
	交流电焊机　21kVA	台班	0.5320	0.6580	0.7180	0.9000
未计价材料	平焊法兰 PN1.6　DN100	片	2.0000	2.0000	2.0000	2.0000

定 额 编 号			YJ17－122	YJ17－123	YJ17－124
项 目			平衡压力式比例混合器安装		
			PHP20 型	PHP40 型	PHP80 型
单 位			台	台	台
基 价（元）			**147.93**	**184.17**	**250.01**
其中	人 工 费（元）		114.56	138.76	187.20
	材 料 费（元）		18.62	29.18	39.47
	机 械 费（元）		14.75	16.23	23.34
名 称		单位	数 量		
人工	普通工	工日	0.9962	1.2066	1.6278
	建筑技术工	工日	1.4943	1.8099	2.4418
计价材料	电焊条 J422 综合	kg	0.4450	0.8840	1.4410
	石棉橡胶板 低压 6 以下	kg	0.7250	1.1500	1.3790
	氧气	m^3	0.3480	0.5510	0.7330
	乙炔气	m^3	0.1160	0.1840	0.2440
	其他材料费	元	6.1000	8.2400	11.3100
机械	交流电焊机 21kVA	台班	0.2490	0.2740	0.3940
未计价材料	平焊法兰 PN1.6 DN100	片	3.0000	3.0000	3.0000

定额编号			YJ17－125	YJ17－126	YJ17－127	YJ17－128
项目			环泵式负压比例混合器安装			管线式负压比例混合器安装
			PH32	PH48	PH64	PHF
单位			台	台	台	台
基价（元）			**88.34**	**96.22**	**127.92**	**30.63**
其中	人工费（元）		59.94	68.59	73.08	23.38
	材料费（元）		17.62	14.83	18.20	7.25
	机械费（元）		10.78	12.80	36.64	
名称		单位	数量			
人工	普通工	工日	0.5212	0.5964	0.6354	0.2033
	建筑技术工	工日	0.7818	0.8946	0.9532	0.3049
计价材料	钢垫板　综合	kg				1.3200
	电焊条　J422　综合	kg	0.2590	0.3160	0.3310	
	石棉橡胶板　低压6以下	kg	0.4420	0.6620	0.8230	
	氧气	m^3	0.1610	0.1790	0.2950	0.0500
	乙炔气	m^3	0.5400	0.0600	0.0980	0.0170
	其他材料费	元	4.8700	5.4000	6.1000	0.0700

续表

定 额 编 号			YJ17－125	YJ17－126	YJ17－127	YJ17－128
项 目			环泵式负压比例混合器安装			管线式负压比例混合器安装
			PH32	PH48	PH64	PHF
机械	交流电焊机 21kVA	台班	0.1820	0.2160	0.2490	
	砂轮切割机 ϕ400	台班			0.2490	
未计价材料	平焊法兰 PN1.6 DN100	片	3.0000	3.0000	3.0000	

17.4 火灾自动报警系统安装

17.4.1 点型探测器安装

工作内容：校线、挂锡、安装底座，探头、编码，清洁。

定额编号			YJ17－129	YJ17－130	YJ17－131	YJ17－132	YJ17－133
项目			多线制感烟器	多线制感温器	多线制红外光束探测器	多线制火焰探测器	多线制可燃气体探测器
单位			只	只	对	只	只
基价（元）			**32.29**	**48.25**	**57.38**	**43.16**	**37.28**
其中	人工费（元）		11.11	11.11	37.16	22.22	11.11
	材料费（元）		21.18	37.14	20.22	20.94	26.17
	机械费（元）						
名称		单位	数量				
人工	普通工	工日	0.0966	0.0966	0.0968	0.1932	0.0966
	建筑技术工	工日	0.1449	0.1449	0.6457	0.2898	0.1449
计价材料	胶合板三层（3mm）	m^2	0.0200	0.0200		0.0200	0.0200
	焊锡	kg	0.0400	0.4000	0.0400	0.0400	0.0400
	焊锡膏	kg	0.0100	0.0100	0.0100	0.0100	0.1000
	木螺丝	kg	3.0000	3.0000	3.0000	3.0000	3.0000
	防火涂料	kg	0.0500	0.0500		0.0500	0.0500
	万能胶	kg	0.0100	0.0100			0.0100

续表

定额编号			YJ17－129	YJ17－130	YJ17－131	YJ17－132	YJ17－133
项目			多线制感烟器	多线制感温器	多线制红外光束探测器	多线制火焰探测器	多线制可燃气体探测器
计价材料	可燃气体（丙烷）	kg					1.0000
	其他材料费	元	0.8700	1.0200	1.0100	0.7400	0.7100
未计价材料	镀锌钢板 2.5以下	kg	0.1963	0.1963	0.3926	0.1963	0.1963
	镀锌钢管 DN20以下	kg			0.1570	0.0315	

定 额 编 号			YJ17－134	YJ17－135	YJ17－136	YJ17－137	YJ17－138
项 目			总线制感烟器	总线制感温器	总线制红外光束探测器	总线制火焰探测器	总线制可燃气体探测器
单 位			只	只	对	只	只
基 价（元）			**31.64**	**31.64**	**95.10**	**42.61**	**36.38**
其中	人 工 费（元）		11.50	11.50	74.96	22.94	11.50
	材 料 费（元）		20.14	20.14	20.14	19.67	24.88
	机 械 费（元）						
名 称		单位	数 量				
人工	普通工	工日	0.0999	0.0999	0.6518	0.1995	0.0999
	建筑技术工	工日	0.1500	0.1500	0.9777	0.2992	0.1500
计价材料	胶合板 三层（3mm）	m^2	0.0200	0.0200			0.0200
	焊锡	kg	0.0200	0.0200	0.0300	0.0200	0.0200
	焊锡膏	kg	0.0100	0.0100	0.0100	0.0100	0.0100
	木螺丝	kg	3.0000	3.0000	3.0000	3.0000	3.0000
	防火涂料	kg	0.0500	0.0500		0.0500	0.0500
	可燃气体（丙烷）	kg					1.0000
	其他材料费	元	0.8200	0.8200	1.3700	0.6300	0.8700
未计价材料	镀锌钢板 0.5 以下	kg				0.0100	
	镀锌钢板 2.5 以下	kg	0.1963	0.1963	0.3926	0.1963	0.1963
	镀锌钢管 DN20 以下	kg			0.1570	0.3140	

17.4.2 线型探测器安装

工作内容：拉锁固定、校线、挂锡。

定额编号			YJ17－139
项目			线型探测器
单位			m
基价（元）			**3.88**
其中	人工费（元）		3.45
	材料费（元）		0.43
	机械费（元）		
名称		单位	数量
人工	普通工	工日	0.0300
	建筑技术工	工日	0.0450
计价材料	尼龙扎带 $L=120$	根	1.8380
	电缆标识牌	个	0.6000
	其他材料费	元	0.0200

17.4.3 模块（接口）安装

工作内容： 安装、固定、校线、挂锡、编码、防潮和防尘处理。

定额编号			YJ17－140	YJ17－141	YJ17－142
项目			控制模块（接口）单输出	控制模块（接口）多输出	报警接口
单位			只	只	只
基价（元）			**41.37**	**56.53**	**38.04**
其中	人工费（元）		34.78	46.27	32.89
	材料费（元）		6.59	10.26	5.15
	机械费（元）				
名称		单位	数量		
人工	普通工	工日	0.3024	0.4023	0.2860
	建筑技术工	工日	0.4536	0.6035	0.4290
计价材料	胶合板　三层（3mm）	m^2	0.0100	0.0100	0.0100
	焊锡	kg	0.0600	0.1200	0.0400
	焊锡膏	kg	0.0200	0.0300	0.0100
	镀锌六角螺栓　M12×40	个	2.0000	2.0000	2.0000
	防火涂料	kg	0.0300	0.0300	0.0300
	汽油	kg	0.0800	0.1500	0.0300
	白布	m^2	0.0500	0.1100	0.0400
	其他材料费	元	0.3500	0.5000	0.3000

17.4.4 报警控制器安装

工作内容：安装、固定、校线、挂锡、编码、防潮和防尘处理、压线、标志、绑扎。

定额编号			YJ17－143	YJ17－144	YJ17－145	YJ17－146
项目			多线制 32 点以下	多线制 64 点以下	总线制 200 点以下	总线制 500 点以下
单位			台	台	台	台
基价（元）			**350.65**	**397.86**	**354.42**	**482.91**
其中	人工费（元）		242.55	268.53	216.71	313.30
	材料费（元）		37.78	49.51	17.36	27.07
	机械费（元）		70.32	79.82	120.35	142.54
名称		单位	数量			
人工	普通工	工日	2.1092	2.3351	1.8845	2.7246
	建筑技术工	工日	3.1637	3.5026	2.8267	4.0864
计价材料	焊锡	kg	0.4000	0.7300	0.2200	0.3800
	焊锡膏	kg	0.1000	0.1900	0.0600	0.1000
	精制六角带帽螺栓 M8×100 以下	套	4.1000	4.1000	4.1000	4.1000
	膨胀螺栓 M8	套	4.0000	4.0000		
	汽油	kg	0.2500	0.4500	0.4500	0.6200
	冲击钻头 $\phi20$	支	0.1300	0.1300		
	白布	m^2	0.4000	0.6600	0.2000	0.3400
	其他材料费	元	9.1600	3.1700	1.2000	1.6700

续表

定　额　编　号			YJ17－143	YJ17－144	YJ17－145	YJ17－146
项　　目			多线制 32 点以下	多线制 64 点以下	总线制 200 点以下	总线制 500 点以下
机械	载重汽车　5t	台班	0.0450	0.0540	0.0900	0.0900
	逆变直流焊机　电流　315A 以内	台班	0.1800	0.1800	0.3600	0.3600
	接地电阻测量仪（线路用）	台班	0.0630	0.0630	0.0630	0.0630
	交流稳压电源 JH1741/05	台班	0.2700	0.5400	1.1250	2.0340
	直流稳压电源 WYK－6005	台班	0.2700	0.5400	1.1250	2.0340

17.4.5 联动控制器安装

工作内容：校线、挂锡、并线、压线、标志、安装、固定、防潮和防尘处理。

定额编号			YJ17-147	YJ17-148	YJ17-149	YJ17-150	YJ17-151
项目			多线制100点以下	多线制100点以上	总线制100点以下	总线制200点以下	总线制500点以下
单位			台	台	台	台	台
基价（元）			**568.65**	**910.43**	**527.79**	**1058.01**	**1113.03**
其中	人工费（元）		395.17	597.49	403.53	609.76	649.51
	材料费（元）		110.00	205.00	11.60	17.39	29.15
	机械费（元）		63.48	107.94	112.66	430.86	434.37
名称		单位	数量				
人工	普通工	工日	3.4363	5.1955	3.5089	5.3022	5.6479
	建筑技术工	工日	5.1544	7.7934	5.2634	7.9534	8.4719
计价材料	焊锡	kg	1.8200	3.6400	0.1200	0.2000	0.3600
	焊锡膏	kg	0.4600	0.9100	0.0300	0.0500	0.0900
	精制六角带帽螺栓 M8×100以下	套	4.1000				
	精制六角带帽螺栓 M10×100以下	套		4.1000			
	膨胀螺栓 M8	套	4.0000		4.1000	4.1000	4.1000
	膨胀螺栓 M10	套		4.0000			
	汽油	kg	1.1300	2.2500	0.2500	0.4500	0.8600
	白布	m^2	1.6400		0.1100	0.1800	0.3300
	其他材料费	元	7.1300	14.6300	0.9700	1.1800	1.6800

续表

定　额　编　号			YJ17－147	YJ17－148	YJ17－149	YJ17－150	YJ17－151
项　　目			多线制100点以下	多线制100点以上	总线制100点以下	总线制200点以下	总线制500点以下
机械	载重汽车　5t	台班	0.0900	0.0900	0.0900	0.0900	0.0900
	逆变直流焊机　电流　315A以内	台班	0.1800	0.1800	0.3600	0.3600	0.3600
	接地电阻测量仪（线路用）	台班		0.0630	0.0630	0.6300	0.6300
	交流稳压电源JH1741/05	台班	0.8100	1.2150	0.8100	1.0980	1.2420
	直流稳压电源WYK－6005	台班	0.8100	1.2150	0.8100	1.0980	1.2420

17.4.6 报警联动一体机安装

工作内容：校线、挂锡、并线、压线、标志、安装、固定、防潮和防尘处理。

定额编号			YJ17－152	YJ17－153
项目			500点以下	1000点以下
单位			台	台
基价（元）			**1049.71**	**1370.07**
其中	人工费（元）		906.55	1186.58
	材料费（元）		19.52	35.02
	机械费（元）		123.64	148.47
名称		单位	数量	
人工	普通工	工日	7.8830	10.3180
	建筑技术工	工日	11.8245	15.4771
计价材料	焊锡	kg	0.2500	0.5000
	焊锡膏	kg	0.0700	0.1300
	精制六角带帽螺栓　M8×100以下	套	4.1000	4.1000
	异型塑料管5	m	0.6300	1.2500
	汽油	kg	0.5200	0.8000
	白布	m^2	0.2300	0.4500
	其他材料费	元	0.8300	1.3200
机械	载重汽车　5t	台班	0.0900	0.0900
	逆变直流焊机　电流　315A以内	台班	0.3600	0.3600
	接地电阻测量仪（线路用）	台班	0.0630	0.0630

续表

定　额　编　号			YJ17－152	YJ17－153
项　　　目			500 点以下	1000 点以下
机械	交流稳压电源 JH1741/05	台班	1.2600	2.2770
	直流稳压电源 WYK－6005	台班	1.2600	2.2770

17.4.7 重复显示器安装

工作内容：校线、挂锡、并线、压线、标志、安装、固定、防潮和防尘处理。

定额编号			YJ17－154	YJ17－155
项目			多线制	总线制
单位			台	台
基价（元）			**337.91**	**387.93**
其中	人工费（元）		235.59	297.22
	材料费（元）		32.00	20.39
	机械费（元）		70.32	70.32
名称		单位	数量	
人工	普通工	工日	2.0486	2.5846
	建筑技术工	工日	3.0730	3.8768
计价材料	焊锡	kg	0.3600	0.0800
	焊锡膏	kg	0.0900	0.0200
	精制六角带帽螺栓　M8×100 以下	套	4.1000	4.1000
	膨胀螺栓 M8	套	4.0000	4.0000
	汽油	kg	0.6200	0.2000
	玻璃胶	kg	0.0930	0.6200
	冲击钻头　ϕ10	支	0.1800	0.1800
	其他材料费	元	3.0500	1.2000
机械	载重汽车　5t	台班	0.0450	0.0450
	逆变直流焊机　电流　315A 以内	台班	0.1800	0.1800

续表

定额编号			YJ17－154	YJ17－155
项目			多线制	总线制
机械	接地电阻测量仪（线路用）	台班	0.0630	0.0630
	交流稳压电源 JH1741/05	台班	0.2700	0.2700
	直流稳压电源 WYK－6005	台班	0.2700	0.2700

17.4.8 报警装置安装

工作内容：校线、挂锡、并线、压线、标志、安装、固定、防潮和防尘处理。

定额编号			YJ17－156	YJ17－157	YJ17－158
项目			按钮	声光报警	警铃
单位			只	只	只
基价（元）			**21.66**	**32.24**	**23.85**
其中	人工费（元）		16.42	23.33	11.42
	材料费（元）		5.24	3.92	9.11
	机械费（元）			4.99	3.32
名称		单位	数量		
人工	普通工	工日	0.1428	0.2028	0.1596
	建筑技术工	工日	0.2142	0.3043	0.1060
计价材料	胶合板　三层（3mm）	m^2	0.0100	0.0100	0.0100
	焊锡	kg	0.0500	0.0200	0.0200
	焊锡膏	kg	0.0200	0.0100	0.0100
	不锈钢螺丝　M5×12	个	3.2000	1.0000	1.2000
	电缆标识牌	个		1.0000	1.0000
	防火涂料	kg	0.0500	0.0300	0.0300
	塑料管接头 DN50	个			2.1000
	冲击钻头　ϕ10	支	0.0600	0.1000	0.0700
	白布带 20×20m	卷	0.0500	0.0200	0.0200
	其他材料费	元	0.6000	0.4600	0.7900
机械	精密声级计	台班		0.0270	0.0180

17.4.9 远程控制器安装

工作内容：校线、挂锡、并线、压线、标志、安装、固定、防潮和防尘处理。

定额编号			YJ17－159	YJ17－160
项目			3路以下	5路以下
单位			台	台
基价（元）			**182.18**	**219.34**
其中	人工费（元）		168.31	201.60
	材料费（元）		13.87	17.74
	机械费（元）			
名称		单位	数量	
人工	普通工	工日	1.4636	1.7530
	建筑技术工	工日	2.1954	2.6295
计价材料	焊锡	kg	0.1300	0.1900
	焊锡膏	kg	0.0400	0.0500
	汽油	kg	0.1800	0.2600
	合金钻头	支	0.1300	0.1300
	冲击钻头 $\phi8$	支	0.1300	0.1300
	白布带 20×20m	卷	0.1200	0.1700
	其他材料费	元	0.7800	0.9300

17.4.10　火灾事故广播安装

工作内容：校线、挂锡、并线、压线、标志、安装、固定、防潮和防尘处理。

定额编号			YJ17－161	YJ17－162	YJ17－163	YJ17－164
项目			125W 功放	250W 功放	录音机	消防广播控制柜
单位			台	台	台	台
基价（元）			**17.15**	**20.20**	**17.87**	**613.94**
其中	人工费（元）		11.50	14.54	12.22	425.74
	材料费（元）		5.65	5.66	5.65	67.85
	机械费（元）					120.35
名称		单位	数量			
人工	普通工	工日	0.0999	0.1264	0.1062	3.7021
	建筑技术工	工日	0.1500	0.1897	0.1594	5.5532
计价材料	平垫铁　综合	kg				2.0000
	焊锡	kg				0.5700
	焊锡膏	kg				0.1430
	精制六角带帽螺栓　M8×100 以下	套				4.1000
	镀锌半圆头螺栓　M6－12×22－80	套	4.1000	4.1000	4.1000	0.2700
	汽油	kg				1.6400
	钢锯条　各种规格	根	0.8100	0.8100	0.8100	
	砂布	张	1.0000	1.0000	1.0000	2.0000
	白布	m^2				0.2700
	棉纱头	kg				1.4000

续表

定额编号			YJ17－161	YJ17－162	YJ17－163	YJ17－164
项目			125W 功放	250W 功放	录音机	消防广播控制柜
计价材料	其他材料费	元	0.1700	0.1700	0.1600	2.9400
机械	载重汽车　5t	台班				0.0900
	逆变直流焊机　电流　315A 以内	台班				0.3600
	接地电阻测量仪（线路用）	台班				0.0630
	交流稳压电源 JH1741/05	台班				1.1250
	直流稳压电源 WYK－6005	台班				1.1250
未计价材料	镀锌扁钢　综合	kg	1.2600	1.4100	1.3200	
	铜芯绝缘导线　截面 $4mm^2$	m				3.0000

定额编号			YJ17－165	YJ17－166	YJ17－167
项目			吸顶式扬声器	壁挂式音箱	广播分配器
单位			只	只	台
基价（元）			**12.14**	**10.68**	**114.81**
其中	人工费（元）		7.63	5.74	88.72
	材料费（元）		1.19	1.62	26.09
	机械费（元）		3.32	3.32	
名称		单位	数量		
人工	普通工	工日	0.0663	0.0500	0.7715
	建筑技术工	工日	0.0996	0.0749	1.1572
计价材料	焊锡	kg	0.0200	0.0200	0.3600
	焊锡膏	kg	0.0100	0.0100	0.0900
	镀锌半圆头螺栓 M6－12×22－80	套			4.1000
	镀锌木螺丝 M4×25	个		2.0000	
	塑料膨胀管 $\phi6$	只		2.0000	
	汽油	kg	0.0200	0.0200	0.2300
	冲击钻头 $\phi8$	支		0.0300	
	钢锯条 各种规格	根			0.8100
	砂布	张			1.0000
	白布	m^2	0.0200	0.0200	0.3300
	其他材料费	元	0.0100	0.0500	1.0200

续表

定　额　编　号			YJ17 - 165	YJ17 - 166	YJ17 - 167
项　　目			吸顶式扬声器	壁挂式音箱	广播分配器
机械	精密声级计	台班	0.0180	0.0180	
未计价材料	镀锌扁钢　综合	kg			1.2200

17.4.11 消防通信、报警备用电源安装

工作内容：校线、挂锡、并线、压线、标志、安装、固定、防潮和防尘处理。

定额编号			YJ17－168	YJ17－169	YJ17－170
项目			电话交换机安装20门	电话交换机安装40门	电话交换机安装60门
单位			台	台	台
基价（元）			**320.18**	**486.95**	**597.03**
其中	人工费（元）		290.37	433.81	520.60
	材料费（元）		29.81	53.14	76.43
	机械费（元）				
名称		单位	数量		
人工	普通工	工日	2.5249	3.7725	4.5270
	建筑技术工	工日	3.7874	5.6582	6.7904
计价材料	焊锡	kg	0.4300	0.8300	1.2300
	焊锡膏	kg	0.1100	0.2100	0.3100
	膨胀螺栓 M10	套	4.0000	4.0000	4.0000
	汽油	kg	0.3200	0.6400	0.9800
	其他材料费	元	3.0600	5.6700	8.0800
未计价材料	角钢 综合	kg	8.1600	8.1600	8.1600
	镀锌扁钢 综合	kg		1.2200	

定额编号			YJ17－171	YJ17－172	YJ17－173
项目			电话通信分机	电话通信插孔	消防报警备用电源
单位			部	个	台
基价（元）			**8.75**	**6.17**	**26.04**
其中	人工费（元）		4.20	2.32	19.13
	材料费（元）		4.55	3.85	6.91
	机械费（元）				
名称		单位	数量		
人工	普通工	工日	0.0366	0.0201	0.1663
	建筑技术工	工日	0.0548	0.0303	0.2495
计价材料	胶合板 三层（3mm）	m^2		0.0100	
	焊锡	kg		0.0200	0.0200
	焊锡膏	kg		0.0100	0.0100
	膨胀螺栓 M10	套			4.1000
	管压铜端子 DT－6	个	2.0000		
	防火涂料	kg		0.0500	
	异型塑料管 5	m		1.7000	
	冲击钻头 ϕ8	支	0.0700	0.0600	
	砂布	张	2.0000		1.0000
	其他材料费	元	0.2500	0.4700	0.3900

续表

定额编号			YJ17－171	YJ17－172	YJ17－173
项目			电话通信分机	电话通信插孔	消防报警备用电源
未计价材料	角钢　综合	kg			0.8100
	镀锌扁钢　综合	kg			0.3100

17.5 消防电线、电缆敷设

17.5.1 钢管敷设

工作内容：测位、划线、锯管、套丝、煨弯、刨沟、配管、接地、刷漆。

定 额 编 号			YJ17－174	YJ17－175	YJ17－176	YJ17－177	YJ17－178	YJ17－179
项 目			钢管					
			DN15	DN20	DN25	DN32	DN40	DN50
单 位			m	m	m	m	m	m
基 价（元）			**2.76**	**3.87**	**4.89**	**5.61**	**8.28**	**9.31**
其中	人 工 费（元）		2.12	2.95	3.57	3.81	6.14	6.52
	材 料 费（元）		0.43	0.71	0.91	1.39	1.50	2.15
	机 械 费（元）		0.21	0.21	0.41	0.41	0.64	0.64
名 称		单位	数 量					
人工	普通工	工日	0.0184	0.0256	0.0311	0.0332	0.0534	0.0567
	建筑技术工	工日	0.0276	0.0385	0.0466	0.0497	0.0800	0.0850
计价材料	电焊条 J422 综合	kg	0.0070	0.0070	0.0090	0.0090	0.0110	0.0110
	镀锌铁丝 8 号	kg	0.0025	0.0070	0.0070	0.0070	0.0070	0.0070
	镀锌管接头 DN15	个	0.1545					
	镀锌管接头 DN20	个		0.1650				
	镀锌管接头 DN25	个			0.1650			
	镀锌管接头 DN32	个				0.1650		

续表

定额编号			YJ17－174	YJ17－175	YJ17－176	YJ17－177	YJ17－178	YJ17－179
项目			钢管					
			DN15	DN20	DN25	DN32	DN40	DN50
计价材料	镀锌管接头 DN40	个					0.1650	
	镀锌管接头 DN50	个						0.1650
	其他材料费	元	0.1700	0.3700	0.5700	0.6800	0.9600	1.0800
机械	电动煨弯机 ϕ500～1800	台班			0.0006	0.0006	0.0013	0.0013
	交流电焊机 21kVA	台班	0.0035	0.0035	0.0047	0.0047	0.0059	0.0059
未计价材料	圆钢 ϕ10 以内	kg	0.0070	0.0070	0.0090	0.0090	0.0280	0.0280
	无缝钢管 10～20 号 综合	kg	1.2799	1.6790				5.0260
	无缝钢管 10～20 号 ϕ28 以下	kg			2.4930			
	无缝钢管 10～20 号 ϕ57 以下	kg				3.2240	3.9550	

17.5.2 电力线缆敷设

工作内容：开箱检查、架线盘、敷设、锯断、排列整理、固定、配合试验、临时封头、挂牌。

定额编号			YJ17－180	YJ17－181	YJ17－182
项目			铜芯导线截面（mm^2 以内）		
			0.3mm^2	0.5mm^2	0.8mm^2
单位			单线 m	单线 m	单线 m
基价（元）			**0.32**	**0.34**	**0.36**
其中	人工费（元）		0.24	0.24	0.25
	材料费（元）		0.08	0.10	0.11
	机械费（元）				
名称		单位	数量		
人工	普通工	工日	0.0020	0.0021	0.0022
	建筑技术工	工日	0.0031	0.0031	0.0032
计价材料	焊锡	kg	0.0008	0.0009	0.0009
	焊锡膏	kg	0.0001	0.0001	0.0001
	汽油	kg	0.0030	0.0040	0.0040
	其他材料费	元	0.0200	0.0300	0.0400
未计价材料	铜芯导线截面 0.3mm^2	m	1.0500		
	铜芯导线截面 0.5mm^2	m		1.0500	
	铜芯导线截面 0.8mm^2	m			1.0500

定额编号			YJ17－183	YJ17－184	YJ17－185	YJ17－186	YJ17－187	YJ17－188
项目			铜芯导线截面（mm^2以内）					
			$1mm^2$	$1.5mm^2$	$2.5mm^2$	$4mm^2$	$6mm^2$	$10mm^2$
单位			单线 m	单线 m	单线 m	单线 m	单线 m	单线 m
基价（元）			**0.39**	**0.39**	**0.40**	**0.46**	**0.50**	**0.61**
其中	人工费（元）		0.26	0.26	0.26	0.28	0.31	0.36
	材料费（元）		0.13	0.13	0.14	0.18	0.19	0.25
	机械费（元）							
名称		单位	数量					
人工	普通工	工日	0.0023	0.0023	0.0023	0.0025	0.0027	0.0031
	建筑技术工	工日	0.0034	0.0034	0.0034	0.0037	0.0040	0.0048
计价材料	焊锡	kg	0.0010	0.0010	0.0011	0.0012	0.0012	0.0013
	焊锡膏	kg	0.0001	0.0001	0.0001	0.0001	0.0001	0.0002
	其他材料费	元	0.0800	0.0900	0.1000	0.1200	0.1400	0.2000
未计价材料	铜芯绝缘导线截面 $1.5mm^2$	m		1.0500				
	铜芯绝缘导线截面 $2.5mm^2$	m			1.0500			
	铜芯绝缘导线截面 $4mm^2$	m				1.0500		
	铜芯绝缘导线截面 $6mm^2$	m					1.0500	
	铜芯绝缘导线截面 $10mm^2$	m						1.0500
	铜芯导线截面 $1mm^2$	m	1.0500					

17.5.3 控制线缆敷设

工作内容：开箱检查、架线盘、敷设、锯断、排列整理、固定、配合试验、临时封头、挂牌。

定额编号			YJ17－189	YJ17－190	YJ17－191	YJ17－192
项目			6芯以下 4mm^2	14芯以下 4mm^2	24芯以下 2.5mm^2	48芯以下 2.5mm^2
单位			m	m	m	m
基价（元）			**2.12**	**2.72**	**2.87**	**5.41**
其中	人工费（元）		1.59	1.77	1.85	3.42
	材料费（元）		0.53	0.88	0.95	1.64
	机械费（元）			0.07	0.07	0.35
名称		单位	数量			
人工	普通工	工日	0.0138	0.0154	0.0161	0.0297
	建筑技术工	工日	0.0208	0.0231	0.0241	0.0446
计价材料	镀锌管卡子 DN20以下	个				0.2340
	镀锌铁丝18~22号	kg	0.0020	0.0030	0.0035	0.0045
	丁基半导体橡胶带0.5×20×5000	卷	0.0001	0.0002	0.0003	0.0005
	汽油	kg	0.0030	0.0070	0.0080	0.0100
	其他材料费	元	0.5000	0.8100	0.8700	1.1800
机械	汽车式起重机 5t	台班		0.0001	0.0001	0.0005
	载重汽车 4t	台班		0.0001	0.0001	0.0005

续表

定额编号			YJ17－189	YJ17－190	YJ17－191	YJ17－192
项目			6芯以下 $4mm^2$	14芯以下 $4mm^2$	24芯以下 $2.5mm^2$	48芯以下 $2.5mm^2$
未计价材料	控制电缆　6芯以下　$4mm^2$	m	1.0500			
	控制电缆　14芯以下　$4mm^2$	m		1.0500		
	控制电缆　24芯以下　$2.5mm^2$	m			1.0500	
	控制电缆　48芯以下　$2.5mm^2$	m				1.0500

17.5.4 通信线缆敷设

工作内容：穿引线、涂滑石粉、穿线、编号、接焊包头。

定额编号			YJ17－193	YJ17－194
项目			电话线	设备线缆
单位			m	m
基价（元）			**3.19**	**2.46**
其中	人工费（元）		3.18	1.77
	材料费（元）		0.01	0.69
	机械费（元）			
名称		单位	数量	
人工	普通工	工日	0.0277	0.0154
	建筑技术工	工日	0.0415	0.0231
计价材料	塑料护口 20	个	0.0404	
	塑料护口 50	个		0.0404
	其他材料费	元	0.0100	0.6900
未计价材料	电话线 BV2×1.0	m	1.0200	
	50 对双绞电缆	m		1.0200

17.5.5 消防线缆桥架、支架制作安装

工作内容：线槽、梯架、托盘、大型支撑架安装、包括膨胀螺栓固定和焊接、接地跨接、补漆。

定额编号			YJ17－195	YJ17－196	YJ17－197	YJ17－198
项目			钢制槽式桥架	玻璃钢槽式桥架	铝合金槽式桥架	支架、吊架、托架
			宽＋高 200mm			
单位			m	m	m	kg
基价（元）			**14.69**	**13.81**	**11.52**	**3.80**
其中	人工费（元）		7.31	7.23	5.08	2.25
	材料费（元）		7.01	6.16	6.39	1.19
	机械费（元）		0.37	0.42	0.05	0.36
名称		单位	数量			
人工	普通工	工日	0.0636	0.0629	0.0442	0.0196
	建筑技术工	工日	0.0954	0.0943	0.0663	0.0293
计价材料	电焊条 J422 综合	kg				0.0070
	铜接线端子 25	个	1.0500	1.0500	1.0500	
	冲击钻头 ϕ10	支				0.0008
	砂轮片 ϕ100	片	0.0010	0.0010	0.0010	0.0002
	砂轮片 ϕ400	片	0.0010	0.0010	0.0010	0.0010
	其他材料费	元	1.4600	0.6100	0.8400	1.1200
机械	载重汽车 8t	台班	0.0009	0.0009		0.0003
	氩弧焊机 电流 500A	台班				0.0014
	砂轮机	台班		0.0009	0.0009	0.0002

续表

定额编号			YJ17－195	YJ17－196	YJ17－197	YJ17－198
项目			钢制槽式桥架	玻璃钢槽式桥架	铝合金槽式桥架	支架、吊架、托架
			宽＋高200mm			
机械	冲击钻	台班				0.0009
未计价材料	镀锌角钢　综合	kg				1.0050
	普通硅酸盐水泥　32.5	t				0.0065
	中砂	m^3				0.0001
	裸铜线25	m	0.2250		0.2250	
	钢制槽式桥架（镀锌）200	m	1.0050			
	玻璃钢槽式桥架200	m		1.0050		
	铝合金槽式桥架200	m			1.0050	

第18章 通风与空调工程

说　明

本章定额适用于站区建筑室内设置的通风空调设备安装、风管与风口等部件的制作安装工程。

1．薄钢板通风管制作与安装

（1）整个通风系统设计采用渐缩管均匀送风者，圆形风管按照平均直径、矩形风管按照平均周长执行相应定额，其人工工日数乘以 2.5 系数。

（2）工程设计风管板材与镀锌薄钢板风管定额中的板材不同时，材料可以换算，其他不变。

（3）风管导流叶片不分单叶片和香蕉形双叶片均执行同一定额。

（4）工程制作空气幕送风管时，按照矩形风管平均周长执行相应风管定额，其人工工日数乘以 3.0 系数，其他不变。

（5）薄钢板通风管道制作与安装定额中，包括弯头、三通、变径管、天圆地方等管件及法兰、加固框和吊托支架的制作工作内容。不包括跨越风管落地支架制作与安装，应执行设备支架相应定额。

（6）工程设计的薄钢板风管板材厚度与定额不同时，材料可以换算，其他不变。

（7）定额中软管接头为帆布材质，工程设计与定额不同时，材料可以换算，其他不变。

（8）柔性软风管定额适用于由金属、涂塑化纤织物、聚酯、聚乙烯、聚氯乙烯薄膜、铝箔等材料制成的软风管安装工程。

2．通风空调设备安装

（1）通风机安装定额子目包括电动机安装工作内容。

（2）设备安装定额中不包括螺栓费用，螺栓按照设备本体自带考虑。

（3）风机盘管的配管执行第 15 章给水与排水工程相应定额。

3．不锈钢板通风管道及部件制作与安装

（1）矩形风管执行本节圆形风管相应定额子目。

（2）定额中风管按照电焊施工考虑，工程使用手工氩弧焊时，其相应定额人工工日数乘以 1.238 系数，材料消耗量乘以 1.163 系数，机械台班用量乘以 1.673 系数。

（3）风管制作安装定额中包括管件制作与安装，不包括风口、法兰、吊托支架制作与安装，应单独执行相应定额。

（4）工程设计的不锈钢板风管板材厚度与定额不同时，材料可以换算，其他不变。

4．玻璃钢通风管道及部件安装

（1）玻璃钢通风管道安装定额中，包括弯头、三通、变径管、天圆地方等管件的安装及法兰、加固框和吊托架的制作安装等工作内容，不包括跨越风管落地支架制作与安装，应执行设备支架相应定额。

（2）定额未考虑预埋铁件的工作内容，工程设计采用膨胀螺栓安装吊托支架时，膨胀螺栓费用可以调整，其他不变。

5．复合型风管制作安装

（1）定额中风管规格直径为内径，周长为内周长。

（2）风管制作安装定额中包括管件、法兰、加固框、吊托支架的制作安装等工作内容。

6．通风与空调系统的防腐、绝热

（1）通风与空调系统的防腐、绝热工程执行第 20 章相应定额子目。

（2）薄钢板风管仅外或内单面刷油漆时，相应定额乘以1.2系数；内外双面刷油漆时，相应定额乘以系数1.1。风道上的法兰、加固框、吊托支架等不单独计算刷油漆费用。

（3）薄钢板部件刷油漆执行金属结构刷油漆定额乘以1.15系数。

（4）不包括在风管工程量内而单独计算的各种支架执行金属结构刷油漆定额。

（5）薄钢板风管、部件及单独计算的支架，其除锈不分锈蚀程度，一律按照其第一遍刷油漆的工程量执行除轻锈相应定额子目。

7. 其他

（1）定额中人工、材料、机械凡未按照制作和安装分别列出的，其制作与安装费的比例可按照表18-1划分。

表18-1　　制作与安装费用比例表

序号	项目	制作占（%）			安装占（%）		
		人工	材料	机械	人工	材料	机械
1	薄钢板通风管道制作安装	60	95	95	40	5	5
2	风帽制作安装	75	80	99	25	20	1
3	空调部件及设备支架制作安装	86	98	95	14	2	5
4	不锈钢板通风管道及部件制作安装	72	95	95	28	5	5
5	复合型风管制作安装	60		99	40	100	1

（2）通风、空调系统调试费按照通风、空调安装工程人工工日数13%计算，其中人工费55%，材料费20%，机械费25%。

工程量计算规则

1．风管制作安装根据设计图示规格按照展开面积（图示周长乘以管道中心线长度）以平方米为单位计算工程量，不扣除检查孔、测定孔、送风口、吸风口等所占面积。主管与支管以中心线交点划分，弯头、三通、变径管、天圆地方等管件计算长度。咬口重叠部分工程量已包括在定额内，不另行增加。

2．风管导流叶片制作安装按照设计图示叶片的面积计算工程量。

3．通风系统设计采用渐缩管均匀送风者，圆形风管按照平均直径、矩形风管按照平均周长以平方米为单位计算工程量。

4．柔性软风管安装按照设计图示中心线长度以米为单位计算工程量。

5．薄钢板风管单面除锈、刷油漆工程量同薄钢板风管制作安装工程量；薄钢板风管双面除锈、刷油漆工程量按照薄钢板风管制作安装工程量乘以 2.0 系数。

6．单独钢支架的除锈、刷油漆工程量同独立钢支架制作安装工程量。

18.1　薄钢板通风管制作与安装

18.1.1　镀锌薄钢板圆形风管厚1.2mm以内咬口式

工作内容：风管制作：放样、下料、卷圆、折方、扎口、咬口、制作直管、管件、法兰、吊托支架，钻孔、铆焊、安装法兰、组对；风管安装：找标高、打支架墙洞、配合预留孔洞、埋设吊托支架，组装、风管就位、找平、找正，制垫、加垫、安装螺栓、紧固。

定额编号			YJ18－1	YJ18－2	YJ18－3
项目			直径200mm以下	直径500mm以下	直径1120mm以下
单位			m^2	m^2	m^2
基价（元）			**69.71**	**45.00**	**34.09**
其中	人工费（元）		60.87	37.50	28.08
	材料费（元）		4.12	4.22	4.46
	机械费（元）		4.72	3.28	1.55
名称		单位	数量		
人工	普通工	工日	0.4557	0.2807	0.2102
	建筑技术工	工日	0.8463	0.5214	0.3904
计价材料	电焊条J422　综合	kg	0.0420	0.0340	0.0150
	橡胶板　3mm以下	kg	0.1400	0.1240	0.0970
	氧气	m^3	0.0280	0.0390	0.0450
	乙炔气	m^3	0.0100	0.0140	0.0160
	其他材料费	元	2.3100	2.4800	3.0200

续表

定　额　编　号			YJ18 －1	YJ18 －2	YJ18 －3
项　　　目			直径 200mm 以下	直径 500mm 以下	直径 1120mm 以下
机械	剪板机　厚度×宽度　6mm×2500mm	台班	0.0040	0.0020	0.0010
	卷板机　板厚×宽度　20mm×1600mm	台班	0.0040	0.0020	0.0010
	咬口机　1.5mm	台班	0.0040	0.0030	0.0010
	法兰卷圆机（L40×4）	台班	0.0500	0.0320	0.0170
	交流电焊机　21kVA	台班	0.0160	0.0130	0.0040
	冲击钻	台班	0.0060	0.0060	0.0040
未计价材料	等边角钢　边长 63 以下	kg	0.0890	3.1600	3.5040
	扁钢　综合	kg	2.0640	0.3560	0.2150
	圆钢　ϕ10 以内	kg	0.2930	0.1900	0.0750
	圆钢　ϕ10 以外	kg			0.1210
	镀锌钢板　0.5 以下	kg	4.4720		
	镀锌钢板　1.0 以下	kg		6.7030	8.9330

18.1.2 镀锌薄钢板矩形风管厚1.2mm以内咬口式

工作内容：风管制作：放样、下料、卷圆、折方、扎口、咬口、制作直管、管件、法兰、吊托支架，钻孔、铆焊、安装法兰、组对；风管安装：找标高、打支架墙洞、配合预留孔洞、埋设吊托支架，组装、风管就位、找平、找正，制垫、加垫、安装螺栓、紧固。

定额编号			YJ18－4	YJ18－5
项目			周长800mm以下	周长2000mm以下
单位			m^2	m^2
基价（元）			**50.36**	**37.03**
其中	人工费（元）		38.04	27.68
	材料费（元）		7.91	6.63
	机械费（元）		4.41	2.72
名称		单位	数量	
人工	普通工	工日	0.2848	0.2072
	建筑技术工	工日	0.5289	0.3849
计价材料	电焊条 J422 综合	kg	0.2240	0.1060
	橡胶板 3mm以下	kg	0.1840	0.1300
	氧气	m^3	0.0500	0.0450
	乙炔气	m^3	0.0180	0.0160
	其他材料费	元	4.3700	4.3400
机械	剪板机 厚度×宽度 6mm×2500mm	台班	0.0040	0.0040
	折方机 板厚×宽度 4mm×2000mm	台班	0.0040	0.0040

续表

定额编号			YJ18－4	YJ18－5
项目			周长800mm以下	周长2000mm以下
机械	咬口机 1.5mm	台班	0.0040	0.0040
	交流电焊机 21kVA	台班	0.0480	0.0220
	冲击钻	台班	0.0060	0.0040
未计价材料	等边角钢 边长63以下	kg	4.0420	3.5660
	扁钢 综合	kg	0.2150	0.1330
	圆钢 ϕ10以内	kg	0.1350	0.1930
	镀锌钢板 0.5以下	kg	4.4720	
	镀锌钢板 1.0以下	kg		6.7030

18.1.3 薄钢板圆形风管厚 2mm 以内焊接式

工作内容： 风管制作：放样、下料、卷圆、折方、扎口、咬口、制作直管、管件、法兰、吊托支架，钻孔、铆焊、安装法兰、组对；风管安装：找标高、打支架墙洞、配合预留孔洞、埋设吊托支架，组装、风管就位、找平、找正，制垫、加垫、安装螺栓、紧固。

定额编号				YJ18－6	YJ18－7	YJ18－8
项目				直径 200mm 以下	直径 500mm 以下	直径 1120mm 以下
单位				m^2	m^2	m^2
基价（元）				**148.47**	**88.10**	**66.65**
其中	人工费（元）			110.59	62.63	46.04
	材料费（元）			10.64	9.10	8.63
	机械费（元）			27.24	16.37	11.98
名称			单位	数量		
人工	普通工		工日	0.8279	0.4689	0.3447
	建筑技术工		工日	1.5376	0.8708	0.6402
计价材料	电焊条 J422 综合		kg	0.6770	0.5200	0.4600
	碳钢气焊丝 综合		kg	0.1000	0.0900	0.0780
	橡胶板 3mm 以下		kg	0.1400	0.1240	0.0970
	氧气		m^3	0.1370	0.1240	0.1050
	乙炔气		m^3	0.0490	0.0440	0.0370
	其他材料费		元	2.9000	2.7000	3.1400

续表

定　额　编　号			YJ18－6	YJ18－7	YJ18－8
项　　目			直径200mm以下	直径500mm以下	直径1120mm以下
机械	剪板机　厚度×宽度　6mm×2500mm	台班	0.0060	0.0040	0.0020
	卷板机　板厚×宽度　20mm×1600mm	台班	0.0060	0.0040	0.0020
	法兰卷圆机（L40×4）	台班	0.0500	0.0320	0.0170
	交流电焊机　21kVA	台班	0.3960	0.2320	0.1780
	冲击钻	台班	0.0060	0.0060	0.0040
未计价材料	等边角钢　边长63以下	kg	0.0890	3.1600	3.5040
	扁钢　综合	kg	2.0640	0.3750	0.2580
	圆钢　φ10以内	kg	0.2930	0.1900	0.0750
	圆钢　φ10以外	kg			0.1210
	薄钢板　2.5以下	kg	16.9560	16.9560	16.9560

18.1.4 薄钢板矩形风管厚2mm以内焊接式

工作内容： 风管制作：放样、下料、卷圆、折方、扎口、咬口、制作直管、管件、法兰、吊托支架，钻孔、铆焊、安装 法兰、组对；风管安装：找标高、打支架墙洞、配合预留孔洞、埋设吊托支架，组装、风管就位、找平、找正，制垫、加垫、安装螺栓、紧固。

定额编号			YJ18-9	YJ18-10
项目			周长800mm以下	周长2000mm以下
单位			m^2	m^2
基价（元）			**108.05**	**69.11**
其中	人工费（元）		69.65	45.80
	材料费（元）		15.47	10.03
	机械费（元）		22.93	13.28
名称		单位	数量	
人工	普通工	工日	0.5214	0.3429
	建筑技术工	工日	0.9684	0.6367
计价材料	电焊条 J422 综合	kg	0.9540	0.6230
	碳钢气焊丝 综合	kg	0.1450	0.0930
	橡胶板 3mm以下	kg	0.1840	0.1300
	氧气	m^3	0.1970	0.1250
	乙炔气	m^3	0.0700	0.0450
	其他材料费	元	4.6100	2.9000

续表

定 额 编 号			YJ18－9	YJ18－10
项 目			周长 800mm 以下	周长 2000mm 以下
机械	剪板机 厚度×宽度 6mm×2500mm	台班	0.0070	0.0060
	交流电焊机 21kVA	台班	0.3660	0.2050
	冲击钻	台班	0.0060	0.0060
未计价材料	等边角钢 边长 63 以下	kg	4.0420	3.5660
	扁钢 综合	kg	0.2150	0.1330
	圆钢 ϕ10 以内	kg	0.1350	0.1930
	薄钢板 2.5 以下	kg	16.9560	16.9560

18.1.5 薄钢板圆形风管厚3mm以内焊接式

工作内容：风管制作：放样、下料、卷圆、折方、扎口、咬口、制作直管、管件、法兰、吊托支架，钻孔、铆旱、安装法兰、组对；风管安装：找标高、打支架墙洞、配合预留孔洞、埋设吊托支架，组装、风管就位、找平、找正，制垫、加垫、安装螺栓、紧固。

定额编号			YJ18－11	YJ18－12	YJ18－13
项目			直径200mm以下	直径500mm以下	直径1120mm以下
单位			m^2	m^2	m^2
基价（元）			**191.28**	**106.01**	**82.12**
其中	人工费（元）		138.67	71.57	53.99
	材料费（元）		23.77	17.89	15.94
	机械费（元）		28.84	16.55	12.19
名称		单位	数量		
人工	普通工	工日	1.0381	0.5358	0.4042
	建筑技术工	工日	1.9280	0.9951	0.7507
计价材料	电焊条 J422 综合	kg	1.5700	1.0410	0.8430
	碳钢气焊丝 综合	kg	0.2200	0.1680	0.1480
	氧气	m^3	0.6950	0.5310	0.4650
	乙炔气	m^3	0.2480	0.1900	0.1660
	其他材料费	元	4.7800	4.3300	4.4800
机械	剪板机 厚度×宽度 6mm×2500mm	台班	0.0100	0.0060	0.0040
	卷板机 板厚×宽度 20mm×1600mm	台班	0.0100	0.0060	0.0040

续表

定额编号			YJ18－11	YJ18－12	YJ18－13
项目			直径200mm以下	直径500mm以下	直径1120mm以下
机械	法兰卷圆机（L40×4）	台班	0.0500	0.0320	0.0180
	交流电焊机 21kVA	台班	0.4070	0.2270	0.1730
	冲击钻	台班	0.0060	0.0060	0.0040
未计价材料	等边角钢 边长63以下	kg	3.2170	3.3880	3.9600
	扁钢 综合	kg	0.4050	0.3560	0.2580
	圆钢 ϕ10以内	kg	0.2930	0.1900	0.0750
	圆钢 ϕ10以外	kg			0.0960
	薄钢板 4以下	kg	25.4340	25.4340	25.4340

18.1.6 薄钢板矩形风管厚3mm以内焊接式

工作内容： 风管制作：放样、下料、卷圆、折方、扎口、咬口、制作直管、管件、法兰、吊托支架，钻孔、铆焊、安装法兰、组对；风管安装：找标高、打支架墙洞、配合预留孔洞、埋设吊托支架，组装、风管就位、找平、找正，制垫、加垫、安装螺栓、紧固。

定额编号			YJ18-14	YJ18-15
项目			周长800mm以下	周长2000mm以下
单位			m^2	m^2
基价（元）			**137.06**	**88.35**
其中	人工费（元）		81.48	53.16
	材料费（元）		32.32	21.86
	机械费（元）		23.26	13.33
	名称	单位	数量	
人工	普通工	工日	0.6100	0.3980
	建筑技术工	工日	1.1329	0.7391
计价材料	电焊条 J422 综合	kg	1.9940	1.2120
	碳钢气焊丝 综合	kg	0.3170	0.3790
	氧气	m^3	0.9750	0.5980
	乙炔气	m^3	0.3480	0.2140
	其他材料费	元	6.8600	4.6300
机械	剪板机 厚度×宽度 6mm×2500mm	台班	0.0100	0.0070
	交流电焊机 21kVA	台班	0.3660	0.2040

续表

定 额 编 号			YJ18 - 14	YJ18 - 15
项 目			周长 800mm 以下	周长 2000mm 以下
机械	冲击钻	台班	0.0060	0.0060
未计价材料	等边角钢 边长 63 以下	kg	4.2860	3.9350
	扁钢 综合	kg	0.2150	0.1330
	圆钢 ϕ10 以内	kg	0.1350	0.1930
	薄钢板 4 以下	kg	25.4340	25.4340

18.1.7 柔性软风管安装

工作内容：组装、风管就位、找平、找正，制垫、加垫、安装、紧固。

定额编号			YJ18-16	YJ18-17	YJ18-18	YJ18-19	YJ18-20	YJ18-21
项目			无保温套管			有保温套管		
			DN150	DN250	DN500	DN150	DN250	DN500
单位			m	m	m	m	m	m
基价（元）			**1.59**	**1.68**	**2.46**	**1.59**	**2.16**	**3.44**
其中	人工费（元）		1.48	1.48	1.96	1.48	1.96	2.94
	材料费（元）		0.11	0.20	0.50	0.11	0.20	0.50
	机械费（元）							
名称		单位	数量					
人工	普通工	工日	0.0111	0.0111	0.0147	0.0111	0.0147	0.0220
	建筑技术工	工日	0.0205	0.0205	0.0273	0.0205	0.0273	0.0409
计价材料	其他材料费	元	0.1100	0.2000	0.5000	0.1100	0.2000	0.5000
未计价材料	柔性软风管 DN150	m	1.0000			1.0000		
	柔性软风管 DN250	m		1.0000			1.0000	
	柔性软风管 DN500	m			1.0000			1.0000

18.1.8 柔性软风管阀门安装

工作内容： 对口、找正、制垫、加垫、安装、紧固、试动。

定额编号			YJ18－22	YJ18－23	YJ18－24
项目			柔性软风管阀门安装		
			DN150	DN250	DN500
单位			个	个	个
基价（元）			**2.82**	**4.65**	**8.82**
其中	人工费（元）		1.48	1.96	3.44
	材料费（元）		1.34	2.69	5.38
	机械费（元）				
名称		单位	数量		
人工	普通工	工日	0.0111	0.0147	0.0258
	建筑技术工	工日	0.0205	0.0273	0.0478
计价材料	其他材料费	元	1.3400	2.6900	5.3800
未计价材料	柔性软风管阀门　DN150	个	1.0000		
	柔性软风管阀门　DN250	个		1.0000	
	柔性软风管阀门　DN500	个			1.0000

18.1.9 通风管道制作安装

工作内容：风管制作：放样、下料、卷圆、折方、扎口、咬口、制作直管、管件、法兰、吊托支架，钻孔、铆焊、安装法兰、组对；风管安装：找标高、打支架墙洞、配合预留孔洞、埋设吊脱支架，组装、风管就位、找平、找正，制垫、加垫、安装螺栓、紧固。

定额编号			YJ18－25	YJ18－26	YJ18－27	YJ18－28
项目			通风管道制作安装			
			弯头导流叶片	软管接口	风管检查孔 T614	温度、风量测定孔 T615
单位			m^2	m^2	kg	个
基价（元）			**67.46**	**118.55**	**17.08**	**34.76**
其中	人工费（元）		65.77	85.90	8.75	25.53
	材料费（元）		1.69	31.47	7.92	8.64
	机械费（元）			1.18	0.41	0.59
名称		单位	数量			
人工	普通工	工日	0.4924	0.6431	0.0655	0.1911
	建筑技术工	工日	0.9145	1.1944	0.1216	0.3549
计价材料	普通拉手	个			1.2000	
	电焊条 J422 综合	kg		0.0600		0.1100
	精制六角螺栓 综合	kg		1.1830		0.0860
	镀锌铁铆钉	kg	0.1500	0.0700	0.0140	
	镀锌管接头 DN50	个				1.0000

续表

定额编号			YJ18－25	YJ18－26	YJ18－27	YJ18－28
项目			通风管道制作安装			
			弯头导流叶片	软管接口	风管检查孔 T614	温度、风量测定孔 T615
计价材料	镀锌管堵 DN50	个				1.0000
	橡胶板 3mm 以下	kg		0.9700		
	闭孔乳胶海绵 δ20	m^2			0.0510	
	帆布	m^2		1.1500		
	其他材料费	元	0.4300	1.5000	0.5300	0.0900
机械	交流电焊机 21kVA	台班		0.0200	0.0070	0.0100
未计价材料	等边角钢 边长 63 以下	kg		18.3300		
	扁钢 综合	kg		8.3200	0.3180	
	圆钢 φ10 以内	kg			0.0140	
	薄钢板 1.5 以下	kg			0.7640	
	薄钢板 2.5 以下	kg				0.1800
	镀锌钢板 1.0 以下	kg	6.7150			

18.2 调节阀制作与安装

18.2.1 调节阀制作

工作内容：放样、下料，制作短管、阀板、法兰、零件，钻孔、铆焊、组合成型。

定额编号			YJ18－29	YJ18－30	YJ18－31
项目			调节阀制作		
			空气加热器上（旁）通阀 T101－1、2	圆形瓣式起动阀 T301－5	
				30kg 以下/个	30kg 以上/个
单位			kg	kg	kg
基价（元）			**4.12**	**15.67**	**9.05**
其中	人工费（元）		3.68	14.33	8.25
	材料费（元）		0.39	0.45	0.33
	机械费（元）		0.05	0.89	0.47
名称		单位	数量		
人工	普通工	工日	0.0276	0.1073	0.0618
	建筑技术工	工日	0.0512	0.1993	0.1146
计价材料	电焊条 J422 综合	kg	0.0090	0.0140	0.0090
	精制六角螺栓 综合	kg	0.0030	0.0290	0.0180
	镀锌铁铆钉	kg	0.0002		
	橡胶	kg	0.0090		
	其他材料费	元	0.2000	0.1400	0.1300

续表

定　额　编　号			YJ18 - 29	YJ18 - 30	YJ18 - 31
项　　目			调节阀制作		
			空气加热器上（旁）通阀 T101 - 1、2	圆形瓣式起动阀 T301 - 5	
				30kg 以下/个	30kg 以上/个
机械	交流电焊机　21kVA	台班	0.0009	0.0150	0.0080
未计价材料	等边角钢　边长 63 以下	kg	0.7410		
	扁钢　综合	kg	0.0090	0.1670	0.1910
	圆钢　ϕ10 以内	kg		0.0280	0.0180
	圆钢　ϕ10 以外	kg	0.0330	0.0790	0.0440
	圆钢　ϕ21 ~ 50	kg		0.0230	0.0710
	薄钢板　1.5 以下	kg	0.2460	0.5480	0.2140
	薄钢板　4 以下	kg	0.0020	0.0840	0.4010
	中厚钢板 6 ~ 12	kg	0.0030	0.0270	0.0230
	无缝钢管　10 ~ 20 号　ϕ89 以下	kg		0.0460	
	无缝钢管　10 ~ 20 号　ϕ108 以下	kg			0.0250
	焊接钢管 DN20 以下	kg		0.0880	0.1110

定额编号			YJ18-32	YJ18-33	YJ18-34	YJ18-35
项目			调节阀制作			
			圆形保温蝶阀 T302-2	圆形保温蝶阀 T302-4、6	方矩形保温蝶阀 T302-4、6	
			10kg 以下/个	10kg 以上/个	10kg 以下/个	10kg 以上/个
单位			kg	kg	kg	kg
基价（元）			**12.97**	**10.82**	**11.43**	**7.21**
其中	人工费（元）		9.13	6.43	7.51	2.65
	材料费（元）		2.25	3.35	2.20	3.61
	机械费（元）		1.59	1.04	1.72	0.95
名称		单位	数量			
人工	普通工	工日	0.0683	0.0481	0.0562	0.0199
	建筑技术工	工日	0.1269	0.0894	0.1044	0.0368
计价材料	电焊条 J422 综合	kg	0.0230	0.0230	0.0350	0.0310
	精制六角螺栓 综合	kg	0.0150	0.0050	0.0140	0.0020
	杂毛毡 25 以下	kg	0.0480	0.0770	0.0450	0.0830
	其他材料费	元	0.0700	0.0800	0.0700	0.0800
机械	法兰卷圆机（L40×4）	台班	0.0060	0.0040		
	交流电焊机 21kVA	台班	0.0230	0.0150	0.0290	0.0160
未计价材料	等边角钢 边长 63 以下	kg	0.3980	0.3850	0.4400	0.5190
	扁钢 综合	kg	0.1000	0.0490	0.0890	0.0230
	圆钢 ϕ21～50	kg	0.0440	0.0370	0.0520	0.0180

续表

定额编号			YJ18－32	YJ18－33	YJ18－34	YJ18－35
项目			调节阀制作			
			圆形保温蝶阀 T302－2	圆形保温蝶阀 T302－4、6	方矩形保温蝶阀 T302－4、6	
			10kg 以下/个	10kg 以上/个	10kg 以下/个	10kg 以上/个
未计价材料	薄钢板 1.0 以下	kg	0.1270	0.1910	0.1090	0.1740
	薄钢板 1.5 以下	kg	0.3410		0.3130	
	薄钢板 2.5 以下	kg		0.3400		0.2400

定额编号			YJ18－36	YJ18－37	YJ18－38	YJ18－39
项目			调节阀制作			
			圆形蝶阀 T302－7		方矩形蝶阀 T302－8、9	
			10kg 以下/个	10kg 以上/个	15kg 以下/个	15kg 以上/个
单位			kg	kg	kg	kg
基价（元）			**15.76**	**6.81**	**8.26**	**4.77**
其中	人工费（元）		12.57	4.76	6.19	3.39
	材料费（元）		0.93	0.44	0.59	0.37
	机械费（元）		2.26	1.61	1.48	1.01
名称		单位	数量			
人工	普通工	工日	0.0941	0.0356	0.0463	0.0254
	建筑技术工	工日	0.1747	0.0662	0.0860	0.0471
计价材料	电焊条 J422 综合	kg	0.0250	0.0200	0.0240	0.0340
	精制六角螺栓 综合	kg	0.0130	0.0110	0.0060	0.0040
	其他材料费	元	0.6700	0.2300	0.4000	0.1300
机械	法兰卷圆机（L40×4）	台班	0.0080	0.0050		
	交流电焊机 21kVA	台班	0.0330	0.0240	0.0250	0.0170

续表

定　额　编　号			YJ18－36	YJ18－37	YJ18－38	YJ18－39
项　　目			调节阀制作			
			圆形蝶阀 T302－7		方矩形蝶阀 T302－8、9	
			10kg 以下/个	10kg 以上/个	15kg 以下/个	15kg 以上/个
未计价材料	等边角钢　边长 63 以下	kg	0.4300	0.3130	0.4680	0.4770
	扁钢　综合	kg	0.0430	0.0740	0.0250	0.0410
	圆钢　ϕ21～50	kg	0.0710	0.0480	0.0400	0.0200
	薄钢板　1.5 以下	kg	0.4490		0.4720	
	薄钢板　2.5 以下	kg		0.6210		0.5040
	薄钢板　4 以下	kg	0.0590	0.0280	0.0310	0.0110

定额编号			YJ18-40	YJ18-41	YJ18-42	YJ18-43	YJ18-44	YJ18-45
项目			调节阀制作					
			圆形风管止回阀 T303-1		方形风管止回阀 T303-2		封闭式斜插板阀 T309	
			20kg 以下/个	20kg 以上/个	20kg 以下/个	20kg 以上/个	10kg 以下/个	10kg 以上/个
单位			kg	kg	kg	kg	kg	kg
基价（元）			**11.61**	**8.96**	**10.04**	**7.52**	**11.95**	**8.01**
其中	人工费（元）		5.60	3.49	4.42	2.94	9.52	4.27
	材料费（元）		4.79	4.59	4.32	3.81	0.86	0.47
	机械费（元）		1.22	0.88	1.30	0.77	1.57	3.27
名称		单位	数量					
人工	普通工	工日	0.0419	0.0261	0.0331	0.0220	0.0713	0.0320
	建筑技术工	工日	0.0778	0.0485	0.0615	0.0409	0.1324	0.0594
计价材料	黄铜棒 φ7~80	kg	0.0450	0.0350	0.0360	0.0260		
	铝板 综合	kg	0.0600	0.0870	0.0560	0.0760		
	电焊条 J422 综合	kg	0.0170	0.0150	0.0330	0.0190	0.0260	0.0180
	精制六角螺栓 综合	kg	0.0050	0.0030	0.0050	0.0020	0.0360	0.0210
	橡胶板 15mm 以下	kg	0.1100	0.0950	0.1130	0.0860		
	其他材料费	元	0.0900	0.0900	0.0800	0.0800	0.4200	0.2000
机械	法兰卷圆机（L40×4）	台班	0.0040	0.0030			0.0040	0.0020
	交流电焊机 21kVA	台班	0.0180	0.0130	0.0220	0.0130	0.0240	0.0540

续表

定 额 编 号			YJ18-40	YJ18-41	YJ18-42	YJ18-43	YJ18-44	YJ18-45
项 目			调节阀制作					
			圆形风管止回阀 T303-1		方形风管止回阀 T303-2		封闭式斜插板阀 T309	
			20kg 以下/个	20kg 以上/个	20kg 以下/个	20kg 以上/个	10kg 以下/个	10kg 以上/个
未计价材料	等边角钢 边长 63 以下	kg	0.2760	0.3630	0.2900	0.4150	0.2570	0.2280
	扁钢 综合	kg	0.0190	0.0090	0.0190	0.0070	0.0040	0.0030
	圆钢 ϕ10 以外	kg	0.0700	0.0730	0.0760	0.0880	0.0040	0.0010
	薄钢板 1.5 以下	kg	0.5120	0.3910	0.4730	0.3650	0.6980	0.7250
	薄钢板 2.5 以下	kg					0.1110	0.1310

定额编号			YJ18－46	YJ18－47	YJ18－48	YJ18－49	YJ18－50
项目			调节阀制作				
			矩形风管三通调节阀 T310－1、2	对开多叶调节阀 T311		风管防火阀	
				30kg 以下/个	30kg 以上/个	圆形	方、矩形
单位			kg	kg	kg	kg	kg
基价（元）			**21.24**	**8.93**	**5.31**	**5.21**	**3.19**
其中	人工费（元）		18.35	6.19	4.07	4.12	2.40
	材料费（元）		2.38	2.57	1.21	0.61	0.58
	机械费（元）		0.51	0.17	0.03	0.48	0.21
名称		单位	数量				
人工	普通工	工日	0.1374	0.0463	0.0305	0.0308	0.0180
	建筑技术工	工日	0.2552	0.0860	0.0566	0.0574	0.0334
计价材料	黄铜棒 $\phi7\sim80$	kg		0.0030	0.0010		
	电焊条 J422 综合	kg		0.0320	0.0270	0.0080	0.0170
	精制六角螺栓 综合	kg	0.0790	0.0970	0.0380		
	风管调节门附件钢珠 $\phi10$	个		9.2290	4.0300		
	水银照明开关	个				0.0120	0.0100
	易熔片	片				0.0120	0.0100
	石棉橡胶板 低压6以下	kg				0.0010	0.0010
	其他材料费	元	1.7500	0.3000	0.1900	0.0600	0.0600
机械	剪板机 厚度×宽度 6mm×2500mm	台班	0.0003	0.0010	0.0003	0.0010	0.0003

续表

定额编号			YJ18－46	YJ18－47	YJ18－48	YJ18－49	YJ18－50
项目			调节阀制作				
			矩形风管三通调节阀 T310－1、2	对开多叶调节阀 T311		风管防火阀	
				30kg 以下/个	30kg 以上/个	圆形	方、矩形
机械	法兰卷圆机（L40×4）	台班				0.0020	
	交流电焊机 21kVA	台班	0.0080	0.0010		0.0050	0.0030
未计价材料	等边角钢 边长 63 以下	kg				0.1890	0.2010
	扁钢 综合	kg	0.5790	0.1140	0.0390	0.0230	0.0370
	圆钢 ϕ10 以外	kg				0.0140	0.0010
	圆钢 ϕ21～50	kg	0.2180	0.0770	0.0340	0.0920	0.0800
	薄钢板 1.0 以下	kg		0.1440	0.4320		
	薄钢板 1.5 以下	kg		0.5690	0.3210		
	薄钢板 2.5 以下	kg	0.0090		0.1870	0.6770	0.6150
	薄钢板 4 以下	kg				0.0640	0.0640
	中厚钢板 12～20	kg				0.0020	0.0020
	焊接钢管 DN20 以下	kg	0.0500				

18.2.2 调节阀安装

工作内容：号孔、钻孔、对口、校正，制垫、加垫、安装螺栓、紧固、试动。

定额编号			YJ18－51	YJ18－52	YJ18－53	YJ18－54
项目			空气加热器上通阀	空气加热器旁通阀	圆形瓣式启动阀	
					DN600	DN800
单位			个	个	个	个
基价（元）			**59.99**	**35.68**	**50.74**	**66.10**
其中	人工费（元）		47.56	31.31	42.56	53.40
	材料费（元）		11.25	4.37	8.18	12.70
	机械费（元）		1.18			
名称		单位	数量			
人工	普通工	工日	0.3561	0.2344	0.3186	0.3998
	建筑技术工	工日	0.6613	0.4354	0.5917	0.7425
计价材料	电焊条 J422 综合	kg	0.2300			
	精制六角螺栓 综合	kg	1.1380	0.5460	0.7730	1.2810
	橡胶板 3mm 以下	kg			0.2200	0.2700
	其他材料费	元	0.8300	0.0400	0.0800	0.1300
机械	交流电焊机 21kVA	台班	0.0200			
未计价材料	扁钢 综合	kg	1.0600			

定　额　编　号			YJ18－55	YJ18－56	YJ18－57	YJ18－58
项　　目			风管蝶阀		圆、方形风管止回阀	
			周长 800mm 以内	周长 1600mm 以内	周长 800mm 以内	周长 1200mm 以内
单　　位			kg	kg	kg	kg
基　　价（元）			**0.12**	**0.17**	**0.13**	**0.16**
其中	人　工　费（元）		0.10	0.13	0.10	0.12
	材　料　费（元）		0.02	0.04	0.03	0.04
	机　械　费（元）					
名　　称		单位	数　　量			
人工	普通工	工日	0.0008	0.0010	0.0008	0.0009
	建筑技术工	工日	0.0013	0.0018	0.0013	0.0017
计价材料	精制六角螺栓　综合	kg	0.0020	0.0030	0.0030	0.0030
	橡胶板　3mm 以下	kg	0.0010	0.0020	0.0010	0.0020

定额编号			YJ18－59	YJ18－60	YJ18－61
项目			密封式斜插板阀		
			DN140	DN280	DN340
单位			kg	kg	kg
基价（元）			**0.11**	**0.12**	**0.15**
其中	人工费（元）		0.10	0.10	0.12
	材料费（元）		0.01	0.02	0.03
	机械费（元）				
名称		单位	数量		
人工	普通工	工日	0.0008	0.0008	0.0009
	建筑技术工	工日	0.0013	0.0013	0.0017
计价材料	精制六角螺栓　综合	kg	0.0010	0.0014	0.0020
	橡胶板　3mm 以下	kg	0.0005	0.0011	0.0020

18.3 风口制作与安装

18.3.1 风口制作

工作内容： 放样、下料、开孔，制作零件、外框、叶片、网框、调节板、拉杆、导风板、弯管、天圆地方、扩散管、法兰，钻孔、铆焊、组合成型。

定额编号			YJ18－62	YJ18－63	YJ18－64	YJ18－65
项目			带调节板活动百叶风口 T202－1		单层百叶风口 T202－2	
			2kg 以下	2kg 以上	2kg 以下	2kg 以上
单位			kg	kg	kg	kg
基价（元）			**37.37**	**28.62**	**27.29**	**15.32**
其中	人工费（元）		30.93	23.67	26.55	14.87
	材料费（元）		4.43	3.35	0.74	0.45
	机械费（元）		2.01	1.60		
名称		单位	数量			
人工	普通工	工日	0.2316	0.2076	0.1988	0.1114
	建筑技术工	工日	0.4300	0.3075	0.3692	0.2067
计价材料	电焊条 J422 综合	kg	0.0080	0.0070		
	碳钢气焊丝 综合	kg			0.0140	0.0070
	精制六角螺栓 综合	kg	0.1530	0.0930		
	铝制蝶形螺母 M12	个	1.1840	0.7210		
	镀锌铁铆钉	kg	0.0790	0.1180	0.0080	0.0040

续表

定额编号			YJ18－62	YJ18－63	YJ18－64	YJ18－65
项目			带调节板活动百叶风口 T202－1		单层百叶风口 T202－2	
			2kg 以下	2kg 以上	2kg 以下	2kg 以上
计价材料	氧气	m^3			0.0260	0.0120
	乙炔气	m^3			0.0090	0.0040
	其他材料费	元	0.3700	0.2800	0.2700	0.2300
机械	交流电焊机　21kVA	台班	0.0340	0.0270		
未计价材料	扁钢　综合	kg	0.0250	0.0220	1.1140	1.1230
	圆钢　ϕ10 以外	kg	0.1340	0.0960		
	薄钢板　1.0 以下	kg	0.5050	0.6260		
	薄钢板　1.5 以下	kg	0.3980	0.3460		
	薄钢板　2.5 以下	kg	0.0440	0.0310		
	焊接钢管 DN20 以下	kg	0.0350	0.0210		

定额编号			YJ18-66	YJ18-67	YJ18-68	YJ18-69
项目			双层百叶风口 T202-2		三层百叶风口 T202-3	
			5kg 以下	5kg 以上	7kg 以下	7kg 以上
单位			kg	kg	kg	kg
基价（元）			**22.34**	**10.82**	**15.20**	**11.69**
其中	人工费（元）		21.60	10.36	14.33	10.94
	材料费（元）		0.74	0.46	0.87	0.75
	机械费（元）					
名称		单位	数量			
人工	普通工	工日	0.1617	0.0775	0.1073	0.0820
	建筑技术工	工日	0.3003	0.1440	0.1993	0.1521
计价材料	碳钢气焊丝　综合	kg	0.0140	0.0060	0.0080	0.0060
	精制六角螺栓　综合	kg			0.0020	0.0040
	平垫圈 2~8	个	7.4390	5.5950	13.8170	11.9600
	镀锌铁铆钉	kg	0.0080	0.0080	0.0150	0.0130
	氧气	m^3	0.0210	0.0080	0.0110	0.0080
	乙炔气	m^3	0.0080	0.0030	0.0040	0.0030
	其他材料费	元	0.0600	0.0600	0.0600	0.0600
未计价材料	圆钢　ϕ10 以内	kg			0.1620	0.2070
	薄钢板　1.5 以下	kg	1.0820	1.0990	0.8990	0.8590
	薄钢板　2.5 以下	kg			0.0110	0.0090

<table>
<tr><td colspan="3">定 额 编 号</td><td>YJ18－70</td><td>YJ18－71</td><td>YJ18－72</td><td>YJ18－73</td><td>YJ18－74</td></tr>
<tr><td colspan="3" rowspan="2">项 目</td><td colspan="2">连动百叶风口 T202－4</td><td colspan="2">矩形送风口 T203</td><td rowspan="2">矩形空气分部器 T206－1</td></tr>
<tr><td>3kg 以下</td><td>3kg 以上</td><td>5kg 以下</td><td>5kg 以上</td></tr>
<tr><td colspan="3">单 位</td><td>kg</td><td>kg</td><td>kg</td><td>kg</td><td>kg</td></tr>
<tr><td colspan="3">基 价（元）</td><td>22.71</td><td>18.31</td><td>12.21</td><td>7.29</td><td>7.75</td></tr>
<tr><td rowspan="3">其中</td><td colspan="2">人 工 费（元）</td><td>21.40</td><td>17.47</td><td>11.83</td><td>7.07</td><td>6.33</td></tr>
<tr><td colspan="2">材 料 费（元）</td><td>1.31</td><td>0.84</td><td>0.20</td><td>0.16</td><td>0.95</td></tr>
<tr><td colspan="2">机 械 费（元）</td><td></td><td></td><td>0.18</td><td>0.06</td><td>0.47</td></tr>
<tr><td colspan="2">名 称</td><td>单位</td><td colspan="5">数 量</td></tr>
<tr><td rowspan="2">人工</td><td>普通工</td><td>工日</td><td>0.1603</td><td>0.1309</td><td>0.0886</td><td>0.0529</td><td>0.0474</td></tr>
<tr><td>建筑技术工</td><td>工日</td><td>0.2975</td><td>0.2429</td><td>0.1645</td><td>0.0983</td><td>0.0880</td></tr>
<tr><td rowspan="8">计价材料</td><td>电焊条 J422 综合</td><td>kg</td><td></td><td></td><td>0.0080</td><td>0.0040</td><td>0.0040</td></tr>
<tr><td>碳钢气焊丝 综合</td><td>kg</td><td>0.0100</td><td>0.0070</td><td></td><td></td><td></td></tr>
<tr><td>精制六角螺栓 综合</td><td>kg</td><td>0.0880</td><td>0.0510</td><td></td><td></td><td>0.0850</td></tr>
<tr><td>镀锌铁铆钉</td><td>kg</td><td>0.0050</td><td>0.0050</td><td>0.0120</td><td>0.0090</td><td>0.0020</td></tr>
<tr><td>弹簧 5 号</td><td>个</td><td>0.4260</td><td>0.2460</td><td></td><td></td><td></td></tr>
<tr><td>氧气</td><td>m^3</td><td>0.0120</td><td>0.0090</td><td></td><td></td><td></td></tr>
<tr><td>乙炔气</td><td>m^3</td><td>0.0040</td><td>0.0030</td><td></td><td></td><td></td></tr>
<tr><td>其他材料费</td><td>元</td><td>0.1200</td><td>0.0900</td><td>0.0500</td><td>0.0600</td><td>0.2300</td></tr>
<tr><td>机械</td><td>交流电焊机 21kVA</td><td>台班</td><td></td><td></td><td>0.0030</td><td>0.0010</td><td>0.0080</td></tr>
</table>

续表

定额编号			YJ18－70	YJ18－71	YJ18－72	YJ18－73	YJ18－74
项目			连动百叶风口 T202－4		矩形送风口 T203		矩形空气分部器 T206－1
			3kg 以下	3kg 以上	5kg 以下	5kg 以上	
未计价材料	等边角钢　边长 63 以下	kg					0.3050
	扁钢　综合	kg	0.1770	0.1380			
	圆钢　ϕ10 以外	kg	0.0090	0.0050			
	圆钢　ϕ21～50	kg	0.0310	0.0180			
	薄钢板　1.0 以下	kg	0.4090				0.3290
	薄钢板　1.5 以下	kg	0.3850	0.8940	1.0240	1.0660	0.4410
	薄钢板　2.5 以下	kg	0.0770	0.0440			
	门窗铰链 75	个					0.0970

定额编号			YJ18－75	YJ18－76	YJ18－77	YJ18－78	YJ18－79
项目			风管插板风口　T208－1、2				旋转吹风口 T209－1
			周长 660mm 以内	周长 840mm 以内	周长 1200mm 以内	周长 1680mm 以内	
单位			个	个	个	个	kg
基价（元）			**8.52**	**9.25**	**10.99**	**11.70**	**7.95**
其中	人工费（元）		7.95	8.35	9.62	9.62	5.50
	材料费（元）		0.57	0.90	1.37	2.08	0.58
	机械费（元）						1.87
名称		单位	数量				
人工	普通工	工日	0.0596	0.0624	0.0721	0.0721	0.0411
	建筑技术工	工日	0.1105	0.1161	0.1337	0.1337	0.0765
计价材料	电焊条　J422　综合	kg					0.0010
	精制六角螺栓　综合	kg					0.0520
	镀锌铁铆钉	kg	0.0100	0.0200	0.0200	0.0200	0.0030
	钢板网　综合	m^2	0.0400	0.0600	0.1000	0.1600	
	其他材料费	元	0.0500	0.0800	0.1100	0.1600	0.1400
机械	法兰卷圆机（L40×4）	台班					0.0010
	交流电焊机　21kVA	台班					0.0310
未计价材料	等边角钢　边长 63 以下	kg					0.2080
	扁钢　综合	kg					0.1420
	圆钢　ϕ21～50	kg					0.0070

续表

定　额　编　号			YJ18－75	YJ18－76	YJ18－77	YJ18－78	YJ18－79
项　　目			风管插板风口　T208－1、2				旋转吹风口 T209－1
			周长 660mm 以内	周长 840mm 以内	周长 1200mm 以内	周长 1680mm 以内	
未计价材料	薄钢板　1.0 以下	kg					0.5180
	薄钢板　1.5 以下	kg	0.7700	1.2900	1.8300	2.6100	0.2120
	薄钢板　2.5 以下	kg					0.0130

定额编号			YJ18－80	YJ18－81	YJ18－82	YJ18－83	YJ18－84
项目			圆形直片散流器 CT211－1		方形直片散流器 CT211－2		流线型散流器 CT211－4
			6kg 以下	6kg 以上	5kg 以下	5kg 以上	
单位			kg	kg	kg	kg	kg
基价（元）			**22.33**	**16.66**	**22.19**	**16.04**	**24.37**
其中	人工费（元）		21.06	15.51	20.76	14.58	23.27
	材料费（元）		0.92	0.80	1.42	1.45	0.75
	机械费（元）		0.35	0.35	0.01	0.01	0.35
名称		单位	数量				
人工	普通工	工日	0.1577	0.1162	0.1555	0.1091	0.1742
	建筑技术工	工日	0.2927	0.2156	0.2886	0.2027	0.3235
计价材料	电焊条 J422 综合	kg	0.0010	0.0010	0.0010	0.0010	0.0010
	碳钢气焊丝 综合	kg	0.0230	0.0190	0.0590	0.0700	0.0180
	木螺丝	kg	0.0350	0.0300	0.0350	0.0350	0.0350
	精制六角螺母 M12～16	个					0.1950
	镀锌铁铆钉	kg	0.0010	0.0020	0.0010	0.0030	
	氧气	m^3	0.0310	0.0280	0.0410	0.0410	0.0250
	乙炔气	m^3	0.0110	0.0100	0.0150	0.0150	0.0090
	其他材料费	元	0.1600	0.1300	0.2200	0.1400	0.0700
机械	法兰卷圆机（L40×4）	台班	0.0090	0.0090			0.0090
	交流电焊机 21kVA	台班	0.0001	0.0001	0.0001	0.0001	0.0001

续表

定额编号			YJ18－80	YJ18－81	YJ18－82	YJ18－83	YJ18－84
项目			圆形直片散流器 CT211－1		方形直片散流器 CT211－2		流线型散流器 CT211－4
			6kg 以下	6kg 以上	5kg 以下	5kg 以上	
未计价材料	等边角钢　边长 63 以下	kg		0.1970		0.2900	0.1530
	扁钢　综合	kg	0.2010	0.0660	0.3280	0.0770	0.0520
	方钢　综合	kg			0.0650	0.0200	
	圆钢　ϕ10 以外	kg	0.0400	0.0170	0.0650	0.0200	
	圆钢　ϕ21～50	kg	0.0280	0.0120	0.0460	0.0140	0.1680
	薄钢板　1.5 以下	kg	1.0270	1.0210	0.7440	0.8600	0.9310

定额编号			YJ18－85	YJ18－86	YJ18－87	YJ18－88
项目			单面送吸风口 T212－1		双面送吸风口 T212－2	
			10kg 以下	10kg 以上	10kg 以下	10kg 以上
单位			kg	kg	kg	kg
基价（元）			**8.16**	**4.00**	**10.84**	**5.58**
其中	人工费（元）		7.66	3.54	10.36	5.16
	材料费（元）		0.42	0.40	0.40	0.38
	机械费（元）		0.08	0.06	0.08	0.04
名称		单位	数量			
人工	普通工	工日	0.0574	0.0264	0.0775	0.0386
	建筑技术工	工日	0.1064	0.0492	0.1440	0.0717
计价材料	电焊条 J422 综合	kg	0.0010	0.0010	0.0010	0.0010
	碳钢气焊丝 综合	kg	0.0040	0.0030	0.0040	0.0030
	镀锌铁铆钉	kg	0.0020	0.0010	0.0040	0.0020
	钢板网 综合	m^2	0.0230	0.0250	0.0190	0.0210
	氧气	m^3	0.0040	0.0030	0.0050	0.0040
	乙炔气	m^3	0.0020	0.0010	0.0020	0.0010
	其他材料费	元	0.0600	0.0600	0.0600	0.0600
机械	法兰卷圆机（L40×4）	台班	0.0020	0.0013	0.0020	0.0010
	交流电焊机 21kVA	台班	0.0001	0.0001	0.0001	0.0001

续表

定额编号			YJ18－85	YJ18－86	YJ18－87	YJ18－88
项目			单面送吸风口 T212－1		双面送吸风口 T212－2	
			10kg 以下	10kg 以上	10kg 以下	10kg 以上
未计价材料	等边角钢　边长 63 以下	kg	0. 1640	0. 0110	0. 1750	0. 1230
	薄钢板　1. 0 以下	kg	0. 8970	0. 8840	0. 6730	0. 7190
	薄钢板　1. 5 以下	kg	0. 0720	0. 1420	0. 2230	0. 2280

定额编号			YJ18－89	YJ18－90	YJ18－91	YJ18－92
项目			活动篦式风口 T261		网式风口 T262	
			3kg 以下	3kg 以上	2kg 以下	2kg 以上
单位			kg	kg	kg	kg
基价（元）			**34.97**	**24.02**	**16.09**	**9.88**
其中	人工费（元）		34.26	23.61	10.55	4.47
	材料费（元）		0.12	0.11	4.36	4.82
	机械费（元）		0.59	0.30	1.18	0.59
名称		单位	数量			
人工	普通工	工日	0.2565	0.1768	0.0790	0.0334
	建筑技术工	工日	0.4764	0.3283	0.1467	0.0621
计价材料	电焊条 J422 综合	kg	0.0080	0.0070	0.0400	0.0160
	精制六角螺栓 综合	kg			0.1440	0.0970
	钢板网 综合	m^2			0.2640	0.3540
	其他材料费	元	0.0700	0.0600	0.0800	0.0800
机械	交流电焊机 21kVA	台班	0.0100	0.0050	0.0200	0.0100
未计价材料	扁钢 综合	kg	0.4220	0.3360	0.8090	0.7280
	圆钢 ϕ21～50	kg	0.0130	0.0060		
	薄钢板 1.5 以下	kg	0.6310	0.7450		

定额编号			YJ18－93	YJ18－94	YJ18－95	YJ18－96	YJ18－97	YJ18－98
项目			135 型单层百叶风口 CT263－1		135 型双层百叶风口 CT263－2		135 型带导流片百叶风口 CT263－3	
			5kg 以下	5kg 以上	10kg 以下	10kg 以上	10kg 以下	10kg 以上
单位			kg	kg	kg	kg	kg	kg
基价（元）			**35.87**	**25.20**	**28.21**	**16.96**	**27.31**	**17.86**
其中	人工费（元）		31.86	17.87	25.91	12.42	24.83	11.89
	材料费（元）		4.01	7.33	2.30	4.54	2.48	5.97
	机械费（元）							
名称		单位	数量					
人工	普通工	工日	0.2385	0.1337	0.1940	0.0930	0.1858	0.0891
	建筑技术工	工日	0.4429	0.2485	0.3603	0.1727	0.3452	0.1653
计价材料	碳钢气焊丝　综合	kg	0.0140	0.0070	0.0140	0.0060	0.0140	0.0056
	精制六角螺栓　综合	kg	0.0400	0.0250	0.0280	0.0170	0.0233	0.0214
	镀锌铁铆钉	kg	0.0030	0.0020	0.0020	0.0020	0.0020	0.0011
	紫铜铆钉 M2.5～6	100 个	0.0940	0.2020	0.0480	0.1230	0.0543	0.1645
	氧气	m^3	0.0260	0.0120	0.0210	0.0080	0.0213	0.0084
	乙炔气	m^3	0.0090	0.0040	0.0080	0.0030	0.0076	0.0030
	其他材料费	元	0.1000	0.1400	0.0900	0.1100	0.0900	0.1300
未计价材料	扁钢　综合	kg			0.0360	0.0310	0.0360	0.0394
	圆钢　ϕ10 以内	kg	0.0050	0.0100	0.0020	0.0060	0.0026	0.0083
	薄钢板　2.5 以下	kg			0.0070	0.0020		

续表

定额编号			YJ18-93	YJ18-94	YJ18-95	YJ18-96	YJ18-97	YJ18-98
项目			135型单层百叶风口 CT263-1		135型双层百叶风口 CT263-2		135型带导流片百叶风口 CT263-3	
			5kg以下	5kg以上	10kg以下	10kg以上	10kg以下	10kg以上
未计价材料	镀锌钢板 1.0以下	kg	0.6060	0.7270	0.4140	0.4740	0.4351	0.4687
	镀锌钢板 1.5以下	kg	0.4240	0.2770	0.6480	0.5770	0.6342	0.5579

定额编号			YJ18－99	YJ18－100	YJ18－101	YJ18－102
项目			钢百叶窗 J718－1			活动金属百叶风口 J718－1
			0.5m^2 以下	2m^2 以下	4m^2 以下	
单位			m^2	m^2	m^2	m^2
基价（元）			**171.62**	**130.89**	**108.22**	**326.47**
其中	人工费（元）		121.44	93.85	75.50	312.48
	材料费（元）		18.19	17.49	17.32	13.99
	机械费（元）		31.99	19.55	15.40	
名称		单位	数量			
人工	普通工	工日	0.9092	0.7026	0.5652	2.3394
	建筑技术工	工日	1.6884	1.3049	1.0497	4.3446
计价材料	电焊条 J422 综合	kg	0.0400	0.0400	0.0300	
	松香焊锡丝	kg				0.2000
	镀锌铁丝 8号	kg				0.6300
	钢板网 综合	m^2	1.4100	1.4100	1.4100	
	焦炭	kg				1.9100
	其他材料费	元	2.5000	1.8000	1.7000	1.5700
机械	交流电焊机 21kVA	台班	0.5400	0.3300	0.2600	

续表

定额编号			YJ18－99	YJ18－100	YJ18－101	YJ18－102
项目			钢百叶窗 J718－1			活动金属百叶风口 J718－1
			0.5m² 以下	2m² 以下	4m² 以下	
未计价材料	等边角钢　边长 63 以下	kg	17.5200	8.1600	6.4400	
	扁钢　综合	kg	4.6600	3.4900	3.4100	
	薄钢板　1.5 以下	kg	25.8600	21.5100	21.0000	
	镀锌钢板　1.0 以下	kg				4.4400
	镀锌钢板　2.5 以下	kg				7.0700

18.3.2 风口安装

工作内容：对口、安装 螺栓、制垫、加垫、找正、找平，固定、试动、调整。

定额编号			YJ18－103	YJ18－104	YJ18－105
项目			百叶风口		
			周长900mm以内	周长1280mm以内	周长1800mm以内
单位			个	个	个
基价（元）			**8.53**	**10.65**	**20.12**
其中	人工费（元）		7.51	9.62	18.75
	材料费（元）		1.02	1.03	1.37
	机械费（元）				
名称		单位	数量		
人工	普通工	工日	0.0562	0.0721	0.1404
	建筑技术工	工日	0.1044	0.1337	0.2607
计价材料	精制六角螺栓 综合	kg	0.1240	0.1240	0.1650
	其他材料费	元	0.0400	0.0500	0.0600
未计价材料	扁钢 综合	kg	0.6100	0.8000	1.1300

定额编号			YJ18－106	YJ18－107	YJ18－108	YJ18－109
项目			矩形送风口			矩形空气分布器
			周长400mm以内	周长600mm以内	周长800mm以内	周长1200mm以内
单位			个	个	个	个
基价（元）			**9.01**	**10.68**	**12.75**	**25.44**
其中	人工费（元）		6.28	7.95	10.01	22.09
	材料费（元）		2.73	2.73	2.74	3.35
	机械费（元）					
名称		单位	数量			
人工	普通工	工日	0.0471	0.0596	0.0749	0.1653
	建筑技术工	工日	0.0873	0.1105	0.1393	0.3072
计价材料	精制六角螺栓　综合	kg	0.1820	0.1820	0.1820	0.2370
	铜制蝶形螺母 M8	个	4.0000	4.0000	4.0000	
	橡胶板　3mm以下	kg				0.1600
	其他材料费	元	0.0300	0.0400	0.0400	0.0300
未计价材料	扁钢　综合	kg	0.1200	0.1800	0.2200	

定额编号			YJ18－110	YJ18－111	YJ18－112	YJ18－113
项目			旋转吹风口		方形散流器	
			DN320	DN450	周长500mm以内	周长1000mm以内
单位			个	个	个	个
基价（元）			**28.36**	**45.03**	**9.56**	**12.52**
其中	人工费（元）		19.64	32.44	8.35	10.31
	材料费（元）		8.72	12.59	1.21	2.21
	机械费（元）					
名称		单位	数量			
人工	普通工	工日	0.1470	0.2437	0.0624	0.0772
	建筑技术工	工日	0.2730	0.4504	0.1161	0.1434
计价材料	精制六角螺栓　综合	kg	0.2730	0.2730	0.0950	0.0950
	石棉橡胶板　低压6以下	kg	0.7600	1.2100		
	橡胶板　3mm以下	kg			0.0500	0.1600
	其他材料费	元	0.0900	0.1200	0.0100	0.0200

定额编号			YJ18－114	YJ18－115	YJ18－116
项目			圆形、流线形散流器		
			DN200	DN360	DN500
单位			个	个	个
基价（元）			**8.39**	**15.45**	**19.93**
其中	人工费（元）		7.37	14.24	18.17
	材料费（元）		1.02	1.21	1.76
	机械费（元）				
名称		单位	数量		
人工	普通工	工日	0.0552	0.1066	0.1360
	建筑技术工	工日	0.1024	0.1980	0.2526
计价材料	精制六角螺栓　综合	kg	0.0710	0.0950	0.0950
	橡胶板　3mm 以下	kg	0.0500	0.0500	0.1100
	其他材料费	元	0.0100	0.0100	0.0200

定额编号			YJ18－117	YJ18－118	YJ18－119	YJ18－120
项目			送吸风口		网式风口	
			周长 1000mm 以内	周长 1600mm 以内	周长 900mm 以内	周长 1500mm 以内
单位			个	个	个	个
基价（元）			**13.37**	**14.89**	**6.39**	**7.86**
其中	人工费（元）		11.78	12.76	5.40	6.87
	材料费（元）		1.59	2.13	0.99	0.99
	机械费（元）					
名称		单位	数量			
人工	普通工	工日	0.0882	0.0955	0.0405	0.0514
	建筑技术工	工日	0.1638	0.1774	0.0751	0.0955
计价材料	精制六角螺栓　综合	kg	0.1420	0.1420	0.1240	0.1240
	橡胶板　3mm 以下	kg	0.0500	0.1100		
	其他材料费	元	0.0200	0.0200	0.0100	0.0100

定　额　编　号			YJ18－121	YJ18－122
项　　目			钢百叶窗	
			框内面积	
			$S=0.5m^2$	$S=1m^2$
单　　位			个	个
基　　价（元）			**17.32**	**24.66**
其中	人　工　费（元）		13.74	20.42
	材　料　费（元）		3.58	4.24
	机　械　费（元）			
名　　称		单位	数　　量	
人工	普通工	工日	0.1029	0.1529
	建筑技术工	工日	0.1911	0.2839
计价材料	精制六角螺栓　综合	kg	0.4460	0.5280
	其他材料费	元	0.0400	0.0600
未计价材料	扁钢　综合	kg	0.2100	0.3100

18.4 风帽制作与安装

工作内容：风帽制作：放样、下料、咬口，制作法兰、零件，钻孔、铆焊、组装；风帽安装：安装、找正、找平，制垫、加垫、安装螺栓、固定。

定额编号			YJ18－123	YJ18－124	YJ18－125	YJ18－126	YJ18－127	YJ18－128
项目			圆伞形风帽 T609			锥形风帽 T610	筒形风帽 T611	
			10kg 以下	50kg 以下	50kg 以上	25kg 以下	50kg 以下	100kg 以下
单位			kg	kg	kg	kg	kg	kg
基价（元）			**7.83**	**3.28**	**1.98**	**6.47**	**4.08**	**1.73**
其中	人工费（元）		7.10	2.89	1.74	4.97	3.57	1.44
	材料费（元）		0.57	0.32	0.19	1.21	0.45	0.27
	机械费（元）		0.16	0.07	0.05	0.29	0.06	0.02
名称		单位	数量					
人工	普通工	工日	0.0532	0.0216	0.0130	0.0373	0.0268	0.0108
	建筑技术工	工日	0.0986	0.0403	0.0242	0.0691	0.0496	0.0201
计价材料	电焊条 J422 综合	kg	0.0160	0.0030	0.0010	0.0140	0.0001	0.0001
	碳钢气焊丝 综合	kg	0.0010	0.0010	0.0010	0.0210	0.0010	0.0010
	精制六角螺栓 综合	kg	0.0370	0.0180	0.0080	0.0250	0.0400	0.0170
	氧气	m^3	0.0010	0.0010	0.0010	0.0300	0.0010	0.0010
	乙炔气	m^3	0.0004	0.0004	0.0004	0.0110	0.0003	0.0035

续表

定额编号			YJ18－123	YJ18－124	YJ18－125	YJ18－126	YJ18－127	YJ18－128
项目			圆伞形风帽 T609			锥形风帽 T610	筒形风帽 T611	
			10kg 以下	50kg 以下	50kg 以上	25kg 以下	50kg 以下	100kg 以下
计价材料	其他材料费	元	0.1600	0.1400	0.1000	0.4100	0.1100	0.0800
机械	法兰卷圆机（L40×4）	台班	0.0013	0.0005	0.0002	0.0013	0.0014	0.0004
	交流电焊机　21kVA	台班	0.0019	0.0009	0.0008	0.0040	0.0001	0.0001
未计价材料	等边角钢　边长 63 以下	kg	0.2110	0.1430	0.1070	0.0640	0.0730	0.1790
	扁钢　综合	kg	0.1390	0.0880	0.0840	0.1480	0.2600	0.0710
	圆钢　ϕ10 以内	kg		0.0200	0.0220			0.0100
	薄钢板　1.5 以下	kg	0.8270	0.9610	1.0150	0.9880	0.7570	0.8470

定额编号			YJ18－129	YJ18－130	YJ18－131	YJ18－132
项目			圆形风帽滴水盘 T611		风帽筝绳	风帽泛水
			15kg 以下	15kg 以上		
单位			kg	kg	kg	m^2
基价（元）			**7.81**	**3.80**	**3.68**	**75.00**
其中	人工费（元）		6.79	3.38	2.09	43.20
	材料费（元）		0.88	0.35	1.53	31.80
	机械费（元）		0.14	0.07	0.06	
名称		单位	数量			
人工	普通工	工日	0.0508	0.0254	0.0157	0.3234
	建筑技术工	工日	0.0944	0.0469	0.0290	0.6006
计价材料	油灰	kg				1.5000
	电焊条 J422 综合	kg	0.0020	0.0020	0.0020	
	碳钢气焊丝 综合	kg	0.0140	0.0030		
	花兰螺栓 M6	个			0.4760	
	氧气	m^3	0.0170	0.0040		
	乙炔气	m^3	0.0060	0.0010		
	其他材料费	元	0.5600	0.2700	0.2400	26.5500
机械	法兰卷圆机（L40×4）	台班	0.0030	0.0011		
	交流电焊机 21kVA	台班	0.0004	0.0004	0.0010	

续表

定额编号			YJ18－129	YJ18－130	YJ18－131	YJ18－132
项目			圆形风帽滴水盘 T611		风帽筝绳	风帽泛水
			15kg 以下	15kg 以上		
未计价材料	等边角钢　边长 63 以下	kg	0.2112	0.1812		
	扁钢　综合	kg	0.1223	0.0713	0.4320	1.7800
	圆钢　ϕ10 以内	kg		0.0600		
	圆钢　ϕ10 以外	kg			0.6080	
	薄钢板　1.5 以下	kg	0.8760	0.9310		
	镀锌钢板　1.0 以下	kg				8.3640
	焊接钢管　DN20 以下	kg	0.0120	0.0030		

18.5 通风空调设备安装

18.5.1 设备支架制作安装

工作内容：制作：放样、下料、调直、钻孔，焊接、成型；安装：测位、安装螺栓、固定、打洞、埋支架。

定额编号			YJ18－133	YJ18－134
项目			设备支架 CG327	
			50kg 以上	50kg 以下
单位			kg	kg
基价（元）			**3.49**	**1.68**
其中	人工费（元）		2.87	1.35
	材料费（元）		0.38	0.19
	机械费（元）		0.24	0.14
名称		单位	数量	
人工	普通工	工日	0.0216	0.0101
	建筑技术工	工日	0.0399	0.0188
计价材料	电焊条 J422 综合	kg	0.0160	0.0060
	精制六角螺栓 综合	kg	0.0130	0.0060
	氧气	m^3	0.0120	0.0050
	乙炔气	m^3	0.0040	0.0020
	其他材料费	元	0.0500	0.0500

续表

定 额 编 号			YJ18－133	YJ18－134
项 目			设备支架 CG327	
			50kg 以上	50kg 以下
机械	交流电焊机 21kVA	台班	0.0040	0.0024
未计价材料	槽钢 16 号以下	kg		0.7910
	等边角钢 边长 63 以下	kg	1.0400	0.2480
	扁钢 综合	kg		0.0012

18.5.2 空气加热器（冷却器）安装

工作内容：开箱检查、底座螺栓，吊装、找平、找正、加垫、灌浆、螺栓固定、装梯子。

定额编号			YJ18－135	YJ18－136	YJ18－137
项目			空气加热器（冷却器）安装		
			100kg 以下	200kg 以下	400kg 以下
单位			台	台	台
基价（元）			**80.73**	**101.52**	**161.26**
其中	人工费（元）		53.01	68.23	107.01
	材料费（元）		17.65	20.85	34.11
	机械费（元）		10.07	12.44	20.14
名称		单位	数量		
人工	普通工	工日	0.3969	0.5108	0.8011
	建筑技术工	工日	0.7371	0.9487	1.4878
计价材料	电焊条　J422　综合	kg	0.1000	0.1000	0.1000
	精制六角螺栓　综合	kg	1.6830	1.9100	2.8200
	石棉橡胶板　低压 6 以下	kg	0.3800	0.5300	1.2100
	其他材料费	元	0.4600	0.5800	0.8500
机械	交流电焊机　21kVA	台班	0.1700	0.2100	0.3400
未计价材料	等边角钢　边长 63 以下	kg	5.2400	6.9500	9.6100
	扁钢　综合	kg	0.8700	0.9600	1.1300
	薄钢板　1.5 以下	kg	0.2700	0.4800	0.6000

18.5.3 离心式通风机安装

工作内容：开箱检查、底座螺栓，吊装、找平、找正、加垫、灌浆、螺栓固定、装梯子。

定额编号			YJ18－138	YJ18－139	YJ18－140	YJ18－141
项目			离心式通风机安装			
			4#	6#	8#	12#
单位			台	台	台	台
基价（元）			**53.11**	**164.64**	**340.32**	**757.96**
其中	人工费（元）		35.44	141.02	310.81	650.48
	材料费（元）		17.67	23.62	29.51	107.48
	机械费（元）					
名称		单位	数量			
人工	普通工	工日	0.2654	1.0558	2.3269	4.8699
	建筑技术工	工日	0.4927	1.9607	4.3214	9.0441
计价材料	铸铁垫板	kg	3.9000	3.9000	5.2000	21.6000
	煤油	kg		0.7500	0.7500	1.5000
	其他材料费	元	0.2000	3.1300	3.1900	4.6600
未计价材料	碎石混凝土 C15～20	m^3	0.0100	0.0300	0.0300	0.0300

18.5.4 轴流式通风机安装

工作内容： 开箱检查、底座螺栓，吊装、找平、找正、加垫、灌浆、螺栓固定、装梯子。

定额编号			YJ18－142	YJ18－143	YJ18－144
项目			轴流式通风机安装		
			5#	7#	10#
单位			台	台	台
基价（元）			**62.60**	**90.53**	**295.46**
其中	人工费（元）		62.58	90.51	295.39
	材料费（元）		0.02	0.02	0.07
	机械费（元）				
名称		单位	数量		
人工	普通工	工日	0.4686	0.6776	2.2115
	建筑技术工	工日	0.8701	1.2585	4.1071
计价材料	其他材料费	元	0.0200	0.0200	0.0700
未计价材料	碎石混凝土 C15～20	m^3	0.0100	0.0100	0.0300

18.5.5 屋顶式通风机安装

工作内容：开箱检查、底座螺栓，吊装、找平、找正、加垫、灌浆、螺栓固定、装梯子。

定额编号			YJ18－145	YJ18－146	YJ18－147
项目			屋顶式通风机安装		
			3.6#	4.5#	6.3#
单位			台	台	台
基价（元）			**60.23**	**69.43**	**82.81**
其中	人工费（元）		42.56	51.73	65.09
	材料费（元）		17.67	17.70	17.72
	机械费（元）				
名称		单位	数量		
人工	普通工	工日	0.3186	0.3873	0.4873
	建筑技术工	工日	0.5917	0.7193	0.9050
计价材料	铸铁垫板	kg	3.9000	3.9000	3.9000
	其他材料费	元	0.2000	0.2200	0.2500
未计价材料	碎石混凝土 C15～20	m^3	0.0100	0.0200	0.0300

18.5.6 空调器安装

工作内容：开箱检查、底座螺栓，吊装、找平、找正、加垫、灌浆、螺栓固定、装梯子。

定额编号			YJ18－148	YJ18－149	YJ18－150
项目			空调器安装　吊顶式		
			重量0.15t以内	重量0.2t以内	重量0.4t以内
单位			台	台	台
基价（元）			**78.78**	**91.29**	**99.64**
其中	人工费（元）		75.10	87.61	95.96
	材料费（元）		3.68	3.68	3.68
	机械费（元）				
名称		单位	数量		
人工	普通工	工日	0.5623	0.6559	0.7185
	建筑技术工	工日	1.0442	1.2182	1.3342
计价材料	棉纱头	kg	0.5000	0.5000	0.5000
	其他材料费	元	0.0400	0.0400	0.0400

定额编号			YJ18－151	YJ18－152	YJ18－153
项目			空调器安装 落地式		
			重量1.0t以内	重量1.5t以内	重量2.0t以内
单位			台	台	台
基价(元)			**571.10**	**748.40**	**971.64**
其中	人工费(元)		567.42	744.72	967.96
	材料费(元)		3.68	3.68	3.68
	机械费(元)				
名称		单位	数量		
人工	普通工	工日	4.2481	5.5754	7.2468
	建筑技术工	工日	7.8893	10.3544	13.4583
计价材料	棉纱头	kg	0.5000	0.5000	0.5000
	其他材料费	元	0.0400	0.0400	0.0400

定额编号			YJ18－154	YJ18－155	YJ18－156
项目			空调器安装　墙上式　重量0.1t以内		
			重量0.1t以内	重量0.15t以内	重量0.2t以内
单位			台	台	台
基价（元）			**66.26**	**78.78**	**87.12**
其中	人工费（元）		62.58	75.10	83.44
	材料费（元）		3.68	3.68	3.68
	机械费（元）				
名称		单位	数量		
人工	普通工	工日	0.4686	0.5623	0.6247
	建筑技术工	工日	0.8701	1.0442	1.1602
计价材料	棉纱头	kg	0.5000	0.5000	0.5000
	其他材料费	元	0.0400	0.0400	0.0400

定额编号			YJ18－157	YJ18－158	YJ18－159
项目			空调器安装　窗式	整体式空调机（冷风机）	
				冷量≤3 万　Cal	冷量≤5 万　Cal
单位			台	台	台
基价（元）			**49.70**	**705.45**	**814.37**
其中	人工费（元）		45.06	701.77	810.69
	材料费（元）		4.64	3.68	3.68
	机械费（元）				
名称		单位	数量		
人工	普通工	工日	0.3373	5.2539	6.0694
	建筑技术工	工日	0.6265	9.7573	11.2716
计价材料	精制蝶形六角螺栓	kg	0.5400		
	棉纱头	kg		0.5000	0.5000
	其他材料费	元	0.0500	0.0400	0.0400

18.5.7 风机盘管、分段组装式空调器安装

工作内容：开箱检查、底座螺栓，吊装、找平、找正、加垫、灌浆、螺栓固定、装梯子。

定额编号			YJ18－160	YJ18－161	YJ18－162
项目			风机盘管安装		分段组装式空调器安装
			吊顶式	落地式	
单位			台	台	kg
基价（元）			**52.36**	**53.09**	**0.83**
其中	人工费（元）		42.12	51.73	0.83
	材料费（元）		4.32	1.36	
	机械费（元）		5.92		
名称		单位	数量		
人工	普通工	工日	0.3153	0.3873	0.0062
	建筑技术工	工日	0.5856	0.7193	0.0116
计价材料	电焊条 J422 综合	kg	0.2500		
	精制六角螺母 M6～10	个	4.0000		
	泡沫塑料聚脂乙烯	kg	0.1000	0.1000	
	其他材料费	元	0.9300	0.0100	
机械	交流电焊机 21kVA	台班	0.1000		
未计价材料	等边角钢 边长 63 以下	kg	17.7200		
	圆钢 ϕ10 以外	kg	1.2400		
	薄钢板 1.5 以下	kg	0.7900		

18.6　不锈钢板通风管道及部件制作与安装

18.6.1　不锈钢板圆形风管

工作内容：风管制作：放样、下料、卷圆、折方，制作管件、组对焊接、试漏、清洗焊口。

风管安装：找标高、清理墙洞、风管就位、组对焊接、试漏、清洗焊口、固定。

定额编号			YJ18－163	YJ18－164	YJ18－165	YJ18－166
项目			焊接不锈钢圆形风管			
			直径×壁厚（mm）			
			200以下×2	400以下×2	560以下×2	700以下×3
单位			m^2	m^2	m^2	m^2
基价（元）			**462.73**	**354.80**	**276.33**	**281.66**
其中	人工费（元）		263.49	194.92	140.33	120.31
	材料费（元）		52.83	45.70	41.14	66.32
	机械费（元）		146.41	114.18	94.86	95.03
名称		单位	数量			
人工	普通工	工日	1.9727	1.4592	1.0506	0.9007
	建筑技术工	工日	3.6635	2.7101	1.9512	1.6728
计价材料	沥青油毡　350g	m^2	0.1010	0.1010	0.1110	0.1210
	不锈钢电焊条　综合	kg	0.8230	0.6730	0.6120	1.1020
	煤油	kg	0.1950	0.1950	0.1950	0.1950
	硝酸	kg	0.5530	0.5530	0.4000	0.4000

续表

定额编号			YJ18－163	YJ18－164	YJ18－165	YJ18－166
项目			焊接不锈钢圆形风管			
			直径×壁厚（mm）			
			200以下×2	400以下×2	560以下×2	700以下×3
计价材料	钢锯条　各种规格	根	2.6000	2.6000	2.1000	2.1000
	其他材料费	元	7.5100	7.4300	6.8600	8.9500
机械	剪板机　厚度×宽度　6mm×2500mm	台班	0.1490	0.0960	0.0680	0.0550
	卷板机　板厚×宽度　20mm×1600mm	台班	0.1490	0.0960	0.0680	0.0550
	逆变多功能焊机（D7－500）	台班	0.6830	0.5620	0.4840	0.5040
未计价材料	薄钢板　1.0以下	kg	0.0390	0.0390	0.0390	0.0590
	不锈钢板　8以下	kg	16.9560	16.9560	16.9560	25.4340

18.6.2 其他部件制作安装

工作内容：部件制作：下料、平料、开孔、钻孔，组对、铆焊、攻丝、清洗焊口、组装固定，试动、短管、零件、试漏；部件安装：制垫、加垫、找平、找正、组对、固定、试动。

定额编号			YJ18－167	YJ18－168	YJ18－169	YJ18－170
项目			风口	焊接圆形法兰		吊托支架
				5kg 以下	5kg 以上	
单位			kg	kg	kg	kg
基价（元）			**69.92**	**28.30**	**14.21**	**4.77**
其中	人工费（元）		50.80	11.39	4.17	3.29
	材料费（元）		15.29	7.06	4.13	0.99
	机械费（元）		3.83	9.85	5.91	0.49
名称		单位	数量			
人工	普通工	工日	0.3804	0.0852	0.0312	0.0246
	建筑技术工	工日	0.7063	0.1584	0.0580	0.0457
计价材料	不锈钢电焊条　综合	kg	0.0140	0.0630	0.0310	0.0040
	不锈钢氩弧焊丝　综合	kg		0.0270	0.0180	
	不锈钢丝网　$\phi1\times10\times10$	m^2	0.2220			
	氧气	m^3				0.0600
	乙炔气	m^3				0.0210
	氩气	m^3		0.0630	0.0330	
	其他材料费	元	0.3300	1.7000	1.2300	0.1600

续表

定额编号			YJ18－167	YJ18－168	YJ18－169	YJ18－170
项目			风口	焊接圆形法兰		吊托支架
				5kg 以下	5kg 以上	
机械	剪板机　厚度×宽度　6mm×2500mm	台班	0.0140			
	氩弧焊机　电流　500A	台班		0.0410	0.0160	
	等离子切割机　电流　400A	台班			0.0100	
	逆变多功能焊机（D7－500）	台班	0.0140	0.0320	0.0120	0.0030
未计价材料	等边角钢　边长 63 以下	kg				0.6300
	扁钢　综合	kg				0.2050
	不锈钢扁钢　60 以下	kg				0.2050
	不锈钢板　8 以下	kg	0.8210	2.3500	2.4380	

18.7 玻璃钢通风管道及部件安装

18.7.1 玻璃钢风管安装

工作内容： 找标高、打支架墙洞、配合预留孔洞、吊托支架制作及埋设、风管配合补修、粘接、组装就位、找平、找正、制垫、加垫、安装螺栓、紧固。

定额编号			YJ18－171	YJ18－172	YJ18－173	YJ18－174	YJ18－175
项目			玻璃钢圆形风管安装				玻璃钢矩形风管安装
			厚4mm以内				
			直径≤200mm	直径≤500mm	直径≤1120mm	直径＞1120mm	周长≤800mm
单位			m^2	m^2	m^2	m^2	m^2
基价（元）			**47.54**	**26.56**	**21.21**	**24.44**	**36.81**
其中	人工费（元）		39.56	20.65	15.44	19.57	25.53
	材料费（元）		5.70	5.11	5.39	4.73	10.10
	机械费（元）		2.28	0.80	0.38	0.14	1.18
名称		单位	数量				
人工	普通工	工日	0.2961	0.1546	0.1156	0.1466	0.1912
	建筑技术工	工日	0.5500	0.2872	0.2146	0.2721	0.3550
计价材料	电焊条 J422 综合	kg	0.0170	0.0140	0.0060	0.0040	0.0900
	精制六角螺栓 综合	kg	0.4252	0.3588	0.4271	0.3232	0.8455
	氧气	m^3	0.0290	0.0390	0.0410	0.0590	0.0460

续表

定 额 编 号			YJ18－171	YJ18－172	YJ18－173	YJ18－174	YJ18－175
项 目			玻璃钢圆形风管安装				玻璃钢矩形风管安装
			厚4mm以内				
			直径≤200mm	直径≤500mm	直径≤1120mm	直径＞1120mm	周长≤800mm
计价材料	乙炔气	m^3	0.0104	0.0139	0.0148	0.0209	0.0165
	其他材料费	元	1.9100	1.7600	1.5200	1.5000	2.3600
机械	法兰卷圆机（L40×4）	台班	0.0500	0.0130	0.0070	0.0020	
	交流电焊机 21kVA	台班	0.0064	0.0052	0.0020	0.0010	0.0200
未计价材料	等边角钢 边长63以下	kg	0.8620	1.2640	1.4020	1.4850	1.6170
	扁钢 综合	kg	0.4130	0.1420	0.0860	0.3710	0.0860
	圆钢 ϕ10以内	kg	0.2930	0.1900	0.0750	0.0120	0.1350
	圆钢 ϕ10以外	kg			0.1210	0.4900	
	玻璃钢风管 1.5～4	m^2	1.0320	1.0320	1.0320	1.0320	1.0320

定额编号			YJ18－176	YJ18－177	YJ18－178	YJ18－179	YJ18－180
项目			玻璃钢圆形风管安装				玻璃钢矩形风管安装
			厚4mm以外				
			直径≤200mm	直径≤500mm	直径≤1120mm	直径＞1120mm	周长≤800mm
单位			m^2	m^2	m^2	m^2	m^2
基价（元）			**60.01**	**33.36**	**26.48**	**30.88**	**36.15**
其中	人工费（元）		51.41	26.87	20.07	25.45	24.01
	材料费（元）		6.32	5.69	6.03	5.29	10.96
	机械费（元）		2.28	0.80	0.38	0.14	1.18
名称		单位	数量				
人工	普通工	工日	0.3849	0.2012	0.1502	0.1906	
	建筑技术工	工日	0.7147	0.3736	0.2791	0.3538	0.4618
计价材料	电焊条 J422 综合	kg	0.0170	0.0140	0.0060	0.0040	0.0900
	精制六角螺栓 综合	kg	0.4639	0.3911	0.4655	0.3525	0.9132
	氧气	m^3	0.0290	0.0390	0.0410	0.0590	0.0460
	乙炔气	m^3	0.0104	0.0139	0.0148	0.0209	0.0165
	其他材料费	元	2.2300	2.0800	1.8600	1.8400	2.6800
机械	法兰卷圆机（L40×4）	台班	0.0500	0.0130	0.0070	0.0020	
	交流电焊机 21kVA	台班	0.0064	0.0052	0.0020	0.0010	0.0200

续表

定额编号			YJ18－176	YJ18－177	YJ18－178	YJ18－179	YJ18－180
项目			玻璃钢圆形风管安装				玻璃钢矩形风管安装
			厚4mm以外				
			直径≤200mm	直径≤500mm	直径≤1120mm	直径＞1120mm	周长≤800mm
未计价材料	等边角钢　边长63以下	kg	0.8620	1.2640	1.6350	1.8040	1.6170
	扁钢　综合	kg	0.4130	0.1420	0.0860	0.3710	0.0860
	圆钢　ϕ10以内	kg	0.2930	0.1900	0.0750	0.0120	0.1350
	圆钢　ϕ10以外	kg			0.1210	0.4900	
	玻璃钢风管　4以上	m^2	1.0320	1.0320	1.0320	1.0320	1.0320

18.7.2 玻璃钢风帽安装

工作内容：组对、组装、就位、找正、制垫、加垫、安装螺栓、紧固。

定额编号			YJ18－181	YJ18－182	YJ18－183	YJ18－184
项目			圆伞形风帽		锥形风帽	
			10kg 以下	10kg 以上	25kg 以下	25kg 以上
单位			kg	kg	kg	kg
基价（元）			**7.80**	**6.31**	**6.95**	**6.29**
其中	人工费（元）		2.09	0.84	1.45	0.91
	材料费（元）		5.71	5.47	5.50	5.38
	机械费（元）					
名称		单位	数量			
人工	普通工	工日	0.0156	0.0063	0.0109	0.0069
	建筑技术工	工日	0.0290	0.0117	0.0202	0.0126
计价材料	精制六角螺栓　综合	kg	0.0481	0.0230	0.0323	0.0181
	橡胶板　3mm 以下	kg	0.0130	0.0092	0.0043	0.0032
	玻璃钢管道部件	个	1.0000	1.0000	1.0000	1.0000
	其他材料费	元	0.0600	0.0500	0.0500	0.0500

18.8 复合型风管制作与安装

18.8.1 复合型矩形风管制作安装

工作内容：风管制作：放样、切割、开槽、成型、粘合、制作管件、钻孔、组合；风管安装：就位、制垫、加垫、连接、找正、找平、固定。

定额编号			YJ18－185	YJ18－186
项目			周长≤1300mm	周长≤2000mm
单位			m^2	m^2
基价（元）			**32.66**	**31.62**
其中	人工费（元）		4.57	4.32
	材料费（元）		23.03	22.04
	机械费（元）		5.06	5.26
名称		单位	数量	
人工	普通工	工日	0.0342	0.0324
	建筑技术工	工日	0.0635	0.0600
计价材料	膨胀螺栓 M12	套	0.2000	0.1500
	自攻螺丝	kg		0.0120
	热敏铝箔胶带 64mm	m	2.2290	2.1230
	其他材料费	元	1.7700	1.7800
机械	开槽机	台班	0.0130	0.0160
	封口机	台班	0.0150	0.0130

续表

定额编号			YJ18－185	YJ18－186
项目			周长≤1300mm	周长≤2000mm
机械	冲击钻	台班	0.0060	0.0040
未计价材料	等边角钢　边长63以下	kg	0.8390	1.1870
	圆钢　ϕ10以内	kg	0.5420	0.6120
	镀锌钢板　1.5以下	kg	0.0710	0.0710
	复合型板材	m^2	1.1600	1.1600

18.8.2 复合型圆形风管制作安装

工作内容： 风管制作：放样、切割、开槽、成型、粘合、制作管件、钻孔、组合。风管安装：就位、制垫、加垫、连接、找正、找平、固定。

定额编号			YJ18-187	YJ18-188	YJ18-189
项目			直径≤300mm	直径≤630mm	直径≤1000mm
单位			m^2	m^2	m^2
基价（元）			**49.05**	**30.44**	**23.48**
其中	人工费（元）		6.09	3.78	3.63
	材料费（元）		35.21	21.16	15.21
	机械费（元）		7.75	5.50	4.64
名称		单位	数量		
人工	普通工	工日	0.0455	0.0283	0.0272
	建筑技术工	工日	0.0847	0.0526	0.0505
计价材料	膨胀螺栓 M12	套	0.2000	0.2000	0.1500
	热敏铝箔胶带 64mm	m	3.5120	2.0360	1.3530
	其他材料费	元	1.8800	1.7200	2.2700
机械	开槽机	台班	0.0180	0.0120	0.0130
	封口机	台班	0.0280	0.0200	0.0130
	冲击钻	台班	0.0060	0.0060	0.0040

续表

定额编号			YJ18－187	YJ18－188	YJ18－189
项目			直径≤300mm	直径≤630mm	直径≤1000mm
未计价材料	扁钢　综合	kg	0.6640	0.4770	0.3780
	圆钢　ϕ10 以内	kg	0.4880	0.2750	0.5380
	复合型板材	m^2	1.1600	1.1600	1.1600

第19章　采暖工程

说　　明

本章定额适用于低压器具安装、供暖器具安装、小型容器制作与安装工程。

1．减压器、疏水器组成与安装是按照 N1、BN15-66、N108《采暖通风国家标准图集》编制。工程设计组成与定额不同时，根据阀门和压力表数量调整定额费用。

2．供暖器具安装

（1）柱型铸铁散热器安装采用圆钢螺杆时，圆钢螺杆费用另行计算。

（2）定额中接口密封材料为橡胶石棉板，工程采用其他材料时，不做调整。

（3）光排管散热器制作安装定额包括光排管、连管制作与安装工作内容。

（4）板式散热器安装定额包括托钩的安装内容。

3．小型容器制作与安装

（1）本部分定额适用于排水、采暖系统中一般低压碳钢容器的制作与安装工程。

（2）水箱制作与安装定额中，不包括连接管道安装，连接管道安装应执行室内管道安装相应定额。

（3）水箱制作与安装定额中，不包括支架制作与安装，钢结构支架执行一般管道支架定额，混凝土或砖结构支座执行上册相应定额。

4．采暖系统调试费按照采暖安装工程人工工日数 15%计算，其中人工费 50%，材料费 30%，机械费 20%。

工程量计算规则

1．减压器、疏水器组成安装以组为单位计算工程量。如设计组成与定额不同时，阀门和压力表数量可按照设计用量进行调整。

2．减压器安装根据高压侧的直径计算工程量。

3．热空气幕安装以台为单位计算工程量，其支架制作与安装按照相应定额另行计算。

4．钢板水箱制作按照设计图示尺寸以公斤为单位计算工程量，不扣除人孔、手孔所占重量，法兰和短管水位计按照相应定额另行计算。

5．散热器安装工程量计算

（1）铸铁散热器安装分散热器型号按照个数以片为单位计算工程量。

（2）光排管散热器安装分排管直径按照单根管道长度以米为单位计算工程量。

（3）钢制闭式散热器安装分规格按照个数以片为单位计算工程量。

（4）钢柱式散热器安装按照个数以组为单位计算工程量，每 10 片为一组。一组片数大于或小于 10 片时，按照每增减 1 片定额执行。

（5）板式散热器安装分散热器型号按照个数以组为单位计算工程量。

（6）装饰散热器安装按照个数以组为单位计算工程量。

（7）金属复合散热器安装分半周长按照个数以组为单位计算工程量。

19.1 低压器具安装

19.1.1 减压器组合安装——螺纹连接

工作内容：切管、套丝、安装零件、制垫、加垫、找平、找正、组合、安装，水压试验。

定额编号			YJ19－1	YJ19－2	YJ19－3	YJ19－4	YJ19－5
项目			减压器组合安装（螺纹连接）				
			公称直径				
			DN20	DN25	DN32	DN40	DN50
单位			组	组	组	组	组
基价（元）			**189.35**	**242.53**	**290.05**	**349.49**	**468.49**
其中	人工费（元）		91.96	117.41	162.57	183.92	229.90
	材料费（元）		97.39	125.12	127.48	165.57	238.59
	机械费（元）						
名称		单位	数量				
人工	普通工	工日	0.7997	1.0209	1.4136	1.5993	1.9991
	建筑技术工	工日	1.1994	1.5315	2.1205	2.3989	2.9987
计价材料	仪表加工件	套	2.0000	2.0000	2.0000	2.0000	2.0000
	镀锌弯头 DN20 以下	个	4.0400	2.0200	2.0200	2.0200	2.0200
	镀锌弯头 DN25	个		2.0200	2.0200		
	镀锌弯头 DN40	个					2.0200
	镀锌弯头 DN50	个				2.0200	2.0200

续表

定额编号			YJ19－1	YJ19－2	YJ19－3	YJ19－4	YJ19－5
项目			减压器组合安装（螺纹连接）				
			公称直径				
			DN20	DN25	DN32	DN40	DN50
计价材料	镀锌三通 DN20 以下	个	4.0400	1.0100	1.0100	1.0100	1.0100
	镀锌三通 DN32	个	3.0300	3.0300	3.0300	3.0300	
	镀锌三通 DN50	个		3.0300	3.0300	3.0300	3.0300
	镀锌三通 DN80	个					3.0300
	镀锌管接头 DN25	个	2.0200	2.0200			
	镀锌管接头 DN50	个			2.0200	2.0200	1.0100
	镀锌管接头外螺纹 DN25	个	4.0400	5.0500			
	镀锌管接头外螺纹 DN50	个	3.0300	3.0300	3.0300	3.0300	3.0300
	镀锌管接头外螺纹 DN80	个				3.0300	3.0300
	其他材料费	元	20.0300	24.4000	25.2200	28.9600	39.1700
未计价材料	焊接钢管 DN20 以下	kg	5.6700	1.1500	1.1500	1.1500	1.2900
	焊接钢管 DN25	kg		6.5400	5.2300	0.5800	0.5800
	焊接钢管 DN32	kg	2.8600		1.7000	7.1600	
	焊接钢管 DN40	kg		3.4800		2.0600	8.7000
	焊接钢管 DN50	kg			4.3700	5.5100	2.7700
	焊接钢管 DN100	kg					8.1400
	截止阀 J11T－16 DN20	只	3.0300				

续表

定额编号			YJ19－1	YJ19－2	YJ19－3	YJ19－4	YJ19－5
项目			减压器组合安装（螺纹连接）				
			公称直径				
			DN20	DN25	DN32	DN40	DN50
未计价材料	截止阀 J11T－16　DN25	只		3.0300	2.0200	1.0100	1.0100
	截止阀 J11T－16　DN32	只	1.0100		1.0100	1.0100	
	截止阀 J11T－16　DN40	只		1.0100		1.0100	1.0100
	截止阀 J11T－16　DN50	只			1.0100		1.0100
	截止阀 J41T－16　DN80	只					1.0000
	安全阀 A27W－10　DN20	只	1.0000				
	安全阀 A27W－10　DN25	只		1.0000			
	安全阀 A27W－10　DN32	只			1.0000		
	安全阀 A27W－10　DN40	只				1.0000	
	安全阀 A27W－10　DN50	只					1.0000
	减压阀 Y13D－10　DN20 以下	只	1.0000				
	减压阀 Y13D－10　DN25	只		1.0000			
	减压阀 Y13D－10　DN32	只			1.0000		
	减压阀 Y13D－10　DN40	只				1.0000	
	减压阀 Y13D－10　DN50	只					1.0000
	螺纹法兰 PN0.6　DN65	个				2.0000	
	螺纹法兰 PN0.6　DN80	个					2.0000
	弹簧压力表 1.6MPa	只	2.0000	2.0000	2.0000	2.0000	2.0000

19.1.2 减压器组合安装——焊接连接

工作内容：切管、坡口、制垫、加垫、组合、焊接、安装，水压试验。

定额编号			YJ19－6	YJ19－7	YJ19－8	YJ19－9
项目			减压器组合安装（焊接）			
			公称直径			
			DN20	DN25	DN32	DN40
单位			组	组	组	组
基价（元）			**168.07**	**209.34**	**276.46**	**335.92**
其中	人工费（元）		53.20	81.29	104.71	144.89
	材料费（元）		94.94	99.62	123.17	140.67
	机械费（元）		19.93	28.43	48.58	50.36
名称		单位	数量			
人工	普通工	工日	0.4626	0.7068	0.9105	1.2599
	建筑技术工	工日	0.6940	1.0603	1.3658	1.8899
计价材料	仪表加工件	套	2.0000	2.0000	2.0000	2.0000
	电焊条 J422 综合	kg	0.6600	0.6600	0.7800	1.2000
	镀锌六角螺栓 综合	kg	5.1900	5.1900	6.0000	6.8300
	镀锌管接头 DN25	个	3.0300	3.0300	2.0200	2.0200
	镀锌活接头 DN50	个			1.0100	1.0100
	氧气	m^3	0.2415	0.2900	0.3100	0.4000
	乙炔气	m^3	0.0805	0.1000	0.1000	0.1300
	其他材料费	元	15.8600	19.9900	26.4500	33.8800

续表

定额编号			YJ19-6	YJ19-7	YJ19-8	YJ19-9
项目			减压器组合安装（焊接）			
			公称直径			
			DN20	DN25	DN32	DN40
机械	弯管机（WC27~108）	台班			0.0400	0.0600
	交流电焊机 21kVA	台班	0.3365	0.4800	0.7600	0.7600
未计价材料	焊接钢管 DN25	kg		6.7500	5.5200	0.5800
	焊接钢管 DN32	kg			1.5000	7.5400
	焊接钢管 DN40	kg	2.4600	3.0700		1.9700
	焊接钢管 DN50	kg			4.0000	
	镀锌钢管 DN20 以下	kg	5.6500			6.7880
	截止阀 J11T-16 DN20	只	3.0000			
	截止阀 J41T-16 DN25	只		3.0000	2.0000	1.0000
	截止阀 J41T-16 DN32	只			1.0000	1.0000
	截止阀 J41T-16 DN40	只	1.0000	1.0000		1.0000
	截止阀 J41T-16 DN50	只			1.0000	
	截止阀 J41T-16 DN65	只				1.0000
	安全阀 A27W-10 DN20	只	1.0000			
	安全阀 A27W-10 DN25	只		1.0000		
	安全阀 A27W-10 DN32	只			1.0000	
	安全阀 A27W-10 DN40	只				1.0000

续表

定　额　编　号			YJ19－6	YJ19－7	YJ19－8	YJ19－9
项　　目			减压器组合安装（焊接）			
			公称直径			
			DN20	DN25	DN32	DN40
未计价材料	减压阀 Y43H－10　DN25	只		1.0000		
	减压阀 Y43H－10　DN32	只			1.0000	
	减压阀 Y43H－10　DN40	只				1.0000
	减压阀 Y43H－10　DN20	只	1.0000			
	平焊法兰 PN1.6　DN20 以下	片	8.0000			
	平焊法兰 PN1.6　DN25	片		8.0000	4.0000	4.0000
	平焊法兰 PN1.6　DN32	片			4.0000	4.0000
	平焊法兰 PN1.6　DN40	片	2.0000	2.0000		4.0000
	平焊法兰 PN1.6　DN50	片			2.0000	
	平焊法兰 PN1.6　DN65	片				2.0000

定额编号			YJ19-10	YJ19-11	YJ19-12	YJ19-13
项目			减压器组合安装（焊接）			
			公称直径			
			DN50	DN65	DN80	DN100
单位			组	组	组	组
基价（元）			**449.50**	**567.34**	**889.51**	**1021.18**
其中	人工费（元）		200.73	273.42	366.58	498.82
	材料费（元）		167.02	187.88	374.24	343.46
	机械费（元）		81.75	106.04	148.69	178.90
名称		单位	数量			
人工	普通工	工日	1.7454	2.3775	3.1876	4.3375
	建筑技术工	工日	2.6182	3.5663	4.7815	6.5063
计价材料	压制弯头 PN2.5 DN125	只			2.0000	
	电焊条 J422 综合	kg	1.4700	2.1400	2.8600	3.4200
	镀锌六角螺栓 综合	kg	9.1300	9.1300	11.4200	17.4200
	镀锌管接头 DN25	个	2.0200	2.0200	2.0200	2.0200
	镀锌管接头 DN50	个	1.0100			
	镀锌管接头 DN80	个		1.0100	1.0100	2.0000
	镀锌管接头 DN125	个				1.0000
	氧气	m^3	0.4700	0.5700	0.7200	0.8000
	乙炔气	m^3	0.1600	0.1900	0.2400	0.2700
	其他材料费	元	71.8700	84.4500	104.9200	140.8500

续表

定 额 编 号			YJ19－10	YJ19－11	YJ19－12	YJ19－13
项 目			减压器组合安装（焊接）			
			公称直径			
			DN50	DN65	DN80	DN100
机械	弯管机（WC27～108）	台班	0.0600	0.0600	0.0600	0.0600
	交流电焊机 21kVA	台班	1.2900	1.7000	2.4200	2.9300
未计价材料	焊接钢管 DN25	kg	0.5800	0.5800		
	焊接钢管 DN32	kg			0.7500	0.7500
	焊接钢管 DN40	kg	9.6100			
	焊接钢管 DN50	kg	2.8300	13.5500		
	焊接钢管 DN100	kg		10.2100		3.2900
	焊接钢管 DN150	kg			14.4100	16.8700
	镀锌钢管 DN20 以下	kg	13.4600	3.5910	29.2940	49.0590
	截止阀 J11T－16 DN25	只	1.0100			
	截止阀 J11T－16 DN40	只	1.0100			
	截止阀 J41T－16 DN25	只	1.0000	1.0000	1.0000	1.0000
	截止阀 J41T－16 DN40	只	1.0000			
	截止阀 J41T－16 DN50	只	1.0000	1.0000		
	截止阀 J41T－16 DN65	只		1.0000	1.0000	
	截止阀 J41T－16 DN80	只	1.0000		1.0000	1.0000
	截止阀 J41T－16 DN100	只		1.0000		1.0000

续表

定额编号			YJ19－10	YJ19－11	YJ19－12	YJ19－13
项目			减压器组合安装（焊接）			
			公称直径			
			DN50	DN65	DN80	DN100
未计价材料	截止阀 J41T－16　DN125	只			1.0000	
	截止阀 J41W－16　DN150	只				1.0000
	安全阀 A27W－10　DN50	只	1.0000			
	安全阀 A27W－10　DN65	只		1.0000		
	安全阀 A27W－10　DN80	只			1.0000	1.0000
	减压阀 Y43H－10　DN50	只	1.0000			
	减压阀 Y43H－10　DN65	只		1.0000		
	减压阀 Y43H－10　DN80	只			1.0000	
	减压阀 Y43H－10　DN100	只				1.0000
	平焊法兰 PN1.6　DN25	片	2.0000	2.0000	2.0000	2.0000
	平焊法兰 PN1.6　DN40	片	2.0000			
	平焊法兰 PN1.6　DN50	片			2.0000	
	平焊法兰 PN1.6　DN65	片	4.0000	4.0000	2.0000	
	平焊法兰 PN1.6　DN80	片	2.0000		4.0000	2.0000
	平焊法兰 PN1.6　DN100	片		2.0000		4.0000
	平焊法兰 PN1.6　DN150	片		2.0000		2.0000
	弹簧压力表　1.6MPa	只	2.0000		2.0000	2.0000

19.1.3 疏水器组合安装——螺纹连接

工作内容： 切管、坡口、制垫、加垫、组合、焊接、安装，水压试验。

定额编号			YJ19－14	YJ19－15	YJ19－16	YJ19－17	YJ19－18
项目			公称直径				
			DN20	DN25	DN32	DN40	DN50
单位			组	组	组	组	组
基价（元）			**59.85**	**111.63**	**108.68**	**127.61**	**185.72**
其中	人工费（元）		30.81	42.31	52.55	62.01	98.53
	材料费（元）		29.04	69.32	56.13	65.60	87.19
	机械费（元）						
名称		单位	数量				
人工	普通工	工日	0.2679	0.3679	0.4569	0.5393	0.8568
	建筑技术工	工日	0.4019	0.5519	0.6854	0.8088	1.2851
计价材料	镀锌弯头 DN20 以下	个	2.0200	2.0200			
	镀锌弯头 DN25	个			2.0200		
	镀锌弯头 DN32	个				2.0200	
	镀锌弯头 DN40	个					2.0200
	镀锌三通 DN20 以下	个	4.0400				
	镀锌三通 DN25	个		4.0400			
	镀锌三通 DN32	个			4.0400		
	镀锌三通 DN40	个				4.0400	4.0400
	镀锌三通 DN50	个		4.0000			3.0000

续表

定　额　编　号			YJ19－14	YJ19－15	YJ19－16	YJ19－17	YJ19－18
项　　目			公称直径				
			DN20	DN25	DN32	DN40	DN50
计价材料	镀锌管接头 DN20	个	1.0100				
	镀锌管接头 DN25	个		1.0100			
	镀锌管接头 DN32	个			1.0100		
	镀锌管接头 DN40	个				1.0100	
	镀锌管接头 DN50	个					1.0100
	镀锌活接头 DN25	个	2.0200	2.0200	1.0100		
	镀锌活接头 DN50	个			1.0100	2.0200	2.0200
	氧气	m^3	0.3400	0.4600	0.5400	0.6600	
	乙炔气	m^3	0.1100	0.1500	0.1800	0.2200	
	其他材料费	元	4.2600	5.1200	5.9300	7.1600	6.5200
未计价材料	焊接钢管 DN20 以下	kg	3.9700	3.2400	0.4300	0.4300	0.4300
	焊接钢管 DN25	kg		2.7900	4.4500		
	焊接钢管 DN32	kg			3.9500	6.4500	
	焊接钢管 DN40	kg				5.4500	9.6200
	焊接钢管 DN50	kg					9.2400
	截止阀 J11T－16　DN20	只	3.0300	1.0100			
	截止阀 J11T－16　DN25	只		2.0200	1.0100		
	截止阀 J11T－16　DN32	只			2.0200	1.0100	

续表

定额编号			YJ19－14	YJ19－15	YJ19－16	YJ19－17	YJ19－18
项目			公称直径				
			DN20	DN25	DN32	DN40	DN50
未计价材料	截止阀 J11T－16　DN40	只				2.0200	1.0100
	截止阀 J11T－16　DN50	只					2.0200
	旋塞阀 X13T－10　DN15	只	2.0200	2.0200	2.0200	2.0200	2.0200
	疏水阀 CS19H－10　DN20 以下	只	1.0000				
	疏水阀 CS19H－10　DN25	只		1.0000			
	疏水阀 CS19H－10　DN32	只			1.0000		
	疏水阀 CS19H－10　DN40	只				1.0000	
	疏水阀 CS19H－10　DN50	只					1.0000

19.1.4 疏水器组合安装——焊接连接

工作内容：切管、坡口、制垫、加垫、组合、焊接、安装、水压试验。

定额编号			YJ19－19	YJ19－20	YJ19－21	YJ19－22
项目			公称直径			
			DN20	DN25	DN32	DN40
单位			组	组	组	组
基价（元）			**49.45**	**50.99**	**52.13**	**77.12**
其中	人工费（元）		32.13	32.45	32.45	44.34
	材料费（元）		6.99	8.21	9.35	22.45
	机械费（元）		10.33	10.33	10.33	10.33
名称		单位	数量			
人工	普通工	工日	0.2794	0.2822	0.2822	0.3855
	建筑技术工	工日	0.4191	0.4233	0.4233	0.5783
计价材料	镀锌活接头 DN20 以下	个	1.0100			
	镀锌活接头 DN25	个		1.0100	1.0100	1.2500
	镀锌活接头 DN50	个				1.0100
	其他材料费	元	3.1400	4.0000	5.1400	5.9300
机械	液压弯管机 ϕ108	台班	0.0400	0.0400	0.0400	0.0400
未计价材料	焊接钢管 DN20 以下	kg	3.3400	3.5000	0.4300	0.4300
	焊接钢管 DN32	kg	1.1300	2.7900	4.4500	
	焊接钢管 DN40	kg			3.9500	6.4500
	截止阀 J11T－16 DN20	只	3.0300	1.0100		

续表

定 额 编 号			YJ19－19	YJ19－20	YJ19－21	YJ19－22
项 目			公称直径			
			DN20	DN25	DN32	DN40
未计价材料	截止阀 J11T－16 DN25	只		2.0200	1.0100	
	截止阀 J11T－16 DN32	只			2.0200	1.0100
	截止阀 J11T－16 DN40	只				2.0200
	旋塞阀 X13T－10 DN15	只	2.0200	2.0200	2.0200	2.0200
	疏水阀 CS43H－10 DN20	只	1.0000			
	疏水阀 CS43H－10 DN25	只		1.0000		
	疏水阀 CS43H－10 DN32	只			1.0000	
	疏水阀 CS43H－10 DN40	只				1.0000
	平焊法兰 PN1.6 DN20 以下	片	2.0000			
	平焊法兰 PN1.6 DN25	片		2.0000		
	平焊法兰 PN1.6 DN32	片			2.0000	
	平焊法兰 PN1.6 DN40	片				2.0000

定　额　编　号			YJ19－23	YJ19－24	YJ19－25	YJ19－26
项　　目			公称直径			
			DN50	DN65	DN80	DN100
单　　位			组	组	组	组
基　　价（元）			**158.64**	**194.65**	**274.51**	**322.75**
其中	人　工　费（元）		61.15	77.18	92.35	128.09
	材　料　费（元）		68.08	74.55	132.48	134.25
	机　械　费（元）		29.41	42.92	49.68	60.41
名　　称		单位	数　　量			
人工	普通工	工日	0.5317	0.6711	0.8030	1.1138
	建筑技术工	工日	0.7976	1.0067	1.2045	1.6707
计价材料	电焊条 J422　综合	kg	0.3700	0.7500	1.0900	1.2300
	镀锌六角螺栓　综合	kg	4.6000	2.6590	10.7300	9.3600
	镀锌活接头 DN50	个	1.0100			
	石棉橡胶板　低压 6 以下	kg	0.5200	3.0000	0.9700	1.3000
	氧气	m^3	0.3300	0.7400	1.1400	1.3900
	乙炔气	m^3	0.1100	0.2500	0.3600	0.4600
	其他材料费	元	10.1600	15.5700	20.7900	26.9500
机械	液压弯管机　ϕ108	台班	0.0600	0.0800	0.0900	0.1100
	逆变直流焊机　电流　630A 以内	台班	0.1000	0.1600	0.1900	0.2300

续表

定　额　编　号			YJ19－23	YJ19－24	YJ19－25	YJ19－26
项　　目			公称直径			
			DN50	DN65	DN80	DN100
未计价材料	焊接钢管 DN20 以下	kg	0.4300	0.6000	0.6000	0.6000
	焊接钢管 DN40	kg	9.6200			
	焊接钢管 DN50	kg	9.2400	14.7800		
	焊接钢管 DN65	kg		12.2800	17.2600	
	焊接钢管 DN80	kg			22.3700	27.4700
	焊接钢管 DN100	kg				33.6000
	截止阀 J11T－16　DN40	只	1.0100			
	截止阀 J41T－16　DN65	只		2.0000	1.0000	
	截止阀 J41W－16　DN50	只	2.0000	1.0000		
	截止阀 J41W－16　DN80	只			2.0000	1.0000
	截止阀 J41W－16　DN100	只				2.0000
	旋塞阀 X13T－10　DN15	只	2.0200	2.0200	2.0200	2.0200
	疏水阀 CS43H－10　DN50	只	1.0000			
	疏水阀 CS43H－10　DN65	只		1.0000		
	疏水阀 CS43H－10　DN80	只			1.0000	
	疏水阀 CS43H－10　DN100	只				1.0000
	平焊法兰 PN1.6　DN50	片	6.0000	2.0000		
	平焊法兰 PN1.6　DN65	片		6.0000	2.0000	

续表

定额编号			YJ19－23	YJ19－24	YJ19－25	YJ19－26
项目			公称直径			
			DN50	DN65	DN80	DN100
未计价材料	平焊法兰 PN1.6　DN80	片			6.0000	2.0000
	平焊法兰 PN1.6　DN100	片				6.0000

19.1.5 注水器组成、安装

工作内容： 场内搬运、检查、清洗、切管、套丝、组合安装。

定额编号			YJ19－27	YJ19－28	YJ19－29	YJ19－30
项目			单型		双型	
			DN≤25	25＜DN≤50	DN≤25	25＜DN≤50
单位			组	组	组	组
基价（元）			**120.87**	**187.35**	**310.14**	**495.37**
其中	人工费（元）		91.96	151.90	225.36	372.38
	材料费（元）		28.91	35.45	84.78	122.99
	机械费（元）					
名称		单位	数量			
人工	普通工	工日	0.7997	1.3208	1.9596	3.2380
	建筑技术工	工日	1.1994	1.9813	2.9395	4.8571
计价材料	镀锌弯头 DN25	个	2.0000		8.0000	
	镀锌弯头 DN50	个		2.0000		8.0000
	镀锌活接头 DN50	个	1.0000	1.0000	3.0000	3.0000
	镀锌大小头 大头 DN50	个	1.0000	1.0000	2.0000	2.0000
	其他材料费	元	6.2400	4.2700	16.9100	21.0600
未计价材料	焊接钢管 DN25	kg	7.2600		9.6800	
	焊接钢管 DN50	kg		11.5200		19.2000
	截止阀 J11T－16 DN50	只	3.0000	1.0000	9.0000	9.0000
	止回阀 H11T－16 DN50	只	1.0000	1.0000	1.0000	1.0000

19.2 供暖器安装

19.2.1 铸铁散热器安装

工作内容：场内搬运、制垫、加垫、组合安装、安装挂钩、固定、水压试验。

定额编号			YJ19－31	YJ19－32	YJ19－33	YJ19－34
项目			长翼型	圆翼型	M132	柱型
单位			片	片	片	片
基价（元）			**55.84**	**75.46**	**46.92**	**48.60**
其中	人工费（元）		7.82	9.32	2.47	1.64
	材料费（元）		48.02	66.14	44.45	46.96
	机械费（元）					
名称		单位	数量			
人工	普通工	工日	0.0681	0.0810	0.0214	0.0143
	建筑技术工	工日	0.1020	0.1216	0.0322	0.0214
计价材料	铸铁汽包法兰	个		1.6700		0.1700
	铸铁散热器	片	1.0100	1.0100	1.0100	1.0100
	水暖汽包部件托钩	个	1.0260	1.6500	0.2800	
	水暖汽包部件丝堵 DN32	个	0.6020		0.1500	0.1700
	水暖汽包部件对丝 DN32	个	1.4850		1.8500	1.8900
	其他材料费	元	3.5200	2.2400	0.9600	1.3000

19.2.2 光排管散热器制作、安装

工作内容：场内搬运、切管、坡口、焊接、组合安装、安装卡钩、固定、水压试验。

定额编号			YJ19－35	YJ19－36	YJ19－37	YJ19－38
项目			A型（2～4m）			
			DN80	DN100	DN125	DN150
单位			m	m	m	m
基价（元）			**18.95**	**21.57**	**26.32**	**33.17**
其中	人工费（元）		10.68	11.50	14.39	16.80
	材料费（元）		3.47	4.21	5.47	6.77
	机械费（元）		4.80	5.86	6.46	9.60
名称		单位	数量			
人工	普通工	工日	0.0928	0.0999	0.1251	0.1461
	建筑技术工	工日	0.1393	0.1500	0.1878	0.2192
计价材料	电焊条 J422 综合	kg	0.1600	0.2100	0.3100	0.4400
	镀锌管接头 DN20	个	0.2000	0.2000	0.2000	0.2000
	水暖汽包部件托钩	个	0.3500	0.4000	0.4000	0.4000
	氧气	m^3	0.0900	0.1100	0.1500	0.1800
	乙炔气	m^3	0.0310	0.0380	0.0480	0.0590
	其他材料费	元	0.6000	0.7200	1.0000	1.1900
机械	交流电焊机 21kVA	台班	0.0810	0.0990	0.1090	0.1620

续表

定　额　编　号			YJ19－35	YJ19－36	YJ19－37	YJ19－38
项　　目			A 型（2～4m）			
			DN80	DN100	DN125	DN150
未计价材料	薄钢板　4 以下	kg	0. 2040	0. 2800	0. 4100	0. 5700
	无缝钢管 10～20 号　ϕ89 以下	kg	8. 5900			
	无缝钢管 10～20 号　ϕ108 以下	kg		11. 1800		
	无缝钢管 10～20 号　ϕ159 以下	kg			15. 4900	18. 3400

定额编号			YJ19－39	YJ19－40	YJ19－41	YJ19－42
项目			B型（2～4m）			
			DN80	DN100	DN125	DN150
单位			m	m	m	m
基价（元）			**19.27**	**21.28**	**25.56**	**30.54**
其中	人工费（元）		10.68	11.50	14.39	16.80
	材料费（元）		3.73	4.33	5.07	6.16
	机械费（元）		4.86	5.45	6.10	7.58
名称		单位	数量			
人工	普通工	工日	0.0928	0.0999	0.1251	0.1461
	建筑技术工	工日	0.1393	0.1500	0.1878	0.2192
计价材料	电焊条 J422 综合	kg	0.1300	0.1600	0.1700	0.2500
	镀锌管接头 DN20	个	0.2000	0.2000	0.2000	0.2000
	水暖汽包部件托钩	个	0.3500	0.4000	0.4000	0.4000
	氧气	m^3	0.1300	0.1500	0.1900	0.2300
	乙炔气	m^3	0.0440	0.0500	0.0620	0.0750
	其他材料费	元	0.6200	0.7500	1.0200	1.2100
机械	交流电焊机 21kVA	台班	0.0820	0.0920	0.1030	0.1280

续表

定额编号			YJ19－39	YJ19－40	YJ19－41	YJ19－42
项目			B 型（2～4m）			
			DN80	DN100	DN125	DN150
未计价材料	薄钢板　4 以下	kg	0.1900	0.2800	0.4100	0.5700
	无缝钢管 10～20 号　ϕ89 以下	kg	8.5900			
	无缝钢管 10～20 号　ϕ108 以下	kg		11.1800		
	无缝钢管 10～20 号　ϕ159 以下	kg			15.4900	18.3400
	焊接钢管 DN40	kg	0.4800	0.4800	0.4800	0.4800

定额编号			YJ19-43	YJ19-44	YJ19-45	YJ19-46
项目			A 型（4.5~6m）			
			DN80	DN100	DN125	DN150
单位			m	m	m	m
基价（元）			**17.07**	**15.36**	**19.22**	**23.69**
其中	人工费（元）		8.60	9.03	11.88	13.52
	材料费（元）		5.69	2.95	3.67	4.66
	机械费（元）		2.78	3.38	3.67	5.51
名称		单位	数量			
人工	普通工	工日	0.0747	0.0786	0.1033	0.1176
	建筑技术工	工日	0.1122	0.1178	0.1550	0.1764
计价材料	电焊条 J422 综合	kg	0.0880	0.1200	0.1800	0.2500
	镀锌管接头 DN20	个	0.2000	0.2000	0.2000	0.2000
	水暖汽包部件托钩	个	0.2860	0.2860	0.3400	0.5000
	氧气	m^3	0.5300	0.0650	0.0530	0.1010
	乙炔气	m^3	0.0180	0.0220	0.0280	0.0340
	其他材料费	元	0.6100	0.7100	0.9700	0.8600
机械	交流电焊机 21kVA	台班	0.0470	0.0570	0.0620	0.0930

续表

定额编号			YJ19－43	YJ19－44	YJ19－45	YJ19－46
项目			A 型（4.5～6m）			
			DN80	DN100	DN125	DN150
未计价材料	薄钢板 4 以下	kg	0.1100	0.1600	0.2300	0.3300
	无缝钢管 10～20 号 ϕ89 以下	kg	8.5900			
	无缝钢管 10～20 号 ϕ108 以下	kg		11.1800		
	无缝钢管 10～20 号 ϕ159 以下	kg			15.4900	
	焊接钢管 DN40	kg				18.3400

定额编号			YJ19－47	YJ19－48	YJ19－49	YJ19－50
项目			B型（4.5～6m）			
			DN80	DN100	DN125	DN150
单位			m	m	m	m
基价（元）			**14.92**	**16.61**	**20.58**	**24.28**
其中	人工费（元）		8.60	9.03	11.88	13.52
	材料费（元）		2.77	3.14	3.96	4.84
	机械费（元）		3.55	4.44	4.74	5.92
名称		单位	数量			
人工	普通工	工日	0.0747	0.0786	0.1033	0.1176
	建筑技术工	工日	0.1122	0.1178	0.1550	0.1764
计价材料	电焊条 J422 综合	kg	0.0960	0.1200	0.1500	0.2000
	镀锌管接头 DN20	个	0.1100	0.1100	0.1100	0.1100
	水暖汽包部件托钩	个	0.3400	0.3400	0.4000	0.5000
	氧气	m^3	0.0750	0.0860	0.1100	0.1300
	乙炔气	m^3	0.0250	0.0290	0.0360	0.0430
	其他材料费	元	0.6100	0.7200	1.0000	1.1800
机械	交流电焊机 21kVA	台班	0.0600	0.0750	0.0800	0.1000

续表

定额编号			YJ19－47	YJ19－48	YJ19－49	YJ19－50
项目			B型（4.5～6m）			
			DN80	DN100	DN125	DN150
未计价材料	薄钢板 4以下	kg	0.1100	0.1600	0.2300	0.3300
	无缝钢管10～20号 ϕ89以下	kg	8.5900			
	无缝钢管10～20号 ϕ108以下	kg		11.1800		
	无缝钢管10～20号 ϕ159以下	kg			15.4900	18.3400
	焊接钢管DN40	kg	0.4800	0.1800	0.4800	0.4800

19.2.3 钢制散热器安装

工作内容：场内搬运、制垫、加垫、组合安装、安装挂钩、固定、水压试验。

定额编号			YJ19－51	YJ19－52	YJ19－53
项目			钢制闭式散热器安装	钢柱式散热器安装	
			型号 H500～600×2000	10 片	每增减一片
单位			片	组	片
基价（元）			**13.94**	**30.22**	**1.63**
其中	人工费（元）		12.75	9.47	1.26
	材料费（元）		1.19	20.75	0.37
	机械费（元）				
名称		单位	数量		
人工	普通工	工日	0.1109	0.0823	0.0109
	建筑技术工	工日	0.1663	0.1235	0.0164
计价材料	水暖汽包部件托钩	个		3.1200	
	水暖汽包部件丝堵　DN32	个		2.0800	
	水暖汽包部件补芯　DN32	个		2.0800	
	其他材料费	元	1.1900	3.5000	0.3700
未计价材料	普通硅酸盐水泥　32.5	t	0.0010		
	钢制柱式散热器　300～1000	片		10.0000	1.0000
	钢制闭式散热器　H500～600×2000	片	1.0000		

19.2.4　板式散热器安装

工作内容：场内搬运、制垫、加垫、组合安装、冲洗、水压试验。

定　额　编　号			YJ19－54	YJ19－55	YJ19－56	YJ19－57
项　　目			板式散热器安装			
			型号/散热面积 BR06/30	型号/散热面积 BR06/50	型号/散热面积 BR06/100	型号/散热面积 BR06/200
单　　位			组	组	组	组
基　　价（元）			**473.88**	**519.58**	**752.11**	**1010.86**
其中	人　工　费（元）		422.85	468.00	587.06	722.54
	材　料　费（元）		23.78	24.33	30.14	35.58
	机　械　费（元）		27.25	27.25	134.91	252.74
名　　称		单位	数　　量			
人工	普通工	工日	3.6769	4.0696	5.1049	6.2829
	建筑技术工	工日	5.5154	6.1044	7.6573	9.4244
计价材料	电焊条　J422　综合	kg	0.7200	0.7200	1.3000	1.3000
	镀锌六角螺栓　综合	kg	1.1010	1.1010	1.1440	1.1440
	氧气	m^3	0.2400	0.2400	0.1800	0.1800
	乙炔气	m^3	0.0840	0.0840	0.0630	0.0630
	其他材料费	元	8.1300	8.6800	11.2800	16.7200
机械	汽车式起重机　5t	台班			0.2000	0.1000
	汽车式起重机　16t	台班				0.1600
	载重汽车　4t	台班			0.0700	0.1000

续表

定额编号			YJ19－54	YJ19－55	YJ19－56	YJ19－57
项目			板式散热器安装			
			型号/散热面积 BR06/30	型号/散热面积 BR06/50	型号/散热面积 BR06/100	型号/散热面积 BR06/200
机械	交流电焊机　21kVA	台班	0.4600	0.4600	0.5600	0.5600
未计价材料	平焊法兰 PN1.6　DN80	片	2.0000	2.0000		
	平焊法兰 PN1.6　DN150	片			2.0000	2.0000
	板式散热器　BR06/30	组	1.0000			
	板式散热器　BR06/50	组		1.0000		
	板式散热器　BR06/100	组			1.0000	
	板式散热器　BR06/200	组				1.0000

19.2.5 装饰型、复合散热器安装

工作内容：场内搬运、制垫、加垫、组合安装、冲洗、水压试验。

定额编号			YJ19－58	YJ19－59	YJ19－60
项目			装饰散热器	金属复合散热器	
			面积 1.0～1.2m^2	半周长 2000mm 以内	半周长 3000mm 以内
单位			组	组	组
基价（元）			**39.80**	**27.54**	**26.70**
其中	人工费（元）		12.08	10.68	14.54
	材料费（元）		27.72	16.86	12.16
	机械费（元）				
名称		单位	数量		
人工	普通工	工日	0.1050	0.0928	0.1264
	建筑技术工	工日	0.1575	0.1393	0.1897
计价材料	水暖汽包部件对丝 DN32	个	2.0600	0.2060	0.2060
	聚四氟乙烯生料带　加厚	卷	0.6000	0.0600	0.0600
	其他材料费	元	13.8000	15.4700	10.7700
未计价材料	装饰散热器面积 1.0～1.2m^2	组	1.0000		
	金属复合散热器　半周长 3000mm 以内	组		1.0000	
	金属复合散热器　半周长 2000mm 以内	组			1.0000

19.2.6 暖风机安装

工作内容：吊装、找正、固定、试运转。

定额编号			YJ19－61	YJ19－62	YJ19－63	YJ19－64
项目			暖风机安装			
			重量			
			50kg	100kg	150kg	≤200kg
单位			台	台	台	台
基价（元）			**84.31**	**88.42**	**113.05**	**166.42**
其中	人工费（元）		69.79	73.90	98.53	151.90
	材料费（元）		14.52	14.52	14.52	14.52
	机械费（元）					
名称		单位	数量			
人工	普通工	工日	0.6069	0.6426	0.8568	1.3208
	建筑技术工	工日	0.9103	0.9639	1.2851	1.9813
计价材料	镀锌六角螺栓　综合	kg	0.3500	0.3500	0.3500	0.3500
	镀锌管接头 DN50	个	2.0000	2.0000	2.0000	2.0000
	其他材料费	元	0.1400	0.1400	0.1400	0.1400

19.2.7 热空气幕安装

工作内容：吊装、找正、固定、试运转。

定额编号			YJ19－65	YJ19－66
项目			热空气幕安装	
			Rm²/W—1×8/4	Rm²/W—1×12/4
			单重≤150kg	单重150～200kg
单位			台	台
基价（元）			**149.64**	**159.15**
其中	人工费（元）		127.26	135.04
	材料费（元）		22.38	24.11
	机械费（元）			
名称		单位	数量	
人工	普通工	工日	1.1066	1.1742
	建筑技术工	工日	1.6600	1.7614
计价材料	镀锌六角螺栓　综合	kg	0.8500	0.8500
	镀锌铁丝　8号	kg	1.1000	1.4000
	棉纱头	kg	1.2500	1.2500
	其他材料费	元	0.2400	0.2600
未计价材料	薄钢板　1.0以下	kg	0.3600	0.4000

19.3 小型容器制作、安装

19.3.1 水箱制作安装

工作内容：吊装、固定、装配零件、水压试验。

定额编号			YJ19-67	YJ19-68
项目			水箱制作	
			单重100kg以内	单重100~550kg
单位			kg	kg
基价（元）			**2.19**	**2.16**
其中	人工费（元）		1.11	0.87
	材料费（元）		0.72	0.34
	机械费（元）		0.36	0.95
名称		单位	数量	
人工	普通工	工日	0.0096	0.0075
	建筑技术工	工日	0.0145	0.0114
计价材料	电焊条 J422 综合	kg	0.0790	0.0320
	氧气	m^3	0.0170	0.0090
	乙炔气	m^3	0.0060	0.0030
	其他材料费	元	0.0600	0.0500

续表

定额编号			YJ19－67	YJ19－68
项目			水箱制作	
			单重100kg以内	单重100～550kg
机械	卷板机　板厚×宽度　20mm×2000mm	台班		0.0030
	交流电焊机　21kVA	台班	0.0060	0.0060
未计价材料	中厚钢板　6～12	kg	1.0500	1.0500

定额编号			YJ19－69	YJ19－70	YJ19－71
项目			补给水箱安装	膨胀水箱安装　容积≤4m³	矩形水箱安装容积≤22m³
单位			个	个	个
基价（元）			**46.64**	**202.35**	**328.50**
其中	人工费（元）		32.84	176.96	208.55
	材料费（元）		13.80	25.39	9.73
	机械费（元）				110.22
名称		单位	数量		
人工	普通工	工日	0.2856	1.5388	1.8135
	建筑技术工	工日	0.4284	2.3082	2.7202
计价材料	镀锌管接头 DN32	个	2.0200	2.0200	1.0100
	镀锌管接头 DN50	个	1.0100	3.0300	1.0100
	其他材料费	元	0.3800	0.2500	0.1000
机械	汽车式起重机　5t	台班			0.2000
	载重汽车　4t	台班			0.1000
未计价材料	螺纹浮球阀	只	1.0000		

19.3.2 蒸汽分汽缸制作、安装

工作内容：下料、切割、卷管、坡口、焊接、水压试验。

定额编号			YJ19-72	YJ19-73	YJ19-74	YJ19-75
项目			蒸汽分汽缸制作		蒸汽分汽缸安装	
			单重			
			≤100kg	>100kg	≤100kg	>100kg
单位			kg	kg	kg	kg
基价（元）			**6.56**	**2.91**	**1.76**	**2.20**
其中	人工费（元）		3.29	1.35	1.69	2.12
	材料费（元）		1.50	0.79	0.03	0.04
	机械费（元）		1.77	0.77	0.04	0.04
名称		单位	数量			
人工	普通工	工日	0.0285	0.0117	0.0147	0.0185
	建筑技术工	工日	0.0429	0.0177	0.0220	0.0277
计价材料	电焊条 J422 综合	kg	0.0420	0.0250	0.0050	0.0060
	镀锌管接头 DN32	个	0.0700	0.0200		
	氧气	m^3	0.0270	0.0240		
	乙炔气	m^3	0.0100	0.0080		
	焦炭	kg	0.2850	0.1120		
	其他材料费	元	0.0800	0.0700		
机械	交流电焊机 21kVA	台班	0.0180	0.0070	0.0006	0.0006
	鼓风机 $30m^3/min$	台班	0.0020	0.0010		

续表

定额编号			YJ19－72	YJ19－73	YJ19－74	YJ19－75
项目			蒸汽分汽缸制作		蒸汽分汽缸安装	
			单重			
			≤100kg	＞100kg	≤100kg	＞100kg
未计价材料	中厚钢板 6～12	kg	0.1280	0.1210		
	无缝钢管 10～20 号 ϕ28 以下	kg	0.9320	0.9320		

19.3.3 集气罐制作、安装

工作内容：下料、切割、坡口、焊接、水压试验。

定额编号			YJ19－76	YJ19－77	YJ19－78	YJ19－79
项目			集气罐制作		集气罐安装	
			$\phi \leqslant 250$	$\phi > 250$	$\phi \leqslant 250$	$\phi > 250$
单位			个	个	个	个
基价（元）			**96.74**	**151.73**	**19.70**	**31.59**
其中	人工费（元）		47.23	82.92	19.70	31.59
	材料费（元）		42.40	56.96		
	机械费（元）		7.11	11.85		
名称		单位	数量			
人工	普通工	工日	0.4107	0.7211	0.1713	0.2747
	建筑技术工	工日	0.6161	1.0816	0.2570	0.4120
计价材料	电焊条 J422 综合	kg	1.8000	2.8800		
	镀锌管接头 DN32	个	2.0000	2.0000		
	镀锌管接头 DN50	个	2.0000	2.0000		
	氧气	m^3	0.9600	1.5900		
	乙炔气	m^3	0.3360	0.5570		
	其他材料费	元	2.1500	3.4100		
机械	交流电焊机 21kVA	台班	0.1200	0.2000		

续表

定额编号			YJ19－76	YJ19－77	YJ19－78	YJ19－79
项目			集气罐制作		集气罐安装	
			$\phi\leq250$	$\phi>250$	$\phi\leq250$	$\phi>250$
未计价材料	中厚钢板 12～20	kg	9.0000	22.0000		
	无缝钢管 10～20 号 ϕ273 以下	kg	19.6940			
	无缝钢管 10～20 号 ϕ426 以下	kg		28.0730		

第 20 章　防腐与绝热工程

说　明

本章定额适用于金属管道、金属结构、设备等除锈、刷油漆、绝热工程。

1．除锈、刷油漆

（1）除锈、刷油漆定额中包括各种管件、阀件及设备上人孔、管口凸凹部分的除锈、刷油漆工作内容。

（2）刷油漆定额按照安装地点就地刷（喷）油漆考虑，如安装前管道集中刷油漆，相应定额人工乘以系数 0.7（暖气片除外）。

2．绝热

（1）管道绝热定额包括除法兰、阀门外的管件部分绝热工作内容。设备绝热定额包括除法兰、人孔外的其封头与附件绝热工作内容。

（2）聚氨酯泡沫塑料喷涂定额按照现场直喷无模具考虑，工程采用有模具浇筑法施工时，其模具制作安装费用根据批准的施工方案另行计算。

（3）管道绝热定额按照现场先安装后绝热施工考虑，工程先绝热后安装时，相应定额人工工日数乘以系数 0.9。

工程量计算规则

1．设备、管道防腐按照表面积以平方米为单位计算工程量。计算管道长度时，不扣除管件、配件、阀门、法兰等所占长度，管件、配件、设备人孔等增加的工程量亦不计算。

2．计算设备、管道内壁防腐工程量时，当钢板或管道壁厚大于等于 10mm 时，按照其内壁或内径计算；当钢板或管道壁厚小于 10mm 时，按照其外壁或外径计算。

3．绝热根据材质按照设计成品厚度以立方米为单位计算工程量。绝热罩壳计算工程量，并入相应的工程量内。

20.1 防　　腐

20.1.1 防锈

工作内容：除锈、除尘。

定额编号			YJ20－1	YJ20－2	YJ20－3
项目			手工除锈		动力工具除锈
			管道　轻锈	一般钢结构　轻锈	金属面　轻锈
单位			m^2	m^2	m^2
基价（元）			**1.80**	**0.26**	**1.99**
其中	人工费（元）		1.39	0.14	1.81
	材料费（元）		0.41	0.03	0.18
	机械费（元）			0.09	
名称		单位	数量		
人工	普通工	工日	0.0121	0.0012	0.0157
	建筑技术工	工日	0.0182	0.0019	0.0236
计价材料	砂轮片　φ200	片			0.0050
	砂布	张	0.1500	0.0110	
	钢丝刷子	把	0.0200	0.0015	0.0050
	碎布	kg	0.0200	0.0015	0.0200
机械	汽车式起重机　16t	台班		0.0001	

20.1.2 管道刷油漆

工作内容：调配、涂刷。

定额编号			YJ20－4	YJ20－5	YJ20－6	YJ20－7	YJ20－8	YJ20－9	YJ20－10
项目			防锈漆		带锈底漆	银粉漆		调和漆	
			第一遍	第二遍	一遍	第一遍	第二遍	第一遍	第二遍
单位			m^2	m^2	m^2	m^2	m^2	m^2	m^2
基价（元）			**2.82**	**2.59**	**2.25**	**2.62**	**2.45**	**2.87**	**2.58**
其中	人工费（元）		1.11	1.11	1.11	1.16	1.11	1.16	1.11
	材料费（元）		1.71	1.48	1.14	1.46	1.34	1.71	1.47
	机械费（元）								
名称		单位	数量						
人工	普通工	工日	0.0096	0.0096	0.0096	0.0101	0.0096	0.0101	0.0096
	建筑技术工	工日	0.0145	0.0145	0.0145	0.0151	0.0145	0.0151	0.0145
计价材料	汽油 93号	kg	0.0390	0.0350	0.0360	0.0720	0.0670	0.0010	0.0010
	银粉	kg				0.0090	0.0080		
	防锈漆	kg			0.0740				
	酚醛防锈漆 F53 各色	kg	0.1310	0.1120					
	酚醛调合漆	kg						0.1250	0.1080
	酚醛清漆	kg				0.0360	0.0330		
	其他材料费	元	0.0200	0.0100	0.0100	0.0100	0.0100	0.0200	0.0100

定额编号			YJ20－11	YJ20－12	YJ20－13	YJ20－14	YJ20－15	YJ20－16	YJ20－17	YJ20－18
项目			厚漆		耐酸漆		沥青漆		环氧富锌漆	
			第一遍	第二遍	第一遍	第二遍	第一遍	第二遍	第一遍	第二遍
单位			m^2	m^2	m^2	m^2	m^2	m^2	m^2	m^2
基价（元）			**2.70**	**2.48**	**2.39**	**2.20**	**3.67**	**3.27**	**9.24**	**7.66**
其中	人工费（元）		1.08	1.04	1.08	1.04	1.08	1.04	1.34	1.34
	材料费（元）		1.62	1.44	1.31	1.16	2.59	2.23	7.90	6.32
	机械费（元）									
名称		单位	数量							
人工	普通工	工日	0.0094	0.0090	0.0094	0.0090	0.0094	0.0090	0.0116	0.0116
	建筑技术工	工日	0.0140	0.0135	0.0140	0.0135	0.0140	0.0135	0.0175	0.0175
计价材料	汽油 93号	kg	0.0310	0.0250	0.0190	0.0160				
	动力苯	kg					0.0460	0.0410		
	酚醛耐酸漆	kg			0.0730	0.0650				
	厚漆	kg	0.0820	0.0750						
	煤焦油沥青漆	kg					0.2880	0.2470		
	环氧富锌漆	kg							0.2760	0.2210
	清油 综合	kg	0.0410	0.0360						
	其他材料费	元	0.0200	0.0100	0.0100	0.0100	0.0300	0.0200	0.0800	0.0600

20.1.3　金属结构刷油漆

工作内容：调配、涂刷。

定额编号			YJ20－19	YJ20－20	YJ20－21	YJ20－22	YJ20－23	YJ20－24	YJ20－25
项目			防锈漆		带锈底漆	银粉漆		调和漆	
			第一遍	第二遍	一遍	第一遍	第二遍	第一遍	第二遍
单位			kg	kg	kg	kg	kg	kg	kg
基价（元）			**0.31**	**0.30**	**0.27**	**0.31**	**0.30**	**0.32**	**0.30**
其中	人工费（元）		0.10	0.10	0.10	0.10	0.10	0.10	0.10
	材料费（元）		0.12	0.11	0.08	0.12	0.11	0.13	0.11
	机械费（元）		0.09	0.09	0.09	0.09	0.09	0.09	0.09
名称		单位	数量						
人工	普通工	工日	0.0009	0.0009	0.0009	0.0009	0.0009	0.0009	0.0009
	建筑技术工	工日	0.0012	0.0012	0.0012	0.0012	0.0012	0.0012	0.0012
计价材料	汽油　93 号	kg	0.0028	0.0030	0.0030	0.0050	0.0050	0.0010	0.0010
	银粉	kg				0.0010	0.0010		
	防锈漆	kg			0.0050				
	酚醛防锈漆　F53　各色	kg	0.0092	0.0080					
	酚醛调合漆	kg						0.0088	0.0077
	酚醛清漆	kg				0.0030	0.0020		
机械	汽车式起重机　16t	台班	0.0001	0.0001	0.0001	0.0001	0.0001	0.0001	0.0001

定额编号			YJ20－26	YJ20－27	YJ20－28	YJ20－29	YJ20－30	YJ20－31	YJ20－32	YJ20－33
项目			厚漆		耐酸漆		沥青漆		环氧富锌漆	
			第一遍	第二遍	第一遍	第二遍	第一遍	第二遍	第一遍	第二遍
单位			kg	kg	kg	kg	kg	kg	kg	kg
基价（元）			**0.33**	**0.31**	**0.28**	**0.27**	**0.36**	**0.34**	**0.54**	**0.49**
其中	人工费（元）		0.09	0.09	0.09	0.09	0.09	0.09	0.12	0.12
	材料费（元）		0.15	0.13	0.10	0.09	0.18	0.16	0.33	0.28
	机械费（元）		0.09	0.09	0.09	0.09	0.09	0.09	0.09	0.09
名称		单位	数量							
人工	普通工	工日	0.0008	0.0008	0.0008	0.0008	0.0008	0.0008	0.0010	0.0010
	建筑技术工	工日	0.0011	0.0011	0.0011	0.0011	0.0011	0.0011	0.0016	0.0016
计价材料	汽油 93号	kg	0.0058	0.0053	0.0013	0.0012				
	动力苯	kg					0.0033	0.0029		
	酚醛耐酸漆	kg			0.0056	0.0049				
	厚漆	kg	0.0058	0.0053						
	煤焦油沥青漆	kg					0.0201	0.0172		
	环氧富锌漆	kg							0.0115	0.0097
	清油 综合	kg	0.0030	0.0026						
机械	汽车式起重机 16t	台班	0.0001	0.0001	0.0001	0.0001	0.0001	0.0001	0.0001	0.0001

20.1.4 铸铁管、暖气片刷油漆

工作内容：调配、涂刷。

定额编号			YJ20－34	YJ20－35	YJ20－36	YJ20－37	YJ20－38	YJ20－39	YJ20－40	YJ20－41
项目			防锈漆	带锈底漆	银粉漆		沥青漆		环氧富锌漆	
			一遍		第一遍	第二遍	一遍	二遍	第一遍	第二遍
单位			m^2	m^2	m^2	m^2	m^2	m^2	m^2	m^2
基价（元）			**2.80**	**2.76**	**3.14**	**2.88**	**4.09**	**3.55**	**10.27**	**8.99**
其中	人工费（元）		1.35	1.35	1.40	1.35	1.50	1.45	1.68	1.61
	材料费（元）		1.45	1.41	1.74	1.53	2.59	2.10	8.59	7.38
	机械费（元）									
名称		单位	数量							
人工	普通工	工日	0.0117	0.0117	0.0122	0.0117	0.0130	0.0126	0.0146	0.0140
	建筑技术工	工日	0.0177	0.0177	0.0182	0.0177	0.0196	0.0189	0.0220	0.0210
计价材料	汽油 93号	kg	0.0410	0.0440	0.0900	0.0790				
	动力苯	kg					0.0460	0.0410		
	银粉	kg			0.0090	0.0080				
	防锈漆	kg		0.0920						
	酚醛防锈漆 F53 各色	kg	0.1050							
	酚醛清漆	kg			0.0450	0.0397				
	煤焦油沥青漆	kg					0.2880	0.2310		
	环氧富锌漆	kg							0.3000	0.2580
	其他材料费	元	0.0100	0.0100	0.0200	0.0200	0.0300	0.0200	0.0900	0.0700

20.2 绝　　热

20.2.1 硬质瓦块安装

工作内容：运料、割料、安装、捆扎、修理整平、抹缝（或塞缝）。

定额编号			YJ20-42	YJ20-43	YJ20-44
项目			管道		
			ϕ57mm 以下	ϕ133mm 以下	ϕ325mm 以下
			厚度　50mm		
单位			m^3	m^3	m^3
基价（元）			**637.05**	**496.98**	**471.84**
其中	人工费（元）		250.86	127.26	105.19
	材料费（元）		372.89	356.42	354.68
	机械费（元）		13.30	13.30	11.97
名称		单位	数量		
人工	普通工	工日	2.1814	1.1066	0.9147
	建筑技术工	工日	3.2720	1.6600	1.3721
计价材料	硬质瓦块	m^3	1.1200	1.0900	1.0800
	镀锌铁丝　8号	kg	4.5000	3.0000	3.1500
	硅藻土粉（生料）	kg	40.3000	40.3000	40.3000
	石棉灰	kg	17.2000	17.2000	17.2000
	水	t	0.1000	0.1000	0.1000

续表

定 额 编 号			YJ20－42	YJ20－43	YJ20－44
项 目			管道		
			ϕ57mm 以下	ϕ133mm 以下	ϕ325mm 以下
			厚度 50mm		
计价材料	其他材料费	元	3.6900	3.5300	3.5100
机械	电动卷扬机（单筒快速）10kN	台班	0.1200	0.1200	0.1080

20.2.2 泡沫玻璃瓦块安装

工作内容：运料、割料、黏结、安装、捆扎、抹缝、修理找平。

定额编号			YJ20－45	YJ20－46	YJ20－47
项目			管道		
			ϕ57mm 以下	ϕ133mm 以下	ϕ325mm 以下
			厚度 50mm		
单位			m^3	m^3	m^3
基价（元）			**831.60**	**705.20**	**655.42**
其中	人工费（元）		360.45	267.28	219.94
	材料费（元）		457.85	424.62	423.51
	机械费（元）		13.30	13.30	11.97
名称		单位	数量		
人工	普通工	工日	3.1343	2.3242	1.9126
	建筑技术工	工日	4.7015	3.4862	2.8688
计价材料	黏结剂 107 胶	kg	30.0000	26.0000	25.0000
	镀锌铁丝 8 号	kg	4.5000	2.9500	3.1100
	泡沫玻璃瓦块	m^3	1.1500	1.1000	1.1000
	其他材料费	元	4.5300	4.2000	4.1900
机械	电动卷扬机（单筒快速）10kN	台班	0.1200	0.1200	0.1080

20.2.3 毡类制品安装

工作内容：运料、下料、安装、捆扎、修理找平。

定额编号				YJ20－48	YJ20－49	YJ20－50
项目				管道		
				ϕ57mm 以下	ϕ133mm 以下	ϕ325mm 以下
				厚度 50mm		
单位				m^3	m^3	m^3
基价（元）				**572.35**	**475.06**	**462.07**
其中	人工费（元）			190.15	95.63	82.64
	材料费（元）			370.23	367.46	367.46
	机械费（元）			11.97	11.97	11.97
名称			单位	数量		
人工	普通工		工日	1.6535	0.8316	0.7185
	建筑技术工		工日	2.4802	1.2473	1.0779
计价材料	镀锌铁丝 8号		kg	3.5800	3.1000	3.1000
	矿棉毡		kg	123.6000	123.6000	123.6000
	其他材料费		元	3.6700	3.6400	3.6400
机械	电动卷扬机（单筒快速）10kN		台班	0.1080	0.1080	0.1080

20.2.4 聚氨酯泡沫塑料喷涂

工作内容：运料、现场施工准备、配料、喷涂、修理找平、设备修理。

定额编号			YJ20－51	YJ20－52	YJ20－53
项目			管道		
			ϕ57mm 以下	ϕ133mm 以下	ϕ325mm 以下
			厚度 50mm		
单位			m^3	m^3	m^3
基价（元）			**1214.09**	**1150.78**	**1108.91**
其中	人工费（元）		244.72	181.41	139.54
	材料费（元）		874.98	874.98	874.98
	机械费（元）		94.39	94.39	94.39
名称		单位	数量		
人工	普通工	工日	2.1280	1.5774	1.2134
	建筑技术工	工日	3.1920	2.3662	1.8201
计价材料	泡沫塑料聚脂乙烯	kg	62.5000	62.5000	62.5000
	丙酮 95%	kg	5.0000	5.0000	5.0000
	其他材料费	元	8.6600	8.6600	8.6600
机械	电动空气压缩机排气量 $3m^3/min$	台班	0.4000	0.4000	0.4000
	喷涂机	台班	0.4000	0.4000	0.4000

20.2.5 管道防潮层、保护层安装

工作内容：裁油毡纸、包油毡纸、熬沥青、黏结、绑铁线。

定额编号			YJ20－54	YJ20－55	YJ20－56	YJ20－57
项目			玻璃布安装	铁丝网安装	铝箔安装　管道	镀锌铁皮
单位			m^2	m^2	m^2	m^2
基价（元）			**7.03**	**15.51**	**15.16**	**11.12**
其中	人工费（元）		1.93	5.07	5.80	10.68
	材料费（元）		5.10	10.44	9.36	0.44
	机械费（元）					
名称		单位	数量			
人工	普通工	工日	0.0168	0.0441	0.0504	0.0928
	建筑技术工	工日	0.0252	0.0661	0.0756	0.1393
计价材料	铝箔 0.08×30	kg			0.3190	
	镀锌铁丝　8号	kg	0.0030	0.0500	0.0030	0.0320
	镀锌铁丝网　丝径 ϕ2.5以下	m^2		1.2000		
	中碱玻璃丝布　宽1000	m^2	1.4000			
	其他材料费	元	0.0500	0.1000	0.0900	0.2600
未计价材料	镀锌钢板　0.5以下	kg				4.0400

第21章　拆除工程

说　明

本章定额包括拆除屋面、钢筋混凝土、砖墙、楼地面、门窗、钢结构、装修、水卫、电气、通风等工程。

1．凡拆除整幢房屋和拆除房屋局部构件，且不在原有处修复的，或拆除房屋装修项目，且不用原有标准（修缮项目发生变化）修缮的，均以本章计算拆除工程费用。

2．拆除工程不包括修复拆损部分或部位。

3．拆除工程中，拆旧料不得任意损坏，应尽量回收。瓦片应整理归堆、钢筋混凝土必须敲出钢筋、砖块应削清堆好、本料上圆钉及露尖金属必须敲弯、门窗应拆卸堆放整齐，电线应绑扎成捆、管材应堆放到指定地点，浴缸、面盆、灯具、风口、消声器、通风机等应尽量保存完好，开关、插座、龙头、阀门等必须分类堆放，小件折旧料应有盛器装载。

4．本工程均为人工拆除。

5．拆除工程已含一般安全措施，如采取特殊措施（如护栏、护网、坡道）或必须搭设脚手架施工的费用应另行计算。

工程量计算规则

1．拆除屋面工程按拆除实际面积，以平方米为单位计算。

2．拆除钢筋混凝土工程

（1）拆除钢筋混凝土基础、柱、梁、构支架以立方米为单位计算。

（2）拆除钢筋混凝土墙、板、楼梯、雨篷，按水平投影面积以平方米为单位计算。

（3）拆除钢筋混凝土天沟，按实际拆除尺寸以延长米计算。

3．拆除砖墙工程

（1）拆除砖基础以立方米为单位计算。

（2）拆除实心、空心砖墙按平方米为单位计算。

（3）拆除砌块砖墙按立方米为单位计算。

4．拆除楼地面工程

（1）楼地面垫层拆除按水平投影面积乘以厚度以立方米为单位计算。

（2）楼地面面层拆除按水平投影面积以平方米为单位计算。

5．拆除门窗工程

（1）拆除钢门窗、木门窗以平方米为单位计算。

（2）拆除塑钢、铝合金门窗、卷帘门以平方米为单位计算。

6．拆除钢结构工程

（1）拆除钢屋架、钢柱、钢梁、避雷针、钢构支架以吨为单位计算。
（2）拆除钢楼梯、钢栏杆、扶手以平方米为单位计算。
7. 拆除装饰工程
（1）拆除隔墙、平顶装饰以平方米为单位计算。
（2）拆除筒子板以延长米为单位计算。
（3）拆除窗台板以延长米为单位计算。
（4）拆除窗帘箱、踢脚板以延长米为单位计算。
8. 拆除道路与场地地坪工程
（1）拆除道路以立方米为单位计算。
（2）拆除预制块、钢围栅以平方米为单位计算。
（3）拆除路缘石以延长米为单位计算。
9. 拆除水卫工程
（1）拆除落水管、钢管以延长米为单位计算。
（2）拆除阀门、卫生洁具以只为单位计算。
10. 拆除电气工程
（1）拆除电管以延长米为单位计算。
（2）拆除灯具、开关、插座以只为单位计算。
11. 拆除通风工程
（1）拆除风管以平方米为单位计算。

（2）拆除风口、伞形风帽以只为单位计算。

（3）拆除片式消声器以组为单位计算。

（4）拆除阻抗复合式消声器以组为单位计算。

（5）拆除式消声器以延长米为单位计算。

（6）拆除通风机以台为单位计算。

21.1 拆除屋面工程

工作内容： 1. 拆除屋面：拆除格椽、油毡、屋面板、桁条、老虎窗、天窗、封檐板等。2. 拆除屋面保温层：拆除隔热板、砖墩或拆除珍珠岩保温层、出清屋面垃圾。3. 拆除屋面防水层：铲除卷材或涂料防水层、清理屋面基层。

定额编号			YJ21－1	YJ21－2	YJ21－3	YJ21－4	YJ21－5	YJ21－6	YJ21－7
项目			拆除屋面	拆除屋面保温		拆除屋面	铲除卷材防水层		铲除涂料防水层
			平瓦	隔热板	珍珠岩	彩钢板	屋面	天沟	屋面
单位			m^2	m^2	m^2	m^2	m^2	m^2	m^2
基价（元）			**2.66**	**3.08**	**1.39**	**1.15**	**2.33**	**3.03**	**3.70**
其中	人工费（元）		2.66	3.08	1.39	1.15	2.33	3.03	3.70
	材料费（元）								
	机械费（元）								
名称		单位	数量						
人工	普通工	工日	0.0720	0.0833	0.0375	0.0310	0.0630	0.0820	0.1000

21.2 拆除钢筋混凝土工程

工作内容：拆除混凝土、出清垃圾、旧料堆放。

定额编号			YJ21－8	YJ21－9	YJ21－10	YJ21－11	YJ21－12
项目			拆除素混凝土	拆除钢筋混凝土			
			基础		柱	梁	构支架
单位			m^3	m^3	m^3	m^3	m^3
基价（元）			**151.90**	**291.14**	**297.03**	**315.87**	**320.17**
其中	人工费（元）		69.26	90.04	91.85	97.68	101.00
	材料费（元）		11.36	27.65	28.21	30.00	30.13
	机械费（元）		71.28	173.45	176.97	188.19	189.04
名称		单位	数量				
人工	普通工	工日	1.8720	2.4336	2.4824	2.6400	2.7296
计价材料	风镐凿子	根	0.7500	1.8250	1.8620	1.9800	1.9890
	其他材料费	元	0.1100	0.2700	0.2800	0.3000	0.3000
机械	电动空气压缩机　排气量　$0.3m^3/min$	台班	0.7500	1.8250	1.8620	1.9800	1.9890

定额编号			YJ21－13	YJ21－14	YJ21－15	YJ21－16	YJ21－17	YJ21－18
项目			拆除钢筋混凝土					
			墙	现浇板	多孔板	天沟	楼梯	雨篷
单位			m^2	m^2	m^2	m	m^2	m^2
基价（元）			**14.39**	**11.04**	**7.29**	**4.12**	**19.11**	**13.50**
其中	人工费（元）		5.14	4.87	3.21	1.48	9.53	4.52
	材料费（元）		1.27	0.85	0.56	0.36	3.73	2.86
	机械费（元）		7.98	5.32	3.52	2.28	5.85	6.12
名称		单位	数量					
人工	普通工	工日	0.1390	0.1316	0.0868	0.0400	0.2576	0.1222
计价材料	风镐凿子	根	0.0840	0.0560	0.0370	0.0240	0.2460	0.1890
	其他材料费	元	0.0100	0.0100	0.0100		0.0400	0.0300
机械	电动空气压缩机　排气量　$0.3m^3/min$	台班	0.0840	0.0560	0.0370	0.0240	0.0616	0.0644

21.3 拆除砖墙工程

工作内容：拆除砖墙、削砖、堆放、出垃圾。

定额编号			YJ21－19	YJ21－20	YJ21－21	YJ21－22
项目			拆除砖 基础	拆除实心砖墙	拆除空心砖墙	拆除砌块砖墙
单位			m^3	m^3	m^3	m^3
基价（元）			**28.99**	**33.91**	**28.36**	**31.44**
其中	人工费（元）		28.99	33.91	28.36	31.44
	材料费（元）					
	机械费（元）					
名称		单位	数量			
人工	普通工	工日	0.7835	0.9166	0.7666	0.8498

21.4 拆除楼地面工程

工作内容：1. 拆除混凝土地坪：拆除地面、清理、废渣堆放、出清垃圾。2. 拆除钢筋混凝土地坪：拆除钢混凝土、取出钢筋、堆放、出清垃圾。3. 拆除地砖、石材：拆除面层、凿除基层、材料堆放、出清垃圾。4. 拆除木地板：拆除地板、踢脚板、旧料堆放。

定额编号			YJ21－23	YJ21－24	YJ21－25	YJ21－26	YJ21－27
项目			拆除混凝土地坪	拆除钢筋混凝土地坪	拆除地坪		拆除木地板
					地砖	大理石、花岗岩	
单位			m^3	m^3	m^2	m^2	m^2
基价（元）			**144.89**	**202.52**	**4.26**	**4.37**	**2.37**
其中	人工费（元）		53.98	73.59	4.26	4.37	2.37
	材料费（元）		12.50	17.73			
	机械费（元）		78.41	111.20			
名称		单位	数量				
人工	普通工	工日	1.4590	1.9890	0.1150	0.1180	0.0640
计价材料	风镐凿子	根	0.8250	1.1700			
	其他材料费	元	0.1200	0.1800			
机械	电动空气压缩机 排气量 $0.3m^3/min$	台班	0.8250	1.1700			

21.5 拆除门窗工程

工作内容： 1. 拆除钢门窗：拆除门窗（连樘子），旧料堆放。2. 拆除木门窗：拆卸门窗扇、樘子、旧料堆放。3. 拆除铝合金、塑钢门窗：拆卸玻璃、拆除框料、旧料堆放。4. 拆除卷帘门：拆除门、旧料和废渣清理、堆放。

定额编号			YJ21－28	YJ21－29	YJ21－30	YJ21－31
项目			拆除钢门窗	拆除木门窗	拆除塑钢、铝合金门窗	拆除卷帘门
单位			m^2	m^2	m^2	m^2
基价（元）			**6.59**	**3.41**	**5.80**	**5.26**
其中	人工费（元）		6.59	3.41	5.80	5.26
	材料费（元）					
	机械费（元）					
名称		单位	数量			
人工	普通工	工日	0.1782	0.0921	0.1567	0.1421

21.6 拆除钢结构工程

工作内容：拆卸、切割、旧料堆放。

定额编号			YJ21－32	YJ21－33	YJ21－34	YJ21－35
项目			拆除钢屋架	拆除钢柱、钢梁	拆除避雷针	拆除钢构支架
单位			t	t	t	t
基价（元）			**277.72**	**113.22**	**171.42**	**171.42**
其中	人工费（元）		277.72	113.22	171.42	171.42
	材料费（元）					
	机械费（元）					
名称		单位	数量			
人工	普通工	工日	7.5060	3.0600	4.6330	4.6330

定额编号			YJ21－36	YJ21－37
项目			拆除钢楼梯	拆除钢栏杆、扶手
单位			m^2	m^2
基价（元）			**55.50**	**6.96**
其中	人工费（元）		55.50	6.96
	材料费（元）			
	机械费（元）			
名称		单位	数量	
人工	普通工	工日	1.5000	0.1880

21.7 拆除装饰工程

工作内容： 1. 拆除龙骨：拆除面层、撑筋（吊筋）、旧料堆放。2. 拆除平顶：拆除面层、平顶筋、吊筋、旧料堆放等。3. 拆除粉刷：铲除面层、凿除基层、出清垃圾等。4. 拆除石材面层：拆除石材装饰面层、石材回收堆放、凿除基层、出清垃圾。5. 拆除板：拆除、旧料堆放。

定额编号			YJ21-38	YJ21-39	YJ21-40	YJ21-41	YJ21-42
项目			拆除隔墙		拆除平顶		铲除平顶粉刷
			木龙骨	轻钢龙骨	木龙骨 石膏板	轻钢龙骨 铝合金	
单位			m^2	m^2	m^2	m^2	m^2
基价（元）			**3.23**	**3.97**	**2.36**	**3.27**	**2.70**
其中	人工费（元）		3.23	3.97	2.36	3.27	2.70
	材料费（元）						
	机械费（元）						
名称		单位	数量				
人工	普通工	工日	0.0872	0.1073	0.0638	0.0885	0.0729

定　额　编　号			YJ21－43	YJ21－44	YJ21－45	YJ21－46	YJ21－47
项　　目			铲除墙面				
			面砖	抹灰	涂料	墙纸	石材
单　　位			m^2	m^2	m^2	m^2	m^2
基　　价（元）			**7.65**	**2.48**	**1.76**	**3.70**	**7.77**
其中	人　工　费（元）		7.65	2.48	1.76	3.70	7.77
	材　料　费（元）						
	机　械　费（元）						
名　　称		单位	数　　量				
人工	普通工	工日	0.2067	0.0669	0.0475	0.1000	0.2101

定额编号			YJ21－48	YJ21－49	YJ21－50	YJ21－51
项目			拆除筒子板	拆除窗台板	拆除窗帘箱	拆除踢脚板
单位			m	m	m	m
基价（元）			**1.95**	**0.85**	**2.31**	**0.61**
其中	人工费（元）		1.95	0.85	2.31	0.61
	材料费（元）					
	机械费（元）					
名称		单位	数量			
人工	普通工	工日	0.0528	0.0231	0.0625	0.0166

21.8 拆除道路与场地地坪工程

工作内容： 1. 拆除道路：拆除、清底，旧料清理成堆。2. 拆除预制块、路缘石：刨出、刮净，旧料清理成堆。3. 拆除铁栏杆：拆除、旧料清理成堆。

定额编号			YJ21-52	YJ21-53	YJ21-54	YJ21-55	YJ21-56
项目			拆除混凝土道路	拆除沥青道路	拆除预制块	拆除钢围栅	拆除路缘石
单位			m^2	m^2	m^2	m^2	m^2
基价（元）			**153.06**	**138.34**	**1.72**	**11.10**	**1.22**
其中	人工费（元）		69.41	65.09	1.72	11.10	1.22
	材料费（元）		11.59	8.33			
	机械费（元）		72.06	64.92			
名称		单位	数量				
人工	普通工	工日	1.8760	1.7591	0.0466	0.3000	0.0330
计价材料	风镐凿子	根	0.7650	0.5500			
	其他材料费	元	0.1100	0.0800			
机械	电动空气压缩机　排气量　$0.3m^3/min$	台班	0.7582	0.6831			

21.9 拆除水卫工程

工作内容： 1. 拆除连水斗：拆除、整理、堆放、出清垃圾。2. 拆除铁管：拆卸、去钩钉、墙箍、整理、堆放。3. 拆除塑料管：拆卸、去管卡、整理、堆放。4. 拆除闸阀：拆卸、整理、堆放。5. 拆除水卫：拆除卫生设备、拆除附件、拆除支架、整理、堆放。

定额编号			YJ21－57	YJ21－58	YJ21－59	YJ21－60	YJ21－61
项目			拆除落水管	拆除钢管		拆除铸铁管	
			连水斗	管径（mm）			
				50 内	200 内	75 内	150 内
单位			m	m	m	m	m
基价（元）			**2.56**	**3.28**	**5.25**	**3.50**	**4.05**
其中	人工费（元）		2.56	3.28	5.25	3.50	4.05
	材料费（元）						
	机械费（元）						
名称		单位	数量				
人工	普通工	工日	0.0693	0.0887	0.1420	0.0945	0.1095

定　额　编　号			YJ21－62	YJ21－63	YJ21－64	YJ21－65
项　　目			拆除塑料管		拆除阀门	
			管径（mm）		口径（mm）	
			70 内	150 内	50 内	100 内
单　　位			m	m	只	只
基　　价（元）			**2.90**	**3.31**	**8.08**	**15.34**
其中	人　工　费（元）		2.90	3.31	8.08	15.34
	材　料　费（元）					
	机　械　费（元）					
名　　称		单位	数　　量			
人工	普通工	工日	0.0785	0.0894	0.2184	0.4147

定　额　编　号			YJ21－66	YJ21－67	YJ21－68	YJ21－69	YJ21－70
项　　目			室外消火栓		拆除大便器	拆除小便器	拆除面盆
			地下式	地上式			
单　　位			套	套	只	只	只
基　　价（元）			**10.90**	**14.02**	**14.86**	**8.12**	**17.19**
其中	人　工　费（元）		10.90	14.02	14.86	8.12	17.19
	材　料　费（元）						
	机　械　费（元）						
名　　称		单位	数　　量				
人工	普通工	工日	0.2946	0.3790	0.4016	0.2194	0.4645

21.10 拆除电气工程

工作内容：1. 拆除电管：拆除旧电管、整理、堆放。2. 拆除电线：拆除电线、捆扎、整理、堆放。3. 拆除灯具：拆除灯具及附件、堆放。4. 拆除开关：拆除开关、整理、堆放。

定额编号			YJ21－71	YJ21－72	YJ21－73	YJ21－74	YJ21－75
项目			拆除黑铁电管	拆除塑料电管	拆除塑料电线		
			管径（mm）		（mm^2）以内		
			50		6	35	120
单位			m	m	m	m	m
基价（元）			**2.62**	**2.11**	**1.63**	**0.41**	**0.98**
其中	人工费（元）		2.62	2.11	1.63	0.41	0.98
	材料费（元）						
	机械费（元）						
名称		单位	数量				
人工	普通工	工日	0.0709	0.0571	0.0440	0.0110	0.0264

定额编号			YJ21－76	YJ21－77	YJ21－78	YJ21－79	YJ21－80	YJ21－81
项目			拆除灯具	拆除吊扇	拆除开关、插座		拆除组合开关箱	
					明装	暗装	明装	暗装
单位			只	只	只	只	只	只
基价（元）			**3.55**	**7.11**	**1.19**	**1.30**	**19.01**	**23.08**
其中	人工费（元）		3.55	7.11	1.19	1.30	19.01	23.08
	材料费（元）							
	机械费（元）							
名称		单位	数量					
人工	普通工	工日	0.0960	0.1921	0.0321	0.0352	0.5137	0.6237

21.11 拆除通风工程

工作内容： 1. 拆除风管：拆除风管、管件、托吊卡件、保温层、清理、堆放至指定地点。2. 拆除风口：拆除风口及附件、堆放。3. 拆除消声器：拆除消声器及托吊支架、堆放至指定地点。4. 拆除风帽：拆除风帽及筝绳、堆放至指定地点。5. 拆除风机：拆除风机及附件、堆放至指定地点。

定额编号			YJ21－82	YJ21－83	YJ21－84
项目			拆除风管　圆/方	拆除风口	拆除伞形风帽
单位			m^2	只	只
基价（元）			**8.43**	**7.77**	**7.96**
其中	人工费（元）		8.43	7.77	7.96
	材料费（元）				
	机械费（元）				
名称		单位	数量		
人工	普通工	工日	0.2278	0.2100	0.2150

定　额　编　号			YJ21－85	YJ21－86	YJ21－87	YJ21－88
项　目			拆除片式消声器	拆除阻抗复合式消声器	拆除管式消声器	拆除通风机
单　位			组	节	m	台
基　价（元）			**105.82**	**54.76**	**28.86**	**119.88**
其中	人　工　费（元）		105.82	54.76	28.86	119.88
	材　料　费（元）					
	机　械　费（元）					
名　称		单位	数　量			
人工	普通工	工日	2.8600	1.4800	0.7800	3.2400

主要编制人	郭　玮	董士波	张致海	薛　崧	孟　颖	姜　楠	赵钢锁	
	项云翔	张晓燕	高圣洁	宋　青	叶　飞	钱　莺	李纪川	
	林荣斌	刘松华	宋焕东	张　鸥	陈　萍	宫玉坤	李宏左	
	王　菁	黄　丹	周　慧	曹　妍	顾　爽	潘　玲		
主要审查人	東　红	张　力	万明勇	陈　萍	王丽琪	张　怡	李述兵	
	李　强	贾　秩	郭泽平